经典与解释(59)

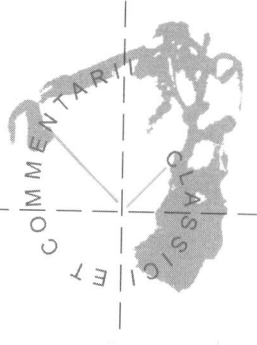

拉采尔的政治地理学

■ 古典文明研究工作坊 编
顾问／刘小枫 甘 阳
主编／娄 林

华夏出版社

古典教育基金·"传德"资助项目

目　录

论题　拉采尔的政治地理学（方旭　策划）

2　地缘政治学的起源及演进 ……………………… 克里斯托夫

60　拉采尔与政治地理学的本质 …………………… 法里内利

81　拉采尔的《生存空间》和死亡主题 …………… 克林克

98　拉采尔政治地理学中的帝国主义与民族国家 ……… 巴　辛

古典作品研究

132　特勒马科斯的教育 ……………………………… 卡　斯

165　埃斯库罗斯《波斯人》的政治理论解读 ……… 洛克伍德

189　拉维妮娅的变形记 ……………………………… 吴亚蓉

思想史发微

209　历史作为慰藉 …………………………… 索默尔（刘齐生 译）

舊文新刊

290 《漢書·藝文志》札記兩則 ················ 唐文治 等

296 《史記·老子列傳》辨證 ················ 徐 震

評 論

303 評《盧梭論教育、自由和判斷力》 ············ 尼德曼

309 評《權力和人的天性：政治和公民教育專題研究》 ··· 沃格林

论　题

地缘政治学的起源及演进

克里斯托夫（Ladis K. D. Kristof） 撰

李世祥 译

[编者按] 本文原刊 The Journal of Conflict Resolution, Vol. 4, No. 1, The Geography of Conflict (Mar., 1960), pp. 15-51。作者是芝加哥大学教授，这篇六十年前的文章对于我们今天认识地缘政治学的来龙去脉仍颇具价值。

人性与自然环境

在我们这个时代，人类与自然环境的接触日渐稀少。我们的生活区、工作地点和交通工具都是冬季集中供暖，而夏有空调。只有在极少数情况下，我们的脚（或鞋）才会接触大地。只要室外温度与我们偏爱的最佳温度有些差异，我们就能用衣服遮盖身体的90%，用以保暖或避暑，将我们与自然因素的接触降至上下轿车的那几分钟。即使从事农业或伐木的人不得不进行户外劳动，他们每周在农田和树林中度过的时间实际上也不过是40至60小时。在一些国家，牧民和猎人每年确实要在露天呆几个月，但是这种生活方式正在迅速消失，即便是在现代世界的落后地区。

某些地理学家可能会反对本文使用的"自然环境"一词。所谓的"自然环境"通常指文化环境（文化景观）。但说"文化景观"也往往是用词不当，它常常与文化无关。文化或多或少意味着教养，即一种已知的、可预料的因果关系中的结果。然而，人在自然环境中造成的许多变化（几乎是最持久的变化），则是人类活动偶然的、未知的甚至是不想要的结果。我们应该记住，大自然总是试图"治愈"人为的"伤口"，至于这种"二次生长的"自然——覆盖旧伤疤的新皮肤——是否不如原始环境一般自然，人们见仁见智。①

但曾几何时，人类任由大自然控制，自然决定着人的工作和休息习惯、饮食种类和数量、生活地点及寿命长短。这些要素令人畏惧或带来解脱，就像绝对的统治者一样，人既无手段也无勇气去挑战它们。人总是对自然心怀敬畏，随时准备献上贡品表示感激或赎罪。从摇篮到坟墓，自然在人脑海中留下各种图像，即使是最极权政府的灌输给人造成的印象，其强度也无法与之匹敌。那时，人类以自然为导向（nature directed）。

迄今为止，现代人还没有摆脱环境的束缚，但是自然不再使人恐惧。人塑造自然，并希望改变甚至征服自然。只在极少数情况下，地震、台风或龙卷风才会让人感到恐惧，在人的记忆中留下可能会影响其未来行为的、无法消除的图像。原始人生活在大自然中，完全被自然环绕，现代人则生活于社会环境，并被其完全包围。在我们的时代，社会法则的直接影响取代了自然法则的直接影响。因此，人们倾向于将历史社会环境视为决定因素。人变得不那么"自然"，

---

① 关于对自然环境概念的批评，参 Richard Hartshorne, *Perspective on the Nature of Geography*, Chicago: Rand McNally & Co., 1959, pp. 65–71。

变得更加人性化和社会化。人类变成以人为导向（man directed）。

但人仍然意识到，自然限制着其潜力。供暖站或空调无法改变北极地区或赤道非洲的气候。排水、灌溉或肥料无法使所有土地都出产粮食。尽管有新的发明，人类对大地的"征服"、对自然的掌控也并非无边无际。自然界始终存在着人类无法逾越的一道极限。正是由于意识到存在着环境所施加的束缚，德国地缘政治学家才会谈到大地对人和政治的束缚（Ergegebundenheit）。我们或许自豪于人类从自然力量的统治下所获得的解放，但我们不得不承认，现代人仍受到自然的限制（nature limited）。

自古以来，人们就已经认识到，环境以某种方式影响着人类生活，今天人们仍然不得不承认这一事实。但是，早期地缘政治学著作与现代地缘政治学著作之间的区别，源于以自然为导向与受自然限制的差异。有人会反对说，将这些早期著作与现代著作区分开的，不是关于"地理"对人的限制程度的不同认识，而是对人性本身的不同看法。

许多美国地理学家无法接受政治学家斯普劳特（Harold H. Sprout）所支持的"影响"概念。在这个问题上，英国人和法国人没有那么坚定（也许因为他们没有 Ellen C. Semple 这样的学者），俄国人则完全不受干扰地谈论地理环境的"影响"。美国人争辩说，自然不会主动发起行动，至少不会有意识、有目的地发起行动。因此，自然是一个被动因素，不能说它会影响人。略掉某些哲学问题不讲，这种说法从语义学的角度来看是否正确也有待验证。英语中日常的和专业的（生物学的、心理学的、经济学的、史学的，等等）用法能证明这种对影响的解释和限定吗？[①]

[①] Karl A. Wittfogel 认为，"被动的"或"限制性的"（但不是必然不动和不变的）因素不仅可以施加影响，有时甚至是主导性力量（richtung gebend），见 Karl

直到18世纪，所有思想家（也许马基雅维利除外）都认为，人性是静止的、固定的（被上帝、气候或种族所固定），现代思想家则发展出人性不断变化、具有可塑性的理论。这一区别尽管真实，但不足以区分古代和现代的地缘政治学思想。不断变化的、可塑的现代人性理论并不必然否定决定论，历史、生产方式、性欲等等有时也会成为决定性的要素。① 但是，现代思想流派即使在接受决定论时也拒绝接受地理条件是决定性因素。②地理环境仅被视为有可能限制一国经济的要素，最多决定其战略处境，而非决定人性本身。

前现代地缘政治学作家

前现代作家也分析过自然环境对人的影响，较为突出的是亚里士多德和博丹（Jean Bodin）。他们的结论尽管并非独一无二，却打

A. Wittfogel, "Geopolitik, geographischer Materialismus und Marxismus", *Unter dem Banner des Marxisrnus*, III, 1929, pp. 724, 732。基于不同的文献，Wittfogel 得出了类似的结论（"Die natürlichen Ursachen der Wittschaftsgeschichte", *Archiv für Sozialwissenschaft und Sozialpolitik*, LXVII, 1932, pp. 466 – 492, 579 – 609, 711 – 731）。他后来又修订了自己的观点（*Oriental Despotism: A Comparative Study of Total Power*, New Haven, Conn.: Yale University Press, 1957, p. 11）。

① O. H. K. Spate, "Toynbee and Huntington: A Study in Determinism", *Geographical Journal*, CXVIII, 1952, pp. 406 – 428。

② 我们应注意一些例外情况。19世纪英国史学家 H. T. Buckle 认为，自然环境在塑造人类历史方面做出了很大的贡献（*History of Civilization in England*, 3 vols. London: Longmans, Green & Co., 1872）。20世纪德国地理学家和地缘政治学家往往接受地理决定论，参 Franz Heiderich, "Geographie", In Hermann Sacher (ed.), *Staatslexikon*, Freiburg im Breisgau: Herder & Co., 1927。在美国，Ellsworth Huntington 甚至强调物理环境会塑造文化和个性（*The Pulse of Asia: A Journey in Central Asia Illustrating the Geographic Basis of History*, Boston: Houghton Mifliin Co., 1907）。

开了新思路,激发许多作家对这一领域做进一步研究。

早在"地缘政治学"一词出现的两千三百年以前,亚里士多德就讨论过许多我们会归为地缘政治学范畴的问题。① 他从以下方面分析自然环境:(a)对人性格的影响;(b)对理想城邦的经济和军事必然性的影响。理想城邦的居民必须有其所尊崇的价值:"有三件事可以使人变得贤良,即自然、习惯和理性原则。""只要将目光投向那些著名的古希腊城邦,以及各种族在可居住世界的分布,人们就能容易理解"自然与公民性格之间的关系。气候与民族性格密切相关;城邦领土的异质性孕育出民众的异质性,并阻止国内统一与和平的实现。地理环境通过偏爱一种或另一种职业来塑造人的性格,一些谋生手段使人们更喜欢某种政治体制,而其他的谋生方式则培养出不同的偏爱。人的善良与其职业有着直接的关系。因此,我们可以根据促进美德的程度及其所能实现的政权类型对职业划分等级(《政治学》,卷4、5、7)。

亚里士多德还意识到,一个城邦的领土必须要满足某些地缘经济条件。他阐明了一个自给自足的城邦对领土的偏好,并论及地缘战略问题,强调地理隔离不仅可以保护城邦免受外部的军事攻击,还能使城邦免受不良影响。国外的革命思想有可能破坏一个本可以维持的政权的稳定性。

---

① 在这一问题上,柏拉图曾表述过与亚里士多德相同的观点,而他们似乎都借鉴了希波克拉底的思想。希波克拉底将气候与人类的肉体智力特性联系在一起(Hippocrates, "On Airs, Waters and Places", *Medical Classics*, III, 1938, pp. 19 - 42)。关于古代世界中的地理概念,参 E. H. Bunbury, *A History of Ancient Geography*, London: John Murray, 1879。关于古希腊地理学、宇宙学著作选集,参 E. H. Warmington, *Greek Geography*, New York: E. P. Dutton & Co., 1984。关于对地理和政治地理演变的历史调研,参 Alfred Hettner, *Die Geographie, ihre Geschichte, ihr Wesen und ihre Methoden*, Breslau: F. Hirt, 1927, pp. 4 - 109 和 Otto Maull, *Politische Geographie*, Berlin: Borntraeger, 1925, pp. 1 - 31。

博丹的气候理论虽然遵循了亚里士多德的三分法，但必须被视为原创思想。该理论之所以重要，是因为它影响了许多作家，包括弥尔顿、孟德斯鸠①和柏克。《国是六书》（Les six livres de la république）第五卷第一章对气候理论做了广泛的阐述。

博丹认为，人们必须考虑每个特定共和国的自然环境，以使联邦的形式适应各地的特性，使人的法律适应自然的法律。统治者只要不这样做，而是"试图使自然服从他们的法令"，就会造成巨大的伤害，就有"许多伟大的国家被毁"。令人惊讶的是，"那些就共同体撰写文章的人没有处理过这个问题"。②

博丹坚持人性不变的概念，由于对人类性格的多样性感到困惑，他试图用环境影响来解释缺乏统一性的问题。博丹批评普鲁塔克（Plutarch）没有理解为什么不同地区的人们会偏好不同的政权。博丹指出，建筑师努力使其建筑适应能够使用的材料和场地。政治家们必须以建筑师为榜样，而政治结构必须适应既定环境所塑造的人类性格。

我们必须把博丹的观点理解为普遍和谐（universal harmony）哲学的一个内在组成部分。人及其劳作不仅必须符合自然秩序，还必须符合整个宇宙的秩序。例如，博丹不仅把气候区域的三分法作为其假设或工作模式，甚至试图将其与人体的生物要素相调和。③ 三

---

① 并非所有学者都认为孟德斯鸠受了博丹的影响。有人认为，亚里士多德的观点只是一种类比和常识（Ernst Friedrich Michel, *Die anthropogeographischen Anschauungen Montesquieus*, Bensheim: G. Beger, 1915）。A. Meuten（*Bodins Theorie con der Beeinflussung des politischen Lebens der Staaten durch ihre geographische Lage*, Thesis, University of Bonn, 1904）和 E. Fournol（*Bodin, prédécesseur de Mantesquieu*, Paris: Librairie de Droit et de Jurisprudence, 1896）已经对博丹的理论做了广泛的分析。

② Jean Bodin, *Les six livres de la république*, S. L.: Gabriel Cartier, 1608, pp. 663.

③ E. Fournol, *Bodin, prédécesseur de Mantesquieu*, ibid., pp. 120 – 121.

分法之所以吸引博丹，是因为它似乎能与世界的其他部分和谐相处，尤其是行星的秩序。

但必须指出，博丹并不认为地理环境是人类生活中唯一的或者说最重要的因素。他认为，由气候所决定的特性也可能受到其他影响的修正。他认为，自然环境的影响是政治学家应该考虑但往往没有考虑的几个因素之一。尽管限定了自然决定生活的能力，博丹仍然是前现代地缘政治学派的倡导者。他教导说，自然不仅限制我们做某些事情的能力，还决定我们做或不做这些事情的意志。

博丹可能是最后一个以这种全面普遍的方式持有这些观点的人。孟德斯鸠虽然采用了类似的论点，却代表着向现代观点的过渡，他似乎是所谓解放理论的倡导者：人类在其历史发展中逐渐使自己摆脱了自然的束缚。①

亚里士多德和博丹的地缘政治学著作代表着他们的时代，因为他们主要关注自然环境对人类及其政治生活不可避免的、强制性的影响。他们虽然讨论了当今地缘政治学家感兴趣的问题，但他们主要关心某种自然科学的特性。换句话说，他们追寻在自然背景中支配人类生活的自然法则，不是道德的自然法则，而是物理的自然法则。因此，他们的地缘政治学致力于成为一门关于实际存在的关系的客观科学，而非关于可能存在的（或由人调节的）关系的科学。人的意志很大程度上取决于外部条件，从某种意义上说，其地缘政治学不仅是客观的，而且是非道德、非政治的。

---

① 参见 Mantesquieu, *The Spirit of Laws*, 4th ed. revised and enlarged by the author, Trans. Thomas Nugent. London: Nourse, 1766, Vol. I, Book XIX。解放理论的代表人物是黑格尔（G. W. F. Hegel, *The Philosophy of History*, trans. J. Sibree, New York: Dover Publications, 1956, pp. 80, 225, 241）。关于解放理论的研究，参 Wittfogel（"Geopolitik, geographischer Materialismus und Marxismus", pp. 496–500）。

现代地缘政治学作家

本节及随后各节意图不在于回顾全部的地缘政治学流派或趋势，本文的研究框架无法完成这样的任务。笔者只想分析现代地缘政治学思想的奠基之作或者批判性最强的著作。

总体而言，当代地缘政治学派不再认为地理环境可以决定现代人的本质，因此，他们将注意力集中在环境的审慎指示（prudential dictates）上。换句话说，现代地缘政治学家审视世界地图，不是为了发现自然迫使我们去做的事情，而是寻找自然根据我们的偏好建议我们去做的事情。①

对现代地缘政治学思想特点的这一概括也许并不完全准确，因为某些地缘政治学家试图从地图上读出某些强制性的外交政策指令，但他们从来都不只关注地缘政治学本身。他们将地缘政治学与某种思想或理论相结合，更准确地说，是使地缘政治学为某种思想或理论服务。正是与优等民族（master race）、自给自足和扩张的必要性、对抗或传播某种宗教政治福音的必要性相结合，现代地缘政治学才具备了一个决定性的特征。

不过，还是有一条尚未探索的途径来部分复兴过去的理论，即自然至少塑造了人性格的某些方面。这就是荣格（C. G. Jung）和弗洛伊德（S. Freud）的"集体潜意识"理论。如果证明全人类共

---

① "物理环境从不强迫人做任何事情；强迫存在于人自己的天性。但是环境确实表明，它使某些行为可能发生，但另一些行为不可能发生"（Ellsworth Huntington, *The Human Habitat*, New York: D. Van Nostrand Co., 1927. p. vii）。但亨廷顿的表述模棱两可，因为如果环境成功地改变了人的"本性"，它也就能成功迫使人去做某些事情。亨廷顿的书恰恰说明，气候是塑造人性的三要素之一（其他两个要素是种族和文化）。

有的精神遗产（Psychische Erbmasses）并非静止不变，而是随着世世代代存储在潜意识中的经验而不断丰富，那么集体潜意识也将随着生活经历的不同而多种多样。与两千五百年来定居在阳光明媚的外高加索（Transcaucasia）山谷的人相比，世世代代生活在西伯利亚北部恶劣气候中的人，其潜意识中会储存一种不同的心理印象。因此，我们的意识以潜意识为滋生地（Nährboden）并受到我们及祖先地理环境的间接影响。基于这一假设，荣格评论说：

> 我不确定是否存在这种（心理倾向）的遗传"分支"，即由于地方或种族的影响而产生的特殊差别。在我看来，尽管所有的理论偏好都存在相反的观点，但这种差别完全有可能甚至很可能存在。不过到目前为止，我还没有找到它们存在的确凿证据……令我遗憾的是，我无法就这个问题给出明确的答复。①

一个真正持有决定论的地缘政治学派，必须接受自然环境在国内外政治中的强制性特征。亚里士多德的注意力主要集中于特定地理环境下可以实行何种政制的问题，博丹就更是如此。相反，当代地缘政治学拒绝了自然塑造人性格的理论（而接受了现代人成功使其思想摆脱自然控制的理论），重点关注地缘经济学对地缘战略及外交政策的影响。即使在所谓的决定论地缘政治学家中，也很少有人关注国家内部的政权与自然环境之间的相关性。这一事实某种程度上证明，他们很难成为真正的决定论者。

荣格（前揭）认为，人总是继承潜意识的特性，但是随着文明的进步，人与集体潜意识的联系（Verbindung）变弱，更多的潜意识上升到意识水平。因此，更为正确的做法是，假设当代人的性格

---

① Carl Gustav Jung, "Personal communication to author", Küsnacht－Zürich, July 7, 1956.

不再由自然环境决定，但不否认人性曾由自然塑造。原始人主要由潜意识指引，其思想实际上由自然环境所决定。

当然，这并不意味着地缘政治学不应关注内政。不幸的是，地缘政治学往往与地缘战略学相重叠。地缘政治学应涵盖政治学、政治地理学的所有领域以及介于二者之间的领域，并且也确实有一些此类的研究。①

总的来说，很难对今天的地缘政治学下一个定义。地缘政治学是战争的受害者。从马汉到罗斯福（Theodore Roosevelt），再到希特勒和东条英机（Tojo），各层级的战略家和扩张主义者都曾利用或滥用过地缘政治学。宣传者和反宣传者（antipropagandist）侵入地缘政治学的领地，为他们充满偏见的观点以及遍布各社会阶层的地理无知进行科学的润色，使他们的工作更加便利。鲜有人意识到，任何地图都只是一张关于特定区域的扭曲图片。人们倾向于把地图作为科学而可靠的文件，把宣传用的地图作为经验性的证据，因为眼见即为"实"的"证据"。②"要否认地图的内容，就必须克服对与感官印象相悖的观

---

① Robert Harold Brown, *Political Areal – Functional Organization*, *with Special Reference to St. Cloud*, *Minnesota*, (University of Chicago, Department of Geography, Research Paper No. 51.) Chicago, December, 1957. G. H Hanson, "The Geographic Factor and Its Influence in Utah Administrative Units", in *Yearbook of the Association of Pacific Coast Geographers*, 1937. Owen Lattimore, *Inner Asian Frontiers of China*, 2d ed. New York: American Geographical Society, 1951. Hermann Lautensache, *Das Mormonenland als Beispiel eines sozialgeographischen Raumes.* ("Bonner Geographische Abhandlungen", Fasc. 11.) Bonn: Geographische Insfitut der Universität Bonn, 1953. B. E. Thomas, "Boundaries and Internal Problems of Idaho", *Geographical Review*, XXXIX, January 1949, pp. 99 – 109. B. E. Thomas, "The California – Nevada Boundary", *Annals of the Association of American Geographers*, XLII, 1952, pp. 51 – 68.

② S. Whittemore Boggs, "Cartohypnosis", *United States State Department Bulletin*, December 22, 1946.

念的深刻的不信任。"① 人们已经开发出一种特殊的地图技术，巧妙地将区域变形与彩色阴影结合在一起，标出令人印象深刻的箭头以吸引人们对某些地点的注意。② 这种技术本身可能没有错，而且如果读者具有足够的批判意识，它还能让人意识到重要的事实和政治问题。

通过在最为陌生的网格上绘制地图，德国地缘政治学家在地缘政治学教育方面做了出色的开拓工作。③ 我们已经习惯了墨卡托（Mercator）投影和以欧美日纬度为中心的地图，但新地图提醒我们，随着地图中心所在位置的改变，世界看起来可能会大不相同。这有助于我们理解，为什么不同的政治家和国家，对世界地缘政治、地缘战略问题的看法也不同。每个人都从自己的地理视角来评估同一问题，每个国家都根据以自己国家为中心的世界地图来思考。④

不幸的是，在二战中，地缘政治学地图及相应的文本都被纳入国家宣传网络。结果，地缘政治学不再是一门科学，至少在实践和观念中不再是一门科学，"地缘政治学"一词也声名狼藉。⑤ 自二战

---

① Hans Speiler, "Magic Geography", *Social Research*, VIII, 1941, pp. 310 - 330.

② 关于地缘政治学地图如何科学客观地服务于国家利益，参豪斯霍弗的灵魂探索（Karl Haushoffer, *et al. Bausteine zur Geopolitik*, Berlin：K. Vowinckel, 1928, pp. 343 - 348）。地图宣传的范例是 Giselher Wirsing, *Der Krieg* 1939/ 41 *in Kar－ten*, Munich：Knorr & Hirth, 1942；*The War in Maps* 1939/40, New York：German Library of Information, 1941。

③ "Geopolitics", *Encyclopedia Britannica*（1944 ed.）.

④ Friedrich Ratzel, *Politische Geographie*, 2d ed. Munich：R. Oldenbourg, 1903, p. 373.

⑤ 豪斯霍弗正确地指出，一个国家有自己的（即主观的）地理意识，但他削弱了自己地缘政治学派的学术特征，宣称"地缘政治学应该且必须成为国家的地理意识"（Karl Haushoffer, *et al. Bausteine zur Geopolitik*, Berlin：K. Vowinckel, 1928, p. 27）。A. Haushofer（豪斯霍弗的长子）深知，"地缘政治学越努力成为国家的地缘意识"，就越容易"屈服于政治意志"和当下政治的要求（Albrecht Haushoffer, *Allgemeine politische Geographie und Geopolitik*, Heidelberg：

以来，许多政治学家不愿再从事地缘政治学研究。因此，我们有必要厘清地缘政治学的真理与谬误，思考错误的根源何在，以及如何避免这些错误。

被误解的地缘政治学家和被滥用的地缘政治学

针对地缘政治学最常见的指控是，它与一种模糊的说法"国家有机体理论"密不可分。这种理论认为，国家的所有组成部分"生长"成为一个拥有"生命"的"身体"。

国家有机体理论是一种关于国家的哲学概念，更确切地说，是形而上学概念。"人类运转的社会组织"可能并不具有青年或老年阶段这一说法尽管可能成立——"因为人作为集体代代相传，后辈不可能在时间上比前辈还古老"① ——但这与国家有机体理论并无相干。后者认为，国家的"生命"与作为肉体有机体的人没有直接关系。从本质上讲，国家是一种精神或观念，所有国民在精神上都被粘合为有机的"一"——多样性的统一。

国家是一个基于先验精神联盟的共同体，这一概念并不限于德国，也并不特指黑格尔的思想。它深深扎根于俄罗斯，尤其是霍米亚科夫（A. S. Khomiakov）的著作。俄罗斯教会（Soborna Rossiia）的概念通常指形而上学的国家有机体概念，问题不在于一个国家或民族真的是有机体，或者，人是否应该根据其内在本性寻求这种有机统一，为实

K. Vowinckel, 1951, p. 19）。在美国，有些人认为斯皮克曼的著作是"美国大学战争宣传书的产物"（A. L. Byron - Curtiss, "Review of N. J. Spykman, *America's Strategy in World Politics*", in *Churchman*, CLVI, 1942, p. 17）。

① P. E. James and C. F. Jones (eds.), *American Geography: Inventory and Prospect*, Syracuse, N. Y.: Syracuse University Press, 1957, p. 185.

现个人无法达到的目标而共同努力。当然，这些纯粹是哲学问题，但我们必须记住，许多俄国的、德国的和其他国家的思想家不太可能将形而上学与物理世界分开。他们把经验世界看作精神的物质表达，或是向更高阶段（所有物质的精神化）升华的基石。因此，他们假定先验世界的有机统一必然在物质世界中有所反映，或在初生态（statu nascendi）中呈现自身。

人们谈论的国家的生死指的都是一种精神现象。这种现象可能与世界舞台上政治单元的出现或消失有关，且可能与经验性的事实无关。对许多俄国人来说，1917年革命意味着祖国的死亡。对于其他俄国人来说，它却标志着祖国的诞生。甚至有人曾尝试正式否认沙皇俄国与共产主义苏联有任何法律联系。实际上，每当从国际法的角度提出承认一个新政权以及国家的形成或灭亡时，潜在的问题就是一个国家或民族的经验生命（物质）与非经验生命（精神）之间的关系。

只要我们将这种哲学的国家有机体理论与作为地理生物有机体的国家经验概念结合在一起，或从后者单独推导出前者，我们就会陷入地理和地缘政治学的麻烦之中。① 美国与欧洲大陆（尤其是德国和俄罗斯）之间的哲学距离，加上美国人对一切形而上学思想特有的不信任，导致其对欧洲某些政治著作和地缘政治学著作产生很多误解。

特洛尔奇（E. Troeltsch）指出，德国与其他西方国家相互间缺乏了解，这一难题源于"德国的政治、历史和伦理观念体系与西欧和美国思想体系之间存在着永久性的差异"——尽管"契伦的著作提供了清楚的证据"，证明"德国人与所有国家，尤其是受德国思想

---

① Richard Hartshorne, *The Nature of Geography*. Lancaster, Pa.: Association of American Geographers, 1949, p. 256. Alfred Hettner, *Die Geographie, ihre Geschichte, ihr Wesen und ihre Methoden*, ibid, p. 252.

影响的北欧的保守派"之间存在着"类同"和"自然血亲"的关系。①

仔细研究现代地缘政治学的两位创始人拉采尔（Friedrich Ratzel）和契伦（Rudolf Kjellén）的著作，我们会发现，他们过去和现在遭受的许多批评都站不住脚。他们都没有让个人淹没在一个国家有机体中。拉采尔强调说，在国家这个"最不完美"的有机体中，"人们维持着自己的独立性，不会像奴隶一样被扔在一边"。他们最多是"牺牲自己的自由意志，有时屈从于国家，有时服务于整体"。民族和国家"都不是有机体的范本"，而是由"道德精神力量"凝聚而成的集合有机体。② 国家是一个"精神和道德的有机体"。精神上的联系将物理上分离的事物团结在一起，恰恰由于这个原因，生物学的类比并不合适。在精神领域中引领国家有机体的，正是超越其他（生物）有机体世界的东西。③

人们一直认为，契伦是有机体理论的首恶，他似乎从开始就表明，国家是一个有生命的机体。他的国家有诞生、成长、老年和死亡。国家也有身体和灵魂，并且服从于生命的法则。但是，尽管契伦使用了有机体理论的词汇，那也仅能得出结论说，契伦是在打比方。对他来说，个人和民族比国家更重要。国家消失，民族还可以幸存，但如果民族灭绝，国家就将"失去复兴的全部希望"。因此，"国家似乎是偶然存在，而民族是真实存在"。但民族，一个凝聚为生命体的存在，甚至也不是国家生命中最重要的

---

① E. Troeltsch, "The Ideas of Natural Law and Humanity in World Politics", In O. Gierke, *Natural Law and the Theory of Society*, *1500 to 1800.* Trans. E. Barker, Boston: Beacon Press, 1957, p. 201。

② Friedrich Ratzel, *Anthropogeographie*, Stuttgart: J. Engelhorn, 1899, p. 2.

③ Isaiah Bowman, *The New World: Problems in Political Geography*, Yonkers-on-Hudson, N.Y.: World Book Co., 1921, p. 11.

因素。契伦得出的结论"在实践中和理论上的重要性不可估量：国家的生命最终掌握在个人手中"。①

倘若契伦将国家视为一个生命有机体，那他就绝不会允许个人保持独立，更不会使国家拥有决定个人生死的权利。契伦的国家从没有过真正独立的生命。它不会靠近黑格尔"世界精神"（Weltgeist）或马克思"物质力量"的主权地位，甚至都谈不上试图靠近，其实距离还很远。"我们的有机体理论显示出其优越性，赋予了国家一个自己的目标"，但这一有机体国家的目标与民主国家的目标几乎没有什么不同，即"国家的福利"和"对民众道德倾向的提高"。此外，契伦坚持认为，国家追求国民福祉的权力不应是无限的，而应当限于使"个人拥有与其品性（Persönlichkeitzweck）相适合的目标"。②

上述分析并不意味着契伦信奉平等主义民主制。相反，他青睐一个分等级的精英社会。正如古典政治哲学和中世纪政治哲学所主张的，在这样的社会中，义务高于权利。魏特夫（Karl A. Wittfogel）给契伦贴上法西斯主义先驱的标签，但契伦是理性主义者，其民族主义并不出格。

我们不得不得出的结论是，尽管契伦坚持认为国家"不同于其各部分的总和"，国家是一种品格，"一种有自己的生命的真正品格，

---

① Rudolf Kjellén, *Der Staat als Lebensform*, Trans. M. Langfeldt, Leipzig: S. Hirzel Verlag, 1917, pp. 218 – 220.

② 同上，pp. 228 – 232. 比较 Karl A. Wittfogel, "Geopolitik, geographischer Materialismus und Marxismus", *Unter dem Banner des Marxisrnus*, III, 1929, pp. 31 – 37。对于契伦而言，充分发展的自足的"民族品性"与他所支持的欧洲联盟并非水火不容，反倒是后者的先决条件。关于契伦的政治哲学，我们大致可从他在第一次世界大战期间写的一篇文章中有所了解，参 Rudolf Kjellén, *Die Ideen von 1914: eine weltgeschichtliche Perspektive*, Trans. C. Koch, Leipzig: S. Hirzel, 1915。

而不是个人的集团",但他并不把国家看作一种有机生物地理意义上的机体。他不希望将国家视为"抽象物",但是他的理论没有超出中世纪流行的有机体类比。他的主要兴趣是对抗当时流行的法律主义(legalistic)国家概念,后者只将国家概念作为宪法和其他基本法律条款的总和。"简而言之,契伦不是把国家看作法律机体,而是视为权力。"①

法国历史地理学家费夫尔(Lucien Febvre)是一位充满活力的拉采尔评论者,写作颇有契伦和拉采尔的风采,尤其是后者。他的评论很有趣:

> 对我们来说,现代世界的大国表现出实际的历史品格和道德品格。它们有自己内在的生命、自己的性格、物理个体性、外在形状和物质特征。这些特点是如此鲜明和熟悉,我们绝不会把它们想成别的样子。在今天看来,它们的外形具有某种永

---

① 一般来说,契伦似乎对黑格尔有所借鉴,但后者说"国家有机体是政治体制"(*Philosophy of Right and Law*, par. 269)。而对契伦来说,国家是有机体恰恰因为它不仅仅是(或不同于)政治体制:作为一种生命形式,国家是一种权力。"大国(Grossmacht)不是数学概念而是动态概念,不是种族或文化概念而是心理概念……大国首先是一种拥有强大力量的意志。"(Rudolf Kjellén, *Die Grossmächte der Gegenwart*. Trans. C. Koch, Leipzig: B. G. Teubner, 1915, p.199)在这方面,拉采尔要比契伦更忠实于黑格尔哲学。对拉采尔来说,国家之所以是一种有机体,主要是因为它表达的是一种有生命的文化,而不是因为它是一种权力、意志或心理的现象。国家文化的兴衰先于国家权力的消长(Friedrich Ratzel, "Die Gesetze des räumlichen Wachstums der Staaten: Ein Beitrag zur wissenschaftlichen politischen Geographie", *Petermanns Mitteilungen*, XLII, 1896, pp. 98 – 100)。拉采尔和契伦虽然只是重点不同,但差异还是很大。前者有哲学家的倾向,后者则是所谓的权力现实主义者(Johannes Steinmetzler, *Die Anthropogeographie Friedrich Ratzels und ihre ideengeschichtlichen Wurzeln*, "Bonner Geographische Abhandlungen", Fasc. 19, Bonn: Geographische Institut der Universität Bonn, 1956)。

恒的必要性。①

契伦认为，对于国内国际事务的务实（"物质主义"）思考乃是成熟和现实主义的标志，但他拒绝任何基于物质主义、享乐主义的国家目的论，认为二者强调"是"但损害了"应该"。契伦主张现代的国家概念和除法学以外的政治学，也主张卢梭的"重返自然"，摆脱对国家品格抽象的、虚构的观念，回到国家"地理品格"所体现的自然，以及"健康的本能的生命"中的人性。② 契伦并非1914年前中欧的"进步保守派"，后者的观念早于但并未完全脱离俾斯麦或波别多诺斯采夫（Pobedonostsev）的世界观。

在契伦时代的德国，马克思主义者和反马克思主义者都对自然地理环境有着浓厚的兴趣，这场运动一定程度上可以解释德国地缘政治学的兴起。一些修正主义者，比如考茨基的追随者格拉芙（Georg E. Graf）认为，马克思专注于社会、哲学、经济和阶级斗争等问题，却忽视了作为所有生命物质基础的自然的重要性。因此，马克思主义需要用地缘政治学理论来补充完善。另一方面，反马克思主义者则转向自然环境以削弱法律条文的重要性，同时为其非物质主义的政治理论提供与马克思主义经济学不同的经验基础。然而，他们都没有超越孟德斯鸠所复兴的地理唯物主义（geographical materialism）。

契伦准有机体（quasi-organic）理论的目的，在于表明国家不

---

① Lucien Febvre, and lionel Bataillon, *A Geographical Introduction to History*, Trans. E. G. Mountford and J. H. Pakton, New York：A. A. Knopf, 1925. 关于中世纪有机体类比的最好范例，参见 John of Salisbury, *Policraticus*. (The Statesman's Book of John of Salisbury), Trans. J. Dickinson, New York：A. Knopf, 1927, Book v, Chap i. 契伦本人明确指出，他的国家有机体理论只是一个比喻（*Der Staat als Lebensform*, ibid., pp. 65, 79）。

② Rudolf Kjellén, *Der Staat als Lebensform*, ibid., pp. 1-6, 230-232.

是死的法律条文，而是不断变化的有生命的共同体，领土、人类和民族在其中相互作用。国家生命的变化、国家组成要素间的关系变迁都可以视为国家健康、成长、衰落甚至死亡的迹象。① 但是，个人绝不会因为国家或民族被牺牲或同化。个人的目标会受到尊重，最终决定国家命运的恰恰是个人的意志。

地缘政治学和地理决定论。② 毫无疑问，有一种巨大危险：地缘政治学，更确切地说基于地缘政治学的政治，可能导致人们接受地理决定论。拉采尔很久以前就认识到这一点：

> 国家统一的唯一物质要素是其领土。因此，人们受到强烈

---

① 拉采尔把 Horace Greeley 的话——"年轻人，向西去，与国家共同成长"，作为人与土地亲密无间共同成长的范例（Friedrich Ratzel, *Erdenmacht und Völkerschicksal*, Ed. K. Haushofer, 2d ed. Stuttgart: A. Krtiner, 1940, p. 226）。美国的"活宪法"（living constitution）概念也与契约作为生命形式的国家理论有联系。但人们无法否认，有机体的类比可能会产生误导或把情况弄糟，因为该类比倾向于"发展成对事实的直接陈述"（Richard Hartshorne, *The Nature of Geography*, ibid., p. 257）。

② 关于对新近决定论者、环保主义者和可能主义者等思想学派的全面批判，参 Sprout 和 G. Tatham 的研究：H. and M. Sprout, "Environmental Factors in the Study of International Politics", *Conflict Resolution*, I (1957), 309–328; *Man-Milieu Relationship Hypotheses in the Context of International Politics*, Princeton, N. J.: Center of International Studies, 1956; G. Tatham, "Environmentalism and Possibilism", in Griffith Taylor (ed.), *Geography in the Twentieth Century*, chap. vi. 3d ed. New York: Philosophical Library, 1957, pp. 309–328。关于与环境主义作斗争的地理学家，我们必须注意 R. Hartshorne, *Perspective on the Nature of Geography*, ibid., 以及 R. S. Platt, "Environmentalism versus Geography", *American Journal of Sociology*, LIII, 1948, pp. 351–358。关于英国地理学家对环境主义和决定论的同情，参 O. Spate, "Toynbee and Huntington: A Study in Determinism", ibid., pp. 424–428。另一位地理学家 G. Taylor 同意 Wittfogel 的观点，即环境经济因素作为指导人类行动的力量，具有最终的决定性，参 Griffith Taylor, *Australia*, 2d ed. New York: E. P. Dutton & Co., 1943, pp. 445–446。

的诱惑将国家领土作为政治组织的主要根基,仿佛领土能迫使一直散乱的人团结起来。①

地缘政治学旨在促使政治家关注地理(政治中经常被忽视的因素)。但是,如果不将地缘政治学知识与其他政治知识整合在一起,而是从一个极端跳到另一个极端,试图使其他所有因素臣服于地理因素,场景必然会被扭曲。

必须记住,在"地缘政治学"的多种含义中,契伦支持最狭义的定义:

> 地缘政治学是研究作为地理有机体或空间现象的国家,即土地、领土、地区以及最为意味深长的帝国。(*Der Staat als Lebensform*, ibid., p.46)

从这个意义上说,地缘政治学是从位置(地形政治)、形式(形态政治)和地区(自然法则政治)的角度来研究国家,它仍然只是契伦综合政治学体系中的五个政治学领域之一。另外四个是人口政治学、经济政治学、社会政治学和权力政治学。② 地理环境的

---

① Friedrich Ratzel, *Politische Geographie*. 2d ed. Munich: R. Oldenbourg, 1903, p.15。泛美运动的思想前提是领土统一应与政治统一并存,拉采尔在写相关内容时提出一个问题:领土统一到底有多重要?他的答案是,民族多样性在政治上比地理统一性更重要。"没有任何海洋能将中美洲与北美洲分割开,而现在能将二者分开的是民众的起源和历史"(Friedrich Ratzel, *Erdenmacht und Völkerschicksal*, ibid., p.230)。

② *Die Grossmächte der Gegenwart*, p.3; *Grundriss zu einem System der Politik*, Leipzig: S. Hirzel, 1920, pp.61–108; Edvard Thermaenius, "Geopolitics and Political Geography", *Baltic and Scandinavian Countries*, IV (1938), pp.165–166, 177。豪斯霍弗学派给地缘政治学造成了原初的根本性的歪曲,把"地缘政治学"一词应用于契伦政治体系的全体(totality)。"契伦本人注意到德国人的这种用法,

重要性在地缘政治学中被放大,成为政治中的决定性力量。

法国地缘政治学家安塞尔(Jacques Ancel)认为,法国地缘政治学派避开了环境决定论的陷阱,这是因为开创者布拉什(Vidal de la Blache)某种意义上成功地平衡了地理事实与人的意志和主动性。

> 尽管人文地理的第一课是向拉采尔学习,但由于其创始人布拉什才华横溢,法国地理学派才没有沉迷于自然地理。布拉什尊重德国科学,但他使人们摆脱了过于严重的宿命论。在论述地理事实的决定性时,对于人的意志和主动性,布拉什比德国人留出的空间要更大。对他来说,自然不是全部。①

安塞尔的德国同事毛尔(Otto Maull)也认为,地缘政治学家必须将人视为自由的行动者(安塞尔对其所谓的决定论提出批评):

> 但是,(地缘政治学)与环境的这种联系从来不是决定性的,甚至不是最终的、最重要的地理因素。②

毛尔认为,人类与环境的传统关系今天已经发生根本性的改变。

抱怨地缘政治学被滥用"(Johannes Steinmetzler, *Die Anthropogeographie Friedrich Ratzels und ihre ideengeschichtlichen Wurzeln*, ibid., p. 166)。第二次即最后一次歪曲是,大约从 1934 年起,豪斯霍弗学派将纳粹的种族理论纳入他们的政治地缘政治学系统,契伦的政治体系被纳粹的理论取代。当时有些德国地缘政治学家极力反对使"已经较为清晰的地缘政治学概念"承载与之不相关的"时髦"倾向和题材,Richard Hennig 就是其中之一,见氏著"Geopolitik und Rassenkunde (eine notwendige Klarstellung)", *Zeitschrift für Geopolitik*, XIII, 1936, pp. 58 – 63。

① Jacques Angel, *Géopolitique*, Paris: Li brairie Delagrave, 1936, p. 17. 安塞尔暗示拉采尔是"严重的宿命论者",或者说自然对拉采尔来说就是一切。但安塞尔的这一判断并不对(Johannes Steinmetzler, *Die Anthropogeographie Friedrich Ratzels und ihre ideengeschichtlichen Wurzeln*, ibid.)。

② Otto Maull, *Das Wesen der Geopolitik*, Leipzig: B. G. Teubner, 1936, p. 54.

人类已经成功地征服空间，现在又成功地克服了自然界的许多敌对要素；人学会了如何利用环境提供的机会，如何规避自然造成的灾祸。

> 因此，地缘政治学不可能不考虑人就去考虑世界。只有凭靠其最高的精神形式和人格，即康德所谓的"摆脱自然机制的自由独立"，人类才是积极的决定性的因素。(同上，页54 – 55)

就契伦而言，我们必须注意到，无论我们是否同意他关于民族和国家的政治哲学概念，他的地缘政治学都不意味着地理决定论和/或地理区域是有机体的概念。① 实际上，我们看到，契伦的"政治不道德"强调权力斗争而贬低道德法律的作用，恰恰因为他认为政治由人及其激情所主导。契伦认为，战争、扩张和违反国际法的根本原因不在人类外部的致命且决定性的力量，而在于人类、民族及其领导人的意志和自保动机。②

契伦的"政治不道德"有其合理之处。契伦没有否认民族和国家对合理性表现出的基本倾向，并认为这一趋势正推动国际关系向更高的道德标准发展。现实主义的国家概念不仅要考虑国家的道德、理性和法律框架，还要考虑国家的真实生活所体现出的"有机驱动力"，即其国民的本能、不道德或非道德的冲动。德国人的"事急顾不得法律"（Not kennt kein Gebot），美国人的"无论对错，祖国就是祖国"（My Country right or wrong），这些都不是行为的法律准则或道德准则，但在国内国际生活中发挥的作用却不容忽视。

契伦坚持认为，法律本身不能决定政治，但他也没有用地理决

---

① Rudolf Kjellén, "Geopolitische Betrachtung über Skandinavien", *Geographische Zeitschrift*, II, 1905, pp. 657 – 671; *Schweden, eine politische Monographie*, Trans. C. Koch. Munich: R. Oldenburg, 1917.

② Rudolf Kjellén, *Der Staat als Lebensform*, ibid., p. 29.

定论取代法律决定论。对契伦并非不能批评,但这些批评往往没有切中要害。他的错误不在于认为人受环境或有机体国家主导,而在于夸大了人的自由。具体来说,他认为,人和民族以他人为代价来满足自己的本能欲望是自然的。契伦的追随者则得出结论说,这种本能是自然的,也必然是好的。

对契伦的第二点合理批评是他无条件地接受一个前提,即自给自足(Autarky)是好的和必要的。生存空间(Lebensraum)的概念与这一前提密切相关。同样,"自然边界"(natural frontier)的概念取决于是否自给自足就是既定目标。在现代,自给自足是无法实现的幻想,只会导致国家间的冲突。自给自足假定了国际经济合作既不可能也不可欲,因此,相互依赖相当危险。自给自足促使人们相信,国家能够且应该是自给自足的经济政治"有机体"。无论从战略必要性来讲,还是基于契伦的思想,这一主张都合情合理。它似乎是基于旧有的道德观念,后者又可追溯至古老的重农派(pro-agrarian)和自然经济偏见。①

总的来说,我们应就地理决定论提出两点意见。第一,关于这一主题的许多讨论和争议都没有努力去弄清楚地理所决定的对象——人的意志或行为。一方面,前现代地缘政治学家(亚里士多德和博丹)倾向于强调环境决定人的性格,但没有说得非常绝对。一些当代作家基于某些心理、生理-生态学数据得出相同的结论,② 一些地理历史

---

① Rudolf Kjellén, *Der Staat als Lebensform*, ibid., pp. 75–77.
② 参见 W. Hellpach, *Geopsyche*: *Die Menschenseele unter dem Einfluss von Wetter und Klima*, *Baden und Landschaft*, 6th ed. Stuttgart: Ferdinand Enke, 1950; M. Sorre, *Géographie psycho logique*: *l' Adaptation au milieu climatique et biosocial*, Paris: 1955. 对此研究最为全面的可能是俄罗斯人类学家 Sergei M. Shirokogoroff。他的一些作品已被翻译成英文,如 *Ethnical Unit and Milieu*: *A Summary of the Ethnos*, Shanghai: E. Evans & Sons, Ltd., 1924; *Psychomental Complex of the Tungus*, London: Kegan Paul, Trench, Trubner & Co., 1935。

理论与历史决定论相结合的理论也是如此。①另一方面，从人类行为角度思考决定论的人认为，环境不会削弱人类的意志，但在某些情况下会消除所有可能的行动选项。对环境决定行动这一概念的评估，取决于我们对一个更宽泛问题的看法，即所谓的必然王国在人类生活中到底有多大的重要性和决定性。人在多大程度上受个人生存和种族生存欲望的驱动；生存斗争意味着什么，即在什么节点上人确实只有一条道路，而其他所有道路都直接或间接地导致物种灭绝。

当思考环境因素与人类生存可能性的关系时，时间因素变得非常重要。人们对地理决定论的含义经常会产生误解，因为它没有说明将环境作为决定行动的要素需要多长时间，几天、几年或几个世纪。环境屏障的重要性大小与我们发展技术搜集克服障碍手段的期限有关。特定自然因素会造成可怕的后果，比如台风、寒冬或冰河期，而与这一后果的"时间距离"（time distance）往往是决定性因素。一个要素可能会决定我们今天的生活，但明天我们也许就能控制住它。

正是由于对环境与生存的关系有着不同理解，有苏联学者对"资产阶级地缘政治学"进行了最猛烈的攻击。② 其中很大一部分攻

---

① G. W. F. Hegel, *The Philosophy of History*. Trans. J. Sibree, New York: Dover Publications, 1956; Ellsworth Huntington, *Civilization and Climate*, New Haven, Conn.: Yale University Press, 1915; Sir Halford John Mackinder, *Britain and the British Seas*. New York: D. Appleton & Co., 1902.

② 关于正统的马克思主义观点的详尽论述，参 Wittfogel 的出色研究 "Geopolitik, geographischer Materialismus und Marxismus", *Unter dem Banner des Marxisrnus*, III, 1929, pp. 17 – 51, 485 – 522, 698 – 735。在 Wittfogel 看来，这些观点"远离了马克思，走向一种原始的理想主义主体性新形式"。关于当代苏联对人与自然关系的论述，参 Ivanov - Omskii, *Istoricheskii Materializm o Roli Geograficheskoi Sredy o Razvitii Obshchestva*, Moscow: Cospolitizdat, 1950; A. M. O Voskanian, *Holi Geograficheslcoi Sredy v Razvitii Obshchestva*. Erevan: Akademia Armianskoi SSR, 1956; "K voprosu o roli geograficheskoi sredy v razvitii obshchestva", *Izvestia Akademii Nauk Armianskoi SSR*, No. 3, 1954, pp. 3 – 26; 以及 G.

击显然是宣传，但其中也有实质性的意见分歧。例如，他们抨击所谓的马尔萨斯主义者（Malthusianist），还把沃格特（William Vogt）的《生存之路》（*Road to Survival*）看作最经典的地理决定论范例。沃格特认为，某些国家甚至整个世界"无法养活更多的人"，因此，"我们没有出路"，要么降低出生率（沃格特认为死亡率的降低是"最大的悲剧"），要么"数百万人死于饥饿"。①但对东欧同行来说，这是胡说八道，他们认为环境没有强迫人类采取限制出生率的政策，他们已经树立了榜样来证明自己的观点。②

这让我们得出第二点意见，即地理决定论不是一个自立自足（self-contained）的问题。在物理学和哲学的意义上，地理决定论只代表着决定论与非决定论的对抗（思维与物质的对抗）。③ 如果其

Saushkin, V Vedenie v Elconomicheskuiu Geografiu, Moscow: Izdanie Moskovskogo Universiteta, 1958。

① Willam Voor, *Road to Survival*, New York: William Sloane Associates, 1949, pp. 224 - 225.

② 对美国及其他资产阶级地缘政治学著作最全面、最猛烈的批评，参 Grigorev (A. Grigorev and N. F. Ianitskii [eds.] . *Burzhuaznaia Geografia no Sluzhbe Amerikanskogo Imperializma*. Moscow and Leningrad: Izdatelstvo Akademii Nauk SSSR, 1951) 和 Ivan N. Semënov (*Fashistskaia Geopolitika na Sluzhbe Amerikanskogo Imperializma*. 2d ed. Moscow: Gosudarstvennoe Izdatelstvo Politicheskoi Literatury, 1954)。波兰出版的一份研究（Maria Hirszowicz, "O Geopolityce", *Mysl Filozoficzna*, Nos. 5 - 6, 1955, pp. 357 - 386）做过类似的批评，但报告提醒读者，这实际上是一份"卫星国"写作，30 页的报告没有原创性的学术见解或思想。就此类研究来说，更好更全面的研究是东德的 Günter Heyden, "Kritik der geopolitischen Expansionstheorien des deutschen Imperialismus", in Robert Schultz ed., *Beiträge zur Kritik der gegenwärtigen bürgerlichen Geschichtsphilosophie*, Berlin: Deutscher Verlag der Wissenschaften, 1958, pp. 481 - 543。

③ 关于尝试将地理决定论作为决定论与非决定论的总体处理，参 A. F. Martin, "The Necessity for Determinism: A Metaphysical Problem Confronting Geographers", *Institute of British Geographers*. Publication No. 17, 1951, pp. 1 - 11。他的

最终的目的论意义得以实现，那么毫无疑问，关于地理决定论的许多言论都会被修改或撤销。①不幸的是，知识的碎片化、研究领域的隔离、哲学与物理学及社会学的脱离，种种趋势都使人们很难就某些普遍性问题进行有意义的讨论。

政治与地缘政治学

审视周围环境时，我们总是从我们自己的角度出发。人们无法谈论从周围环境中抽象出来的环境。哈茨霍恩（Hartshorne）曾指出，所谓的自然地理区域本身并不自然，顶多相对于人及其主观视角来说是自然的。

> 针对蚊子的"自然区域"地图或"仅基于自然元素的区域"地图将完全不同于针对红杉的地图，但这种划分必然怀有某些别有用心的关切。毋庸置疑，地理学家做的所有此类划分都指向人的视角，涉及的是作为人的自然。②

说人作为人不同于其他物种，对环境有一种特殊的、人类的看法和视角，这不会造成很大的困难。但对于人是什么或应该是什么，人们则有着各式各样科学的、哲学的和目的论的观点，因此，对环境的解释也就千差万别。随着被围绕单元（environed unit）自身形象的变化，周围环境的形象也随之变化。只要我们讨论宽泛的自然

立场受到 Emrys Jones 的批评（"Cause and Effect in Human Geography"，*Annals of the Association of American Geographers*，XLVI，1956，pp. 369–377），后者选择以低于哲学的层次进行辩论。

① O. H. K. Spate，"Toynbee and Huntington: A Study in Determinism"，ibid. p. 419.

② Richard Hartshorne，*The Nature of Geography*，ibid.，p. 300.

地理概念，如气候区或植被区，差异就可以最小化，即使对这些区域的定义依据的是观察者及其习惯和需要。不过，一旦提及与政治相关的问题，人们就很难达成一致。

我们谈论自然区域及其界限（"边界"），这不会引起太多争议。但所谓的国家自然边界则会引起争议，尽管这些边界本质上同自然区域一样自然。国家边界与一个人的文化遗产和政治信仰有着非常紧密的联系，人们无法基于含混的人类普遍一致性来接受国家边界。正是由于这个原因，政治单元的边界无法得到某种普遍人类原则（根据客观地感知到的人性，在这种意义上说是自然的）的支持，它将始终停留在政治领域，并且是妥协的结果。政治性本质上充满争议，因此不是自然的，更确切地说，不可能所有人都承认它是自然的。

在一些地缘政治学著作中，最大的错误是主张通过诉诸非政治和非道德——即外部自然、非人世界的自然——来解决政治和道德问题。"自然"一词有两种不同意义的用法：首先，符合人类道德本质和目的论；第二，符合作为物理世界的自然及其秩序和法则。这使人们更容易感到困惑，也有助于某些人进行欺骗——也许是有意的欺诈。动物的、植物的、地质的、地形的或任何其他世界的自然，都无法替代人类世界的自然。甚至人作为肉体存在的自然也不能与人作为精神存在的自然相混淆——即便我们相信宇宙不是混沌，并相信在所有物质元素和非物质元素中存在一种最终的和谐与秩序，而这也是亚里士多德的信念以及所有有神论哲学的教诲。

有些人依靠自然人类学特征（如肤色）来支撑其固有的道德决定。同样，地缘政治学家也经常编排现实世界的事实和法律，以便为政治要求、政治观念提供证明和支持。这可能会导致令人绝望的自相矛盾，一个在精神上与"自然边界"类似的概念——"和谐国家"（harmonic state）就是这方面最有代表性的例子。

在思考国家区域的"和谐"或"不和谐"特性时,人们应采取科学的程序,同时要有最大的自由度。匈牙利被剥夺它以前所拥有的周边领土后,就表现为不和谐(或非有机体)的形式。有一个修正主义国家的学生就此得出结论说,这些周边地区应重归匈牙利。但这在逻辑上必然表明,比利时应从法国或德国获得更多的耕地,荷兰的领土应延伸到莱茵兰,反之亦然。依此类推,除非重绘整个世界的地图,否则人们找不到几个真正"和谐"的国家(如果有的话)。①

在哈茨霍恩写下这些敏锐的观察几年后,匈牙利人成功实现了修正主义者的部分主张,并近乎建立起他们所认为的和谐国家区域。但随后,他们的邻国开始了地缘政治性的竞争。从匈牙利的历史、经济和政治抱负来看,这是一个和谐的地缘政治学区域,但在不同的文化及其抱负的棱镜中,它又相当不和谐。罗马尼亚人争论说,创造统一与和谐的是语言和情感上的联系,而不是自然地理因素,这非常符合契伦学说的精神。罗马尼亚作家明确否认喀尔巴阡山脉是一道自然边界。他们坚持认为,即使多瑙河流域可以构成地理单位,也不能就此认为它必然构成了政治单位。民族性考虑所要求的划分不同于地理的和战略的边界。② 一座山峰和一道分水岭并不会破坏喀尔巴阡山脉两侧罗马尼亚农民的团结与和谐。匈牙利地缘政治学寻求自然经济地理事实的支持,罗马尼亚人的地缘政治学则是基于文化人类学地理——当然,只是他们所解释的文化人类学地理。

---

① Richard Hartshorne, "Recent Developments in Political Geography", *American Political Science Review*, XXIX, 1935, p. 958.

② Ion Conea, "Carpatii, hotar natural?" *Geopolitica si Geoistoria*, II, 1942, pp. 62 – 68; "Transilvania, inima a pamântului si statului Românesc", ibid., 1941, pp. 18 – 34.

只有达成某些基本的、普遍接受的协议，人们才能设想地缘政治学的和谐国家及自然边界。也就是说，人们首先必须达成必要的政治共识，做出决定，然后才会有（或者说才开始考虑）自然的或自然和谐的事情。自然观念或自然法则是一个自然秩序的必要前提和基础，没有自然观念或自然法则，政治体中就不会有自然。真正的自然只是所有人共同拥有的东西，或者说源于所有人共同的东西。

人们有时尝试颠倒这一程序（尽管完全站不住脚），坚持认为自然（物理世界的事实）偏爱某一种政治选择。换句话说，环境的自然优先于政治和道德并取而代之。自然世界承担起人类世界的角色，通过将人类世界简化为物理机械，政治被去政治化，道德被中立化。列宁提出"科学唯物主义"，他说政府和政治必须让位于"对事物的管理"，因此一些地缘政治学家试图将地缘政治学的问题转移到科学地缘管理的领域。边界问题的政治层面被看作纯粹的技术经验问题，如边界的标记。所有这些尝试不过是倒退为地理唯物主义和前现代地缘政治学，把人看作自然历史的一部分而不是看作历史的创造者。①

未能给予政治和道德应有的地位，这似乎不仅是因为一种错误的经验主义和科学主义，而且是官僚阶层风气的结果，尤其是在德国。

> 官僚思想的基本趋势是将全部政治问题变成行政问题。结果，德国政治学史中的大多数政治书籍实际上都是关于行政管理的论文……公务员看不到所制定的每一条法律背后都有……世界观。②

---

① 参 L. Kristof 对自然平衡与人为平衡的讨论（"Political Laws in International Relations", *Western Political Quarterly*, XI, 1958, pp. 598–606）。

② Karl Mannheim, *Ideology and Utopia*, New York: Harcourt, Brace & Co., p.118。

自然边界及和谐国家区域都是理想，是社会认为应该去实现的目标，因为这是其使命或思想的一部分（或条件）。① 其概念源于特定社会的目的论并随之而变化。根据"昭昭天命"（Manifest Destiny），美国的自然边界是太平洋海岸。后来，在"新昭昭天命"的符咒中，美国的自然边界延伸到太平洋中间甚至更远的地方，美国人肩负的任务是保护"棕色皮肤的小兄弟"，使他们改变信仰并文明化。当被界定为"自然"时，边界的称呼通常是错的，因为它们表达的其实是某个特定社会（民族）的希望及其特定理想。这种理想并没有得到其他社会的认可，并且经常与其他社会的理想发生冲突。在较长的历史时期内，极少有两个国家一致同意他们的共同边界是公正的，符合两国的相互利益，并代表着其民族抱负或使命的理想限度。

　　某种意义上说，自然边界的概念最终是自相矛盾的。好的自然边界只能是一种世界社会理想的表达：一种将所有人限定在理想界限的观念。它不可能是将人与人分开的界限。因此，伴随着建立最终自然边界的，是取消全部现有的边界。借用黑格尔的说法（这可能会使一些读者恼火），国界是国家观念相互间辩证法的一种表达；每个国界都是半自然的，都代表正题与反题。自然边界的概念超越了这一辩证阶段。它属于将人类提升到一个无边界世

---

① "'自然'一词包含着整部历史哲学。当谈到自然边界时，我们指的是由命运且通过征服实现的理想所确定的界限。在实际边界与自然边界间往往存在差异。这很烦人，这些差异必须消除！"（James Fairgrieve and Lionel Bataillon, *A Geographical Introduction to History*, Trans. E. G. Mountford and J. H. Pakton, New York: A. A. Knopf, 1925, p. 297）拉采尔说国家观念（Staatsidee）是国家指导性的向心力（约束力）。每个国家观念都有某种内在的自然边界概念。哈茨霍恩使用的国家存在理性（raison d'être）概念也是如此（例外情况在下面注释中会有说明，参 Richard Hartshorne, "The Concepts of 'Raison d'Etre' and 'Maturity' of States", *Annals of the Association of American Geographers*, XXX, 1940, p. 59）。

界的合题（synthesis）。

自然边界的观念是否能与一种原子式的、自由放任的社会观念兼容，这值得怀疑。守夜人式的国家不会引导社会向积极的共同目标和理想迈进。它只是帮助个人追求民众的目标和理想。在美国，所谓的程序民主似乎占据优势（自然法学派主张"实质民主"），自然边界的概念立即招致人们的怀疑，因为"自然"这一关键词暗示着某种统一性，暗示着在道德哲学领域为了最高的普遍目标使所有人都承担义务。它甚至还暗含着寻求在国家和（或）整个人类中实现有机统一的想法。程序民主强调摆脱式的自由："自然"一词只与自由相关，也就是说，摆脱任何自然目标和义务的自由，只尊重自由本身。

地理学家与政治学家

地缘政治学的批评者某种程度上也将政治简化为自然（即自然地理）。显然出于一种误入歧途的欲望，一些批评者将讨论限定为严格"科学""客观"（所谓的价值无涉）的范畴，猛烈抨击各种地缘政治学著作，好像这些著作的全部过错都在地理方面。实际上，真正应反对的是鼓舞这些著作的世界观。豪斯霍弗（更不用说契伦和拉采尔）反复被指控为彻头彻尾的地理决定论者，但他并不是。豪斯霍弗的地理数据和知识有时会有问题，但真正的问题是政治道德问题，而不是地理问题。沃尔什（Edmund A. Walsh）说得非常正确，豪斯霍弗强调道德问题。在沃尔什看来，豪斯霍弗的著作"包含着约百分之五十甚至更多的真理"，但与此同时，这些著作的政治思想和结论却无法让人接受。①

---

① Edmund A. Walsh, *Wahre anstatt falsche Geopolitik für Deutschland.* （"Forum Academicum", No. 3.）Frankfurt / Main: G. Schulte-Bulmke, 1946, pp. 8-9.

地理与政治这两类概念及知识必然在地缘政治学、政治地理学中共存。这就提出了对政治学家的地理学教育和对地理学家的政治教育问题。地理学家鲍曼（Isaiah Bowman）和政治学家斯皮克曼（Nicholas John Spykman）之间的故事，可以很好地说明两个学科相互间的教育和理解。两人对美欧的政治地理学和地缘政治学产生了重要影响。

1942 年初，斯皮克曼发表了《世界政治中的美国战略：美国与

豪斯霍弗坚持认为，只有四分之一的历史可以用地理因素来解释。对其余部分的解释，人们必须探究人及其主动性。"地缘政治学视角必然要求人的英雄一面得以完成（对英雄崇拜的补充），因为地缘政治学可以根据地球的决定性因素来解释四分之一的人类发展问题。"（Karl Haushofer, Preface. In J. Fairgrieve, *Geography and World Power* [*Geographie und Weltmacht*: *Eine Einführung in die Geopolitik*]. Berlin: K. Vowinckel Verlag, 1925, p. 6; *et al. Bausteine zur Geopolitik*, Berlin: K. Vowinckel, 1928, pp. 47 – 48; Karl Haushofer and K. Vowinckel, "Editorial", *Zeitschrift für Geopolitik*, XIII, 1936, 328）正是这对"地球决定性因素"四分之三的"补充"，对"英雄崇拜"的地理补充，才使得豪斯霍弗的地缘政治学介入了纳粹的政治运动。有充足的文献表明，《地缘政治学月刊》（*Zeitschrif für Geopolitik*）的编辑（豪斯霍弗和K. Vowinckel）已明确将其地缘政治学的政治等同于希特勒的政治，参 G. Heyden, "Kritik der geopolitischen Expansionstheorien des deutschen Imperialismus", ibid., pp. 491 – 494。关于对希特勒时代德国地理学和地缘政治学的全面评估，参 C. Troll, "Die geographische Wissenschaft in Deutschland in den Jahren 1933 bis 1945", *Erdkunde*, I, 1947, pp. 3 – 49. Reprinted in *Annals of the Association of American Geographers*, XXXIX, 1949, pp. 128 – 135。关于对德国及其他政治地理学、地缘政治学流派最新的、更严格的评估，参 P. Schöller, "Wege und Irrwege der politischen Geographie und Geopolitik", *Erdkunde*, 1957, pp. 1 – 20。瑞士人和法国人强调德国地缘政治学对地理知识做出的积极贡献，主张保留"地缘政治学"一词，参 E. Winkler, "Karl Haushofer und die deutsche Geopolitik", *Schweitzer Monatshefte*, XXVII, 1947, pp. 29 – 35, 和 L. Champier, "A propos de la géopolitiquez Doit – on et peut – on reconsidérer scientifiquement cette notion?" *Saar – Europa*: *Cahiers de l' Institut Européen de l' Université de la Sarre*, Fasc. 2, 1955, pp. 26 – 58。

权力平衡》。这本书声称是"对美国外交政策最基本问题的地缘政治学研究",并"从地理和权力政治的角度对美国立场进行分析"。这本书为作者赢得了"美国的豪斯霍弗"之号,但不是凭借它处理的主题,而是凭借它代表的精神。实际上,与豪斯霍弗笔下的任何作品相比,《世界政治中的美国战略》都更像一个道德荒原。斯皮克曼明确支持一种无视道德原则的政策:

> 实施外交政策的政治家可以关注正义、公平和宽容,只要这些有助于或不妨碍实现其权力目标。这些价值可以用作追求权力的道义依据,但是一旦其应用会造成弱点,就必须将其丢弃。追求权力不是为了实现道德价值,相反,道德价值是为了便于获得权力。①

读了这段话后,魏格特(Hans Weigert)指出,"这是毁灭和虚无的声音"。② 厄尔(Edward Mead Earle)评论说:

> 俾斯麦不会走这么远,认为道德是无法确知之事。这主要是因为1890—1918年的德意志帝国遵循的是斯皮克曼式的论题,即包括德国在内的整个世界已陷入目前令人难过的状态。③

---

① Nicholas J. Spykman, *America's Strategy in World Politics*: *The United States and the Balance of Power*, New York: Harcourt, Brace & Co. , 1942, p. 18.

② Hans J. Weigert, "America's 'Security Situation' " (review of N. J. Spykman, *Geography of the Peace*), *Saturday Review of Literature*, XXVII, 1944, pp. 10, 31.

③ Edward Mead Earle, "Power Politics and American World Policy", *Political Science Quarterly*, LVIII, 1948, p. 96. 另一位热衷于权力崇拜的地缘政治学家兼地理学家是雷纳(G. T. Renner, "Maps for a New World", *Collier's*, CIX, 1942, pp. 14 – 16, 28)。Andrew Gyorgy 指出,"在新近的地缘政治学文献中,雷纳教授的作品最为著名,他支持从豪斯霍弗演绎而来的观点,而斯皮克曼最值得关注"(*Geopolitics*: *The New German Science*, Berkeley: University of California Press, 1944, p. 255)。

这本书出版后，鲍曼开始写作，一些书评可能使他有了其他的想法。鲍曼似乎并没有充分领会斯皮克曼所提倡的权力政治和战略最终可能产生的影响和代价。鲍曼激情洋溢地称赞斯皮克曼的书，并建议读者阅读其他一些著作，尤其是富勒顿（Morton Fullerton）的《权力问题》（*Problems of Power*），因为"富勒顿的书……以类似的方式处理了斯皮克曼的主题"，"斯皮克曼教授拿起富勒顿的火炬并将之发扬光大"。鲍曼认为，"基于美德和公共价值，应该有不少于100万美国家庭阅读《世界政治中的美国战略》"，"在今后20年中"所有的政府决策者每年都应把这本书读一遍。①

在斯皮克曼的书和鲍曼的热情支持引发强烈抗议后，鲍曼才意识到斯皮克曼思想的真实含义和"精神倾向"。② 鲍曼声称但是在捍卫美国地理的荣誉，但实际上做了非常个人化的辩护。③ 他彻底改变立场，全面谴责权力政治，却没提及《世界政治中的美国战略》及其评论。对于自己几个月前所盛赞的富勒顿、斯皮克曼书中的政治哲学，鲍曼竭尽全力进行了驳斥。他义正辞严地指出，过往的记录表明自己与那些把正义而非强权作为世界秩序基

---

① Isaiah Bowman, "Political Geography of Power", *Geographical Review*, XXXII, 1942, p. 150.

② J. Gottman 指出，斯皮克曼的书没有什么新意，"只不过是把麦金德的观点复制到以美国为中心的制图学中"，并"大量借鉴地缘政治学著作和《我的奋斗》中的马基雅维利精神"（*La Politique des états et leur géographie*, Paris: Armand Colin, 1952, p. 62）。另参 E. M. Earle（"Power Politics and American World Policy", ibid., pp. 104 – 105）和 Schöller 对斯皮克曼和麦金德的分析（"Wege und Irrwege der politischen Geographie und Geopolitik", ibid., p. 10）。

③ "当前对德国地缘政治学著作的讨论涉及一些美国地理学家的姓名、观点和声誉，其中包括我自己。"（Isaiah Bowman, "Geography vs. Geopolitics", *Geographical Review*, XXXII, 1942, p. 646）

础的人站在一起。①

鲍曼对不道德政治类型的临时背书不是由于他的世界观,而是源于对政治哲学根本问题的误解。斯皮克曼作为受过良好培训的政治学家,完全明白自己在主张什么。② 他的地缘权力政治是他对当时曾支持的国际联盟感到失望的反应,反映了一种特定的人性概念,即人性是什么以及如何对人性进行政治"驯服"。③ 既然斯皮克曼知道他想要什么以及为什么要,我们就没必要质疑他在这一点上的对错。我们更感兴趣的是,考虑到其权力政治,斯皮克曼地缘政治学中错得离谱的是"地理"(geo)。地理学家指出,在斯皮克曼的著作中,"制图之生涩"出人意料,④ 这至少是"其主张夸大其辞"的部分原因。⑤ 更有甚者,对于一些要讨论的国家,斯皮克曼似乎并不熟悉其基本的

---

① 鲍曼以前曾赞扬富勒顿和斯皮克曼的"现实主义政治",认为权力是国际关系中的决定性因素,现在却谴责权力政治是"有毒的毁灭性原则"("Geography vs. Geopolitics", ibid., p. 646)。他对斯皮克曼地缘权力政治学态度的激烈反转,为苏联地理学家嘲讽攻击美国地理学提供了极好的机会。随着冷战越来越冷,这可是苏联人不容错过的机会(参见 M. Zhirmunskii, "Militarizatsia i ideinoe razlozhenie amerikanskoi burzhuaznoi geografii", *Izvestia Akademii Nauk, Seria geograficheslcaia*, No. 3, 1952, p. 37)。

② 斯皮克曼确实反对被人称作"冷血的强权政治"的代言人("Letter to the Editor", *Life*, January 11, 1943),后来还修订了他的表述,但他从未否定过《世界政治中的美国战略》的前提或指导思想。

③ 斯皮克曼思想的根基是,在国际政治中,没人能摆脱霍布斯"一切人反对一切人"的自然状态。斯皮克曼嘲笑和平观念("暂时停战协定被称为和平"),反对"将和平视为常态而将战争视为非常态的倾向"(*America's Strategy in World Politics: The United States and the Balance of Power*, ibid., pp. 41, 25)。

④ Richard Harrison, "The Face of One World: Five Perspectives for an Understanding of the Air Age", *Saturday Review of Literature*, XXVII, 1944, p. 6.

⑤ Hans J. Weigert, "America's 'Security Situation'", ibid., p. 10.

地理数据。①结果也就不足为怪:他提议的政策并不适用于实现他所关注的权力目标。在1942年底的书中,厄尔预言说:

> 如果听从斯皮克曼关于欧洲和远东的建议,其逻辑后果可能就是,我们将摆脱德日同盟,但会受到俄中联盟更危险、更强大的威胁。实际上,斯皮克曼推荐的战略有可能被证明不会确保权力的平衡,只会使我们失去衬衫和灵魂。②

政治地理学与地缘政治学

我们在讨论鲍曼和斯皮克曼时指出,为了建设性和批判性地研究地理学和政治学交叉重叠的知识领域,两个方面都必须做出努力。双方必须建立连接地理学和政治学的桥梁。双方都最了解己方堤岸和浅滩的优劣。可以肯定,这座桥梁必须柔韧而不僵化,因为研究领域之间的边界像河床一样多变且难以固定。

现阶段要给地缘政治学下一个定义很困难,也为时过早。困难是因为没有公认的地理学定义,可是,政治学家很少尝试界定其研究领域,情况似乎也没有变得更糟。为时过早是因为地缘政治学最终就是地缘政治学家的工作,但在过去的十五年里,他们做的事情并不多。

地理是什么或应该是什么,这一概念在不同国家以及国家内部存在着巨大差异。在某些国家如苏联,它通常被视为一门物理学,尽管有时会有不同意见。在美国,地理学跨越自然科学和社会科学,但更

---

① Nicholas J. Spykman, *America's Strategy in World Politics: The United States and the Balance of Power*, ibid., p. 134; Earle, Edward Mead, "Power Politics and American World Policy", ibid., p. 96.

② Edward Mead Earle, "Power Politics and American World Policy", ibid., p. 102.

倾向于后者。总的来说，对地理学的研究领域具有极大影响力的，是一国经济的发展阶段及这种经济发展所面临或造成的问题。地理学对政府和社会的需求做出响应，反之，政府和社会的需求也会回应其所处的地理条件。因此，地理学家会谈到地理学思想与地理环境的关系。①

政治地理学家最近（尤其是在美国）不断进取并扩大了兴趣范围和研究领域，而政治学家则不仅半途而废，还向后退缩并放弃了地缘政治学研究。部分原因是德国地缘政治学已变得声名狼藉，另一部分原因是政治地理学成功霸占了全部领域。② 这也源于某些地理学家的态度。

> 不可否认的是，许多地理学家将其他学科中擅自研究人与自然关系的学者视为侵入者。③

政治地理学家也意识到，他们往往不得不寻找或使用某些新的政治概念和思想。他们承认，要完成这一任务，他们的训练准备还不够。④

尽管如此，权且给地缘政治学作如下定义可能有助于讨论。地

---

① John Kirtland Wright, "The History of Geography: A Point of View", *Annals of the Association of American Geographers*, XV, 1925, p. 194。另一位地理学家会谈论自然环境对地理学发展的影响（Richard Hartshorne, *The Nature of Geography*, ibid., p. 808; Maximilien Sorre, *Rencontres de la géographie et de la sociologie*. Paris: M. Riviére, 1957, pp. 198 – 199）。

② 三十年前，政治学家 Harold H. Sprout 认为，政治地理学属于政治学领域（"Political Geography as a Political Science Field", *American Political Science Review*, XXV, 1931, pp. 439 – 442）。如今情况恰好相反，地理学家倾向于认为，无论名称是什么，与地理、政治相关的所有研究都在他们的研究领域内。

③ Richard Hartshorne, *The Nature of Geography*, ibid., p. 125.

④ P. E James and C. F. Jones, *American Geography: Inventory and Prospect*, Syracuse, N. Y.: Syracuse University Press, 1957. Richard Hartshorne, *The Nature of Geography*, ibid., p. 176.

缘政治学是对政治现象的研究，其研究内容是：（1）政治与空间的关系；（2）政治与地球及（构成人类地理学主题的）文化因素的关系（政治依赖于地球及文化因素，并反过来对后者产生影响）。换句话说，"地缘政治学"一词本身从词源上暗示：地理的政治学（即政治学而非地理学），即从地理的角度进行解释分析的政治学。作为一门中间（或附属）学科，地缘政治学没有独立的研究领域，只能从地理学和政治学及其相互关系来界定。

对于地理学本身是否可以合理地要求自己的研究领域，一些地理学家表示怀疑。他们认为，地理学是一门研究现象的关系及分布的科学，而现象的本质是许多学科的研究主题。也就是说，一切都可以从地理的角度进行研究，但没有什么可以视作地理学专有的研究对象。在地理学方法论的讨论中，分布学（或空间学）学派具有很大的影响力。有些人坚持认为地理学有定义明确的主题（地理区域和地区），并对这一主题的性质进行研究，但分布学（chorological）学者认为，这些人必然极大地限制地理学的研究范围，而且他们没有看到这恰恰不是大部分地理学家在做的事情。①

地缘政治学不能局限于研究人与地球关系的政治层面或政治后果，因为这会表明，"地"（geo）代表了地质学或19世纪的地理学，而不是现代地理学。人们认为（至少在美国是如此），现代地理学关注"自然"或功能区域差异、空间分布以及各种现象间的关系。这些问题多数是文化性的，往往与地球的关系比较遥远。但这并不意味着地球只能被视为政治活动的舞台。相反，地缘政治学必须既是

---

① 关于这一主题，有一篇颇具争议但非常有启发性的文章，值得对地理方法论感兴趣的人阅读。一位苏联地理学家在文中明确反对地理学是地质学的概念（Iu. G. Saushkin, "Po povodu stati M. M. Zhirmunskogo 'K Voprosu O predmete ekonomicheskoi geografii kak nauki'", *Izvestia Akademii Nauk*, *Seria Geograficheslcaia*, No. 2, 1952, pp. 67–73）。

空间的又是环境的。工业化、"人类对自然的掌控"以及"航空时代"的到来,激发出新的地理思考和地缘政治学思想。不过,我认为,在做政策选择(selection of policies)时,我们不认为环境比空间更重要。在政策选择过程中,地理心理(geo-psychical)因素始终在发挥作用,并在政策执行过程中提供必要的权力手段,尤其是根植于历史遗产的此类因素。

此外,考虑到政策选择以及特定社会政治单位制定政策的方式,我们必须记住,每种政治哲学都包含关于人与自然的合适关系的哲学概念。无论多么曲折幽远,这种概念总会影响到社会的价值观,进而影响到日常的政治决策。①

权力分析关注的是实现已知目标的手段问题,也就是说它关乎政治较低的第二层级——政策的执行。政治较高的第一层级主要是政策选择。当然,政策选择可以通过可用的手段来修正,但目的的选择在逻辑上和实践中都先于手段的概念。基本政策的选择与衍生政策不同,它不是根据权力分析,相反,权力分析根据的是政策选择。事实就是如此,除非我们接受五花八门霍布斯式的机制和感觉论(sensationalist)"哲学",并像斯皮克曼那样认为我们实际上不具有道德本性,认为我们的行为已经预先被决定。的确,我们的直觉和驱动力决定了被视为由道德决定的东西,尤其不可遏制的权力和统治欲望(libido dominandi),但这种哲学无法解释禁欲主义、自我克制和牺牲的传统。牺牲自己有时甚至能克服身体自我保护的本能。②

---

① 因为作者认为地缘政治学不仅与执行问题有关,而且与政策选择有关,他不同意哈茨霍恩委员会提出的建议,即用"权力分析"代替"地缘政治学"(P. E. James and C. F. Jones, *American Geography*: *Inventory and Prospect.* Syracuse, N. Y.: Syracuse University Press, 1957, p. 176)。

② 关于人的道德和本能,参见 L. Kristof, "Political Laws in International Relations", ibid., pp. 599 – 601。

同时，价值体系和优先事项，即一个国家和社会中普遍存在的思想氛围，反过来又会受到别尔嘉耶夫（Nicholas Berdyaev）所说的精神地理学的影响。① 精神地理是特定人群与其自然地理环境之间密切接触的长期历史经验所产生的社会文化政治影响。因此，地缘政治学研究的操作方案如下：在研究例如鲁里塔尼亚（Ruritania）的地缘政治时，我们必须探求两个主题。第一，要研究"自然"环境对鲁里塔尼亚政治的客观影响，"自然"环境和空间关系给鲁里塔尼亚政府带来的现实限制和机遇；其次，要研究地理学对鲁里塔尼亚政治的主观影响，鲁里塔尼亚人如何看待自然环境和环境，反之则是查看鲁里塔尼亚人看待整个世界并形成其世界观的"地理棱镜"。

基于此，我们必须指出，地缘政治学与政治地理学在方法或研究领域方面没有任何根本区别，至少对当今美国和大多数西方国家的政治地理学来说是如此。

> 人们曾尝试在方法论上区分政治地理学与地缘政治学，但没有也无法取得成功……以政治地理学为名的研究大多是在德国进行，以地缘政治学为名的研究往往是在英、法和北美，但名称各不相同，如人文地理、社会地理、经济地理或社会科学政治学的统称。②

重复一句老话：政治地理学是静态科学而地缘政治学是动态科学，预言未来的是后者而非前者，或者说地缘政治学是实用的政治

---

① Nicholas Berdyaev, *The Russian Idea*, New York: Macmillan Co., 1948, p. 2.

② Albrecht Haushofer, *Allgemeine politische Geographie und Geopolitik*, ibid., pp. 18, 19, 21。

地理学。这简直是无视政治地理学最近三十年的发展趋势。契伦在世纪之交的主张已经有些过时,即政治地理学研究"人类对自然环境的影响",而地缘政治学则试图研究"自然环境对人类的影响"。后者属于"与人类有关的科学、心理学、人种学、政治学和社会科学",因此,"拉采尔的政治地理学(作为其人类学的主要组成部分)从地理学转移到了政治学(研究准地缘政治学)"。① 契论认为,地理学家是(政治)地区的学生,政治学家是过程的学生,但二者的区别在今天甚至已不成立。②有地理学家热衷于"把地理学作为动态空间关系的地区过程模式的科学"。③

政治地理学与地缘政治学之间唯一真正的区别,在于关注的重点。④ 作为地理学的政治地理学倾向于将注意力集中在地理现象上,做政治解释并研究地理现象的政治层面。相反,作为政治

---

① Rudolf Kjellén, *Inledning till Soeriges geografi*, "Föreläsningar, Populärt vetenskapliga, vid Göteborgs högskola", No. 13, Göteborg: Wettergren & Kerber, 1900.

② 通过指出特纳将自己描述为"过程而非区域的学生",哈茨霍恩试图对历史研究和地理研究进行区分(Richard Hartshorne, *The Nature of Geography*, Lancaster, Pa.: Association of American Geographers, 1949, p. 176)。

③ 普拉特的声明表明,美国政治地理学可能朝着哪个方向发展:"区域地理学概念中最接近动态类型的方式是'节点区域'(nodal region)。按照《美国的地理学:创新及前景》(*American Geography, Inventory and Prospect*)的命名和定义,这是诸多动态形式的静态替代品:节点是较大分散区域中的一小块集中区域,而不是直线过程模式和运动极限的焦点。"(Robert S. Platt, "A Review of Regional Geography", *Annals of the Association of American Geographers*, XLVII, 1957, p. 190)

④ 参见 Alfred Hettner, "Methodische Zeit – und Streitfragen, neue Folge", *Geographische Zeitschrift*, Vol. XXXV 1929, Fascs. 4/5/6, pp. 334 – 335。哈茨霍恩讨论了历史中的地理问题,指出处理这一主题的研究"关注的焦点不是地理而是历史,从地理的角度研究历史现象……也许大多数地理学家现在都同意,对历史的地理解释在逻辑上是历史的一部分"(Richard Hartshorne, *The Nature of Geography*, ibid., pp. 175 – 176)。

学的地缘政治学倾向于将重点放在政治现象上，试图对政治现象做出地理解释并研究政治现象的地理层面。但是，考虑到美国政治地理学家最新的兴趣和方法，这种区分也并非完全合理。我们可以说，政治地理学和地缘政治学在美国已经相互交融，难分彼此。

美国地缘政治学著作

要将美国地缘政治学的起源与发展关联起来，需要另外进行研究。但是，如果不概述美国地缘政治学思想的主要来源和趋势以及基本书目，以便希望进一步研究该主题的人能得到些指引，本文难免失于片面。关于美国地缘政治学的起源和分支有下述说法，这些说法很大程度上也适用于其他国家的地缘政治学。

影响美国地缘政治学发展的著作大致可分为三种类型：战略著作、环境历史著作和政治地理著作。每种类型都不是关注地缘政治学本身，而是将注意力集中于一些非常具体的问题，或偏离到政治学以外的问题。它们所处理、收集的地缘政治学材料和思想，也都没有经过系统的检验和方法论上的整合。因此，说什么美国地缘政治学派并不完全准确。

在这三种类型中，战略著作最容易被等同为政治，尽管它只是政治的一种，即当前的外交事务和所谓的大国政治。因此，人们普遍把地缘政治学与地缘战略、战争、战备或密谋联系起来，有时将二者等同。战略著作在美国地缘政治学诞生之初就具有最古老的影响力，但其水平在地缘政治学著作中水平也最为参差不齐。

首先，这些著作的起源必然会回溯到马汉将军著作中的"新昭昭天命"。① 荷马李（Homer Lea）、② 米切尔（William Mitchell）将军、斯皮克曼、③ 雷纳（George T. Renner）④ 和塞维斯基（Alexander P. de Seversky）⑤，这些人都是美国地缘政治学这一分支的继任者，即便对其中一些人影响更大的是地缘政治学而非马汉。同马汉一样，他们为某种具体的政策战略辩护，认为鉴于地理因素、国际政治的发展和军事技术，这些政策都是当务之急。⑥

米切尔将军是空军中不知疲倦的十字军战士。与荷马李一样，他深信通过夺取太平洋的战略要地可以实现对世界的统治。太平洋对米切尔将军来说就是"心脏地带"，他说"谁统治阿拉斯加，谁就统治了世界"。也与荷马李一样，他曾预言日本人会进攻美国，并在1936年说到日本人"不会礼貌地宣战"，而是"在一个安静的星期天早晨"袭击珍珠港。还与荷马李一样，他认为通过仲裁实现和平的想法很荒谬，和平只能"通过空军而非仲裁"来实现。必须指出，米切尔将军不是帝国主义者，也不主张军事统

---

① Alfred T. Mahan, *The Interest of America in Sea Power, Present and Future.* Boston: Little, Brown & Co., 1898.

② Homer Lea, *Day of the Saxon.* New York: Harper & Bros., 1912; *The Valor of Ignorance.* New York: Harper & Bros., 1909.

③ Nicholas J. Spykman, *America's Strategy in World Politics: The United States and the Balance of Power.* New York: Harcourt, Brace & Co., 1942; *The Geography of the Peace.* New York: Harcourt, Brace & Co., 1944.

④ G. Etzel Pearcy, "George T. Renner, 1900 – 1955", *Annals of the Association of American Geographers*, XLVIII, 1958, pp. 245 – 249; George T. Renner, "Maps for a New World", *Collier's*, CIX, 1942, pp. 14 – 16, 28; *Global Geography.* New York: Thomas Y. Crowell Co., 1944.

⑤ Alexander P. DE. Seversky, *Air Power, Key to Survival.* New York: Simon & Schuster, 1950; *Victory through Air Power.* New York: Simon & Schuster, 1942.

⑥ Eugene M. Emme, (ed.). *The Impact of Air Power, National Security and World Politics.* Princeton, N.J.: D. Van Nostrand Co., 1959.

治或精英统治。①

斯普劳特是马汉和海军力量的信徒,也是唯一始终对地缘政治学问题感兴趣的美国政治学家。他主要从国家实力在国际舞台上的影响这一角度来看待地理因素。但是,与大多数地缘战略学家不同,斯普劳特的方法是分析性的,本质上更为笼统。②

麦金德爵士的美国追随者介乎战略家与环境历史学家之间。与马汉的著作一样,麦金德①及其学生的一些著作关注帝国建立传统中的大战略。另一些则更有环境历史倾向,尽管全球政治问题仍然是其关注的焦点。②斯蒂芬森(Vilhjalmur Stefansson)的著作也属于这种地缘政治

---

① Emile Gavreau, *The Wild Blue Yonder*, New York: Doubleday – Doran Co., 1946; Isaac Don Levine, *Mitchell: Pioneer of Air Power*, New York: Duell, Sloan & Pearce, 1943; William Mitchell, "How Asiatic Aerial Army Could Strike Quick, Ravaging Blow", *New York American*, April 4 – May 23, 1926; William Mitchell, *Winged Defense*, New York: C. P. Putnam & Sons, 1925; U. S. Congress, House, Committee On Military Affairs, Subcommittee No. 8, *Hearings, H. R. 2227 and Other Bills Authorising the President of the United States To Award Posthumously, in the Name of Congress, a Medal of Honor to William Mitchell*, 79th Cong., 1st sess. Washington, D. C., May 31, 1945.

② Harold H. Sprout and Margaret, "Environmental Factors in the Study of International Politics", *Conflict Resolution*, I, 1957, pp. 309 – 328; "From Mahan to Mackinder", In *Foundations of National Power*, 2d ed. New York: D. Van Nostrand Co., 1951; *Man – Milieu Relationship Hypotheses in the Context of International Politics*, Princeton, N. J.: Center of International Studies, 1956; *Toward a New Order of Sea Power: American Naval Policy and the World Scene*, 2d ed. Princeton, N. J.: Princeton University Press, 1943; *The Rise of American Naval Power*, 1776 – 1918. 2d ed. Princeton, N. J.: Princeton University Press, 1946; *Foundations of National Power: Readings on World Politics and 'American Security'*, 2d ed. New York: D. Van Nostrand Co., 1951.

① Sir Halford John Mackinder, *Britain and the British Seas*, New York: D. Appleton & Co., 1902.

② 关于美国对麦金德陆心说的批评和重新解释,最著名的研究来自 H. W.

学的中间类型。从某种意义上说,他们是扩张主义者,并且对大战略感兴趣。但斯蒂芬森远非马汉学派的帝国主义者,也不是对人类发展理论感兴趣的环境历史学家。他首先是代表北方地区的十字军战士。但人们很难相信,他为"帝国北进事业"提出的政治、经济或战略论点真是他的驱动力,无论这些论点本身多么有效。归根结底,他对"友好北极"的热爱促使他成为探险家、地理学家、历史学家和地缘政治学家,那是一种源自梭罗或缪尔(John Muir)传统的对自然的热爱。①

战略地缘政治学与环境历史地缘政治学的区别在于,地理因素与政治的关系在前者中相对更为直接。基于某些已知的政治目标,战略地缘政治学会评估空间要素、原料和人口分布、战略路线以及与国家实力和军事实力相关的其他类似因素。他们将"地理"因素视为政治目标的外部因素,视为明确可识别的因素,并根据其促进或阻碍实现特定政策的能力客观地加以衡量。

在环境历史地缘政治学中,把地理因素分离出来要困难得多。在研究自然地理环境的印记时,它更关注地理对于政治的长期和间接影响,而不是当下的影响。由于这个问题的答案取决于对某些不可思议的无形因素的评估,环境历史地缘政治学必然会更多地依赖

Weigert ("Heartland Revisited", in H. W. Weigert, V. Stefansson and R. E. Harrison eds. *New Compass of the World*, New York: Macmillan Co., 1949) 和 D. W. Meinig ("Heartland and Rimland in Eurasian History", *Western Political Quarterly*, IX, 1956, pp. 553 – 569)。

① Vilhjalmur Stefansson, "The Arctic", *Air Affairs*, III, 1950, pp. 391 – 402; *The Arctic in Fact and Fable*, New York: Foreign Policy Association, 1945; *The Friendly Arctic: The Story of Five Years in Polar Regions*, New York: Macmillan Co., 1921; *The Northward Course of Empire*, New York: Harcourt, Brace & Co., 1922; *Northwest to Fortune: The Search of Western Man for a Commercial Practical Route to the Far East*, New York: Duell, Sloan & Pearce, 1958; "The Soviet Union Moves North". In *New Compass of the World*, ibid.

于假设、人性的概念、个人的解释以及各种历史政治理论。

在美国，关于对政治进行环境历史的解释，历史地理学家特纳（Frederick Jackson Turner）① 和西普尔（Ellen Churchill Semple）② 的著作是最初的重要刺激。西普尔是拉采尔的学生，今天几乎被彻底遗忘。美国地理学家似乎把她当作一位埋在家族墓穴中的前辈，坟上的大理石板上还刻有金字。但是，他们尽可能不去提她，担心关于过去的罪恶记忆死灰复燃，怕一份尘封多年的关于某种"影响力"的论文重新带来罪恶感。特纳则相反，他论及美国（但不仅是美国）的过去和现在的论文仍是许多地缘政治学解释的灵感之源。他使空间地缘政治学与环境地缘政治学得以结合。马林（James C. Malin）将特纳关于开放空间与封闭空间的讨论应用于现代航空时代的全球政治问题。③

在环境历史学派的美国学者中，最著名的也许是亨廷顿（Ellsworth Huntington）。④ 他的影响力延续了近半个世纪。尽管仍然受到

---

① 最近，关于特纳将边疆思想作为决定性文化政治因素的根源，挪威学者 Per Sveaas Andersen 发表了一篇有趣的研究论文，强调特纳赋予了环境在塑造边疆人类生活方面的作用（Per Sveaas Andersen, *Westward Is the Course of Empires: A Study in the Shaping of an American Idea: Frederick Jackson Turner's Frontier*, Oslo: Oslo University Press, 1956）。

② Ellen Churchill Semple, *American History and Its Geographic Conditions*, Boston: Houghton Mifflin Co., 1903; *Influences of Geographic Environment on the Basis of Ratzel's System of Anthropo-geography*, New York: Henry Holt & Co., 1911.

③ Jamies C. Malin, "Space and History: Reflections on the Closed-Space Doctrines of Turner and Mackinder and the Challenge of Those Ideas by the Air Age", *Agricultural History*, XVIII, 1944, pp. 65–74, 107–126.

④ Ellsworth Huntington, *The Character of Races*, New York: Charles Scribner's Sons, 1924; *Civilization and Climate*, New Haven, Conn.: Yale University Press, 1915; *The Human Habitat*, New York: D. Van Nostrand Co., 1927; *Mainsprings of Civilization*, New York: John Wiley & Sons, 1945; *The Pulse of Asia: A Journey in Central Asia Illustrating the Geographic Basis of History*, Boston: Houghton Mifflin Co., 1907.

某些人推崇，但他的书有可能像西普尔的一样被人遗忘。无论对错，其著作中有太多的内容让人想到巴克（Henry T. Buckle）①、梅奇尼科夫（L. Metchnikoff）②或孟德斯鸠，使他们的论点很对今天的口味。但亨廷顿斯的许多假设与当今东西方珍视的价值观念和哲学背道而驰。这些假设是如此广泛和深远，很难对其进行系统、科学的探究，以至于无法证真或证伪。就后者而言，亨廷顿确实与汤因比③的著作存在很多相似之处。

魏特夫的作品在性质上有些相似，却有着不同的解释。④ 亨廷顿更像地理历史学家，在广阔的历史发展背景下观察环境（尤其是气候）与人类生态学、生物学的关系，而魏特夫更像经济政治学家，致力于研究地理历史，寻求对某些政府的政治管理体系的成长传播做出解释。究其本质，魏特夫所做的，是运用其丰富的知识来发展他在黑格尔、马克思著作中发现的批判性思想。他要解决的问题与亨廷顿、汤因比所面临的问题同样复杂，因此尽管有大量引用文献，其结论偶尔也会受到挑战。⑤

---

① Henry T. Buckle, *History of Civilization in England*, 3 vols. London: Longmans, Green & Co., 1872.

② Léon Metchnikoff, *La Civilization et les grands fleuves historiques*, Paris: Hachette, 1889.

③ O. H. K. Spate, "Toynbee and Huntington: A Study in Determinism", ibid.

④ 最近令地缘政治学家感兴趣的，是魏特夫的《东方专制主义》（*Oriental Despotism*, 同上）。他在这本书中修正了他早期关于自然环境在社会政治发展中的作用的观点。

⑤ "Review of K. A. Wittfogel, *Oriental Despotism: A Comparative Study of Total Power*", in *American Political Science Review*, LII, 1958, pp. 195 – 198; Karl A. Wittfogel, "Reply to Arnold Toynbee", ibid, pp. 502 – 506; Arnold J. Toynbee, "On Dr. Wittfogel's Reply to My Review", ibid. pp. 829 – 830. Theodore Shabad, "Non-Western Views of the 'Hydraulic Society'", *Annals of the Association of American Geographers*, XLIX, 1959, pp. 324 – 325.

最后，我们必须在这里提一下拉铁摩尔（Owen Lattimore）。在为环境历史地缘政治学做出贡献的当代美国人中，拉铁摩尔也许是最重要的人物。① 拉铁摩尔的学术研究范围广泛，但并未致力于证明宏大的设想。他的研究只限于一个较小的地理区域（主要是蒙古及其边区），不仅对中国北方边境的事态发展提供了精彩的历史解释，还为其他时代和地区提供了精神食粮。史学家和政治学家可以从拉铁摩尔身上学到很多东西。②从现有环境经济状况的角度，来研究文化政治边界的稳定性和流动性，这种方法可以有效地应用于许多地区，特别是政治上没有组织起来的欠发达地区（如非洲）。在那些地区，市场对当地自然资源有着巨大需求，这使得迅速发展的区域经济增长中心产生了新的向心力。古老的历史融合模式在这种影响下要么衰弱，要么迅速消失。

在一些不发达地区，通过原料商品迅速增加权力和声望，这种欲望和压力普遍存在，以至于（容易获取和交易的）自然财富的分布可以对新政治文化中心的出现产生决定性的影响。

---

① Owe Lattimore, "The Geographical Factor in Mongol History", *Geographical Journal*, XCI, 1938, pp. 1 – 20; "Inner Asian Frontiers: Chinese and Russian Marginal Expansion", *Journal of Economic History*, VII, 1947, pp. 24 – 52; *Inner Asian Frontiers of China*, 2d ed. New York: American Geographical Society, 1951; "Yakutia and the Future of the North", in H. W. Weigert, V. Stefanson, and R. E. Harrison (eds.), *New Compass of the World*, New York: Macmillan Co., 1949; *Pivot of Asia: Sinkiang and Inner Asian Frontiers of China and Russia*, Boston: Little, Brown & Co., 1950.

② 拉铁摩尔承认，他早年（直到1930年左右）把亨廷顿的"气候波动"（climatic pulsations）理论作为非常重要的甚至是决定性的历史因素，但后来对中国蒙古史的研究、对蒙古游牧生活一手资料的掌握，促使他转而反对亨廷顿的学论（*Inner Asian Frontiers of China*, p. xlix）。汤因比则接受并阐述了亨廷顿的理论（Arnold Toynbee, *A Study of History*, III, New York: Oxford University Press, 1951, pp. 395 – 454）。

美国地缘政治学的政治地理分支可以说是美国政治地理学派的边际产品。与美国人类学学派不同，美国政治地理学的起源可以追溯到美国对一战及其后和平会议的参与。其间，地理学家担任政府顾问，更加意识到他们的研究领域与政治的关系，尤其是地理知识在政治家实务和政治教育中能够且应该发挥的作用。[①] 由于政治最初对美国地理学家提出的挑战是在国际关系领域，美国政治地理学作为"国家间地理"最初主要是"国家间政治"的复制品或附属。自然地理学也对所谓的自然地区进行比较研究，而政治地理学则专门研究由国家主权限定的政治地区。

但是，关注的焦点很快从国家间政治的外围（通常是法律，例如国际法专家和地理学家共同研究边界纠纷）问题转移开来。政治学家用"民族间政治"代替"国家间政治"，并转向深入研究国际关系的条件和动机。与之相同，地理学家不再将国家视为政治上同质（尽管文化上不一定）的地区，开始分析绘制国家权力的构成要素、国家边界内复杂的意识形态和经济力量。某种意义上说，美国政治地理学最初是改良的区域地理学，其研究的对象是区域关系和主权政治单位的分化。后来，美国政治地理学结合了区域方法和系统方法，逐渐从政治现象阶梯的顶端下沉至底层，开始分析国家及其领土中特定的、与政治相关的地理层面、要素和特性。[②]

---

① 这一时期最重要的政治地理学著作是鲍曼 1921 年出版的《新世界：政治地理学的问题》（*New World: Problems in Political Geography*）和费尔格里夫 1915 年出版的《地理和世界霸权》（*Geography and World Power*）。这两本书影响了美国及其他地方整整一代政治地理学家。

② Isaiah Bowman, *Geography in Relation to the Social Sciences*, New York: Charles Scribner's Sons, 1934; Charles C. Colby, *Geographic Aspects of International Relations*, Chicago: University of Chicago Press, 1938; Richard Hartshorne, "Recent Developments in Political Geography", ibid.; Derwent Whittlesey, *The Earth and the State*, New York: Henry Holt & Co., 1939; Derwent Whittlesey, *Environmental*

但是，这种形态学（morphological）方法倾向于提供大量数据，而不是一体化的知识体系。因此，美国政治地理学目前的趋势是将注意力集中于政治能量的来源，即（思想的和实际的）政治活动的节点要素。① 换句话说，美国的政治地理学变得更加政治化，但地理学的性质不一定更少。随着地理学总体上越来越以人类为中心，政治地理学越来越以政治人（homo politicus）为中心。最初，政治地理学只是在一定程度上给自然地理增加政治因素并将二者联系起来；现在，它开始关注政治活动趋向于集中以及趋于发散的现象，然后从功能表现和空间运动的角度对这种活动进行地理学研究。因此，此类研究的内容和目的是地理，但参照点和研究对象都源自政治领域。

美国政治地理学家并没有把政治和地理当作两个完全独立的实体。政治地理学（和地缘政治学）研究的是雅努斯（Janus - like）现象：一张面孔是政治，另一张面孔是地理，并且只能通过第一张面孔来研究和理解第二张面孔。因此，逻辑程序是先要检验政治面孔的特性，然后才转向地理。

美国的政治地理学今天比其他任何时候都更接近地缘政治学，它巧妙地消化吸收了后者的很多东西。对运动、过程和动态的强调，说明美国地理学家已经适应了自己所面对的需求，即使三十年前的德国地缘政治学显得更新颖、更现代。普拉特（Roberts S. Platt）提出了"过程模式中的焦点"（focal point in a process - pat-

---

Foundations of European History, New York：Appleton - Century - Crofts, 1949.

① W. A. Douglas. Jackson, "Whither Political Geography?" *Annals of the Association of American Geographers*, XLVIII, 1958, pp. 178 - 183; P. E. James and C. F. Jones, (eds.) *American Geography：Inventory and Prospect*, Syracuse, N. Y. ：Syracuse University Press, 1957.

tern）概念，① 这让人想到德国人的"地缘政治压力计"（geopolitical manometers）。德国人用这一概念研究政治、经济、人口及其他增长中心的运动变化模式，还有国内外的压力。拉采尔首先提出"国家观念"这一概念，作为国家研究中的一个节点要素。这一概念如今构成了哈茨霍恩政治地理学功能方法理论的核心。②最近，有人提出，该理论与拉采尔的国家领土增长定律"具有相似的观念"，"相差无几"。③

最值得注意的是，琼斯（Stephen B. Jones）将地理与政治、地理概念与政治概念更紧密地结合在一起。他说自己一直"无法将政治地理学与所谓的地理政治学区分开来"，坚持认为从地理到政治必然会有一种连续。"我们的目标是将政治学和地理学放在一起，而不是将它们分开。"④ 琼斯的政治地理学统一场域（unified field）理论"告诉地理学专业和政治学专业的学生，他们需要相互学习什么，各自需要补充什么，而不是如何自我隔离"。其"思想—区域链条"（政治思想—决策—运动—场域—政治区域）"形象地呈现为湖泊或盆地的链条，而不是单独的铁链。这些盆地在同一层面相互连接，进入任何一个盆地都将传播到其他所有盆地"。因此，这不仅可以追溯源自根本性的忠诚（loyalties，如由国家观念产生的忠诚）的向心运动或离心运动，还可以跟踪由政治观念（其后是决策、运动）引起的反应链，即

---

① Roberts S. Platt, "A Review of Regional Geography", *Annals of the Association of American Geographers*, XLVII, 1957, p. 190.

② Richard Hartshorne, "The Functional Approach in Political Geography", ibid, XL, 1950, pp. 95 – 130. 哈茨霍恩否定了自己 15 年前对政治地理学的定义及所用的研究方法（"Recent Developments in Political Geography", ibid.）。

③ Ellsworth Huntington, *The Character of Races*, ibid.

④ Stephen B. Jones, "A Unified Field Theory of Political Geography", *Annals of the Association of American Geographers*, XLIV, 1954, pp. 112ff.

影响某个区域的"循环场域"(circulation field)。此外,它还考虑了从思想到区域的流动("控制或创造的过程"),以及"被描述为条件反射作用"的反向过程。结果,各方都能接受琼斯的理论,如极端的志愿论者(voluntarists,如 Emrys Jones)和"新决定论者"(neo-determinsts,如 O. H. K. Spate)或"间歇性决定论者"(Stop-and-Go Determinists,如 G. Taylor)。由于琼斯将思想区域链视为双行道而非单行道,原因、事件、时间和过程这些问题仍要根据具体案例进行分析讨论。最后,统一场域理论的优势还在于它不仅绕开了隔离政治学与地理学的山丘,还绕开了隔离自然地理学与人文地理学(或环境地缘政治学与空间地缘政治学)的小土包。

在结束本小节之前,我们还必须提到地缘政治学写作的另一分支:关注边疆边界问题的地缘政治学。① 在美国,关于该主题的重要著作只有两本,作者分别是博格斯(S. Whittemore Boggs)和琼斯。②两人处理的只是边界问题,而非边疆问题。对于有兴趣于边界问题和边界纠纷案例参考书目的政治学家来说,两本书都是必不可少的入门读物。让国际关系专业学生感兴趣的最新研究有费希尔(Eric Fischer)③、皮尔西(G. Etzel Pearcy)④

---

① Lewis M. Alexander, "Samuel Whittemore Boggs: An Appreciation", *Annals of the Association of American Geographers*, XLVIII, 1958, pp. 237–243.

② S. Whittemore Boggs, *International Boundaries: A Study of Boundary Functions and Problems*, New York: Columbia University Press, 1940; Stephen B. Jones, *Boundary-making: A Handbook for Statesmen, Treaty Editors and Boundary Commissioners*, Washington, D. C.: Carnegie Endowment for International Peace, 1945.

③ Eric Fischer, "The Nature and Function of Boundaries" and "The Impact of Boundaries." In H. W. Weigert ed., *Principles of Political Geography*, pp. 79–142. New York: Appleton-Century-Crofts, 1957; "On Boundaries", *World Politics*, I, 1949, pp. 196–222.

④ G. Etzel Pearcy, "Geographical Aspects of the Law of the Sea", *Annals of*

和琼斯。① 本文作者也曾对边疆和边界的性质做理论探讨。②

总的来说，我们必须看到，边界问题研究曾是政治学的主要领域，如今几乎被政治地理学家完全接管。如果随之而来的不是政治学的后退，我们将对此（还有地理学家对政治学曾占领领域的其他类似"侵略"）非常欢迎。当然，地理学家不能因此受到责怪。政治学家应坚守自己的阵地，推动地理学与政治学建立密切的联系，更好相互地理解。

结 论

按照我们的含义，前现代地缘政治学著作并不是确切的地缘政治学，因为人类世界与自然世界的区别比较模糊。包括人类在内的一切都是自然必不可少的组成部分，所有科学都是哲学，即对整全知识的追求。人的活动是自然的众多表现之一。人及其思想和政治无法脱离自然，它们是自然原因的必然影响。

> 对孟德斯鸠来说，自然法则取代了人的智慧……人被视为自然的一部分，对历史事件的解释要在自然世界的事实中寻找。这样的历史将成为人类的自然史。③

---

the Association of American Geographers, XLIX, 1959, pp. 1 – 23.

① Stephen B. Jones, "Boundary Concepts in the Setting of Place and Time", *Annals of the Association of American Geographers*, XLIX, 1959, pp. 241 – 255; "Global Strategic Views", *Geographical Review*, XLV, 1955, pp. 492 – 508; "Views of the Political World", *Geographical Review*, XLV, 1955, pp. 309 – 326.

② Ladis K. D. Kristof, "The Nature of Frontiers and Boundaries", *Annals of the Association of American Geographers*, XLIX, 1959, pp. 269 – 282.

③ R. G. Collingwood, *The Idea of History*, Oxford: Clarendon Press, 1946, pp. 78 – 79.

在人与自然之间没有真正的给与取，就像两个独立实体那样，因为严格地说，人不仅是以自然为导向。人与自然是一。①

马克思主义理论否认存在任何精神或知识领域，认为这些最终都要归结到自然界的物质基础。在共产主义观念中，人类从地球中来，这不只是隐喻，在某种意义上也确实如此（"你来自尘土，也将归于尘土"）。人完全属于地球，并且是地球必不可少的组成部分：地球有一部分化作生命——植物、动物和人类生命。人类在与地球（其余部分）的关系中所扮演的角色，类似于共产党在整个人类中发挥的作用。人是世界上有意识的、进化最充分的部分，有权利也有义务塑造、改变和提升世界中那些被动的、不思考的元素。因此，尽管完全属于地球，人类却不是由地球决定的。相反，是人征服了地球，对人起决定作用的只是使他能进行征服的事物，即劳动——社会生产关系。

因此，作为一门研究自由政治创造与自然地理环境之间关系的科学，地缘政治学将不复存在。

人类在自然界中的这种宇宙观经历了缓慢的演变。一个半世纪以前，地理学家并不总是能区分社会环境和非人类环境。人和动物被视为同一种环境构成。康德的《自然地理学》（*Physische Geographie*）既包括人类学，也包括动物学。随着城市化、工业化以及社会学的出现，随着人类（对自身能力）自信心的增强以及因此产生的人类中心主义，人类与非人类环境开始被视为完全分离

---

① 布拉什称这种天人合一思想是"地球大一统观念"（"Ia conception de'unité terrestre"，Pierre Vidal De La Blache，*Principes de géographic humaine*，Paris：Armand Colin，1922，p.5）。这种思想根植于中国和日本思想之中。有趣的是，共产主义思想尽管强调"征服自然"，却也从根本上接受"地球大一统观念"。苏联作家说到"世界的物质统一"（G. A. O Gurev，*Vere v Besmertie Dushi*，Moscow：Gospolitizdat，1957，p.29）。

的元素。这种分离受人欢迎，因此就导致人们低估了持续存在的相互依赖。地缘政治学以及政治地理学试图表明，人，尤其是政治人，固然与环境是分隔、分散的，但二者仍相互关联且不断相互作用。

到20世纪，进入地缘政治学领域的学者通常受两种思想观念鼓舞：第一，使政治学摆脱法律主义和势不可挡的历史主义（包括唯物主义和非唯物主义的历史决定论）；第二，为政治学奠定坚实的经验基础。[1]

从根本上讲，第一个想法是合理的。在我们的教育中，政治学家过分强调历史，但我们没能从史学家那里学到要将人与自然环境联系起来。就像人们长期研究历史与地理的关系一样，地缘政治学应该以相同的方式研究政治与地理环境的关系。[2] 当然，当代地缘政治学不能将兴趣局限于所谓的自然环境。它必须研究政治与现代地理研究中各种复杂因素之间的关系：历史经济地理学、人文自然地理学、区域空间（或系统）地理学。

第二个想法的合理性似乎有些争议。首先，政治学是经验科学

---

[1] Hettner 抱怨说，"只有历史而非地理才被看作政治的科学基础"（Alfred. Hettner, *Die Geographie*, *ihre Geschichte*, *ihr Wesen und ihre Methoden*, ibid., p. 160）。美国教育家 E. Schnitzer 也有类似的抱怨："过去，政客和政府官员的专业培训主要遵循法律和历史路线；将来，地理学研究应在他们的教育中占据更突出的地位。"豪斯霍弗和契伦也有类似的说法（Karl Haushofer, *et al. Bausteine zur Geopolitik*, Berlin：K. Vowinckel, 1928；Rudolf Kjellén, *Der Staat als Lebensform*, ibid.）。契伦写道："这本书代表着作者作为科学人向着一直追求的目标迈出了重要一步。二十年来，我们一直追求的目标是：基于国家的纯粹经验概念建立政治体系。"

[2] 拉采尔把特纳的《边疆在美国历史中的意义》（*The Significance of the Frontier in American History*）作为正确理解历史与自然环境关系的范例（Friedrich Ratzel, *Erdenmacht und Völkerschicksal*, ibid, pp. 229 – 230）。

吗？也就是说，像契伦那样，努力"在一个纯粹的、经验性的国家概念基础上构建政治体系"是否正确？其次，如果认可为政治学确立经验基础的必要性，那么我们是否应该像斯普劳特建议的那样，选择"把区域地理学作为政治学的'基石'"？①

第一个问题有争议，社会学家已经用各式各样的"是"和"否"回答了这个问题。所有致力于严格实证研究的政治学家（而非地缘政治学家），都专注于统计学、心理学和其他类型的观察研究。实质上，他们希望发现的不仅仅是人类行为的政治法则，而是人类行为的一般法则。他们的方法将与整个社会科学的经验学派一起浮沉兴衰。

地缘政治学家并不认为他们的论题包含全部人类事务。他们的观点是，地理因素和政治因素协力共同创造良政（sound politics）的某种原则。但这意味着我们必须首先回答以下问题：什么是良政？我们必须认识到，地缘政治学不是航海科学，甚至不同于人们视为自然科学的人类地理学。在我看来，地缘政治学是政治学的一部分，属于伦理学。② 正如卢梭所说，"那些将政治和道德分开处理的人将

---

① Harold H. Sprout, "Political Geography as a Political Science Field", *American Political Science Review*, XXV, 1931, p. 440.

② 沃尔什对豪斯霍弗地缘政治学的主要批评是，它脱离了道德哲学。地缘政治学因此成为"体现纯粹尘世生命观念的政治。这是思想、文化制度世俗化过程的逻辑顶点……科学的趋势向着使思想摆脱道德义务和精神控制的方向发展"（Edmund A. Walsh, "Essay on Geopolitics – Origin, Meaning and Value", in *The Political Economy of Total War*, Washington, D. C.：School of Foreign Service, Georgetown University, 1942, p. 109）。地理学家 G. Taylor 则表达了相反的观点。他把整个问题颠倒过来：问题不是如何将客观地理数据用于道德目标，而是如何从对环境的科学研究中得出道德解决方案。由于这是一个自然制定的"世界计划"，我们可以"尝试将自由和人性的教诲建立在真实的地理推论基础上"

永远不会理解任何一个"。①我们研究的是，为了建立一个良好的城邦我们应该做什么。地缘政治学不能成为政治的"基石"，因为它本身就以政治哲学为其基础和生命源泉。政治和地缘政治学的根基都是人类的意志、理性及其选择。某种地理或地缘政治处境可能非常重要，但更重要的是我们如何看待这种处境。用一位杰出史学家的话来说：

> 有些人居住在一个岛上，这一事实本身对他们的历史没有什么影响。有影响的是他们看待岛屿位置的方式，例如将海洋视为交通的障碍或通途。如果是另一种情形的话，岛屿位置作为永恒的事实（作为政治的"地缘政治基石"）就会对他们的历史产生永恒的影响了。如果他们不曾掌握航海技术，就会产生一种影响；如果他们比邻居掌握得更好，就会产生另一种不同的影响；如果他们比邻居掌握得更糟，就会有第三种影响；如果人人都使用飞机，就会产生第四种影响。②

挪威和智利的海岸都漫长曲折，但智利人从未成为美洲维京人。腓尼基人、希腊人和罗马人将地中海视为与其他民族相联系的要素，但阿兹特克人（Aztecs）则将他们的地中之海（即加勒比

（"Geopolitics and Geopacifics", In Griffith Taylor [ed.], *Geography in the Twentieth Century*, 8d ed. New York: Philosophical Library, 1957, p. 606）。不用说，很少有政治哲学专业的学生会同意 Taylor 将伦理置于政治之中的方式。但这不会困扰他。他已经预见到这一点，"我认为，我关于地缘和平（Geopacifics）的想法在 1976 年以前不会得到应有的重视"（*Geography in the Twentieth Century*, ibid, p. vi）。

① Jean J. Rousseau, *Emile, ou Traité de l'éducation*, Paris: Garnier Frères, 1927, p. 269.

② R. G. Collingwood, *The Idea of History*, Oxford: Clarendon Press, 1946.

海）视为与其他人分隔的要素。沿里海、黑海沿岸居住数百年之久的卡扎尔人（Khazar）很少到任何一个海洋冒险。相同国家的新来者瓦兰吉人（Varangian）却在很短时间内就建立起一支庞大的舰队。①

地缘政治处境可能会限定我们的某些思想和价值观，但绝不能成为"基石"。它只是一种"原料"，对我们关于政治和美好生活的观念可能有用，也可能没有用。只有在我们认识到生活的道德政治观念后，地缘政治原料的使用才成为当务之急。美国的地理位置和性质影响着我们的政治观点，但那是以一种相当静态的方式产生影响。只有这种观点深化并反映在我们的思想和信念中时，我们才有必要采取行动。②

地缘政治学有两个弱点。一个是二分法（dichotomy），二分法既是对地球约束（Erdgebundenheit）的压力，也是对人的意志的压力。只有接受我们与地球关系的必然的持久性，牢记我们今天拥有改变（与我们息息相关的）环境的力量，这一问题才能得到解决。对困扰地缘政治学以及其他社会科学的矛盾感到厌烦，拒绝地缘政治学及其所提供的见识，这是错误的。地缘政治学问题异常复杂，给那些试图解决问题的研究者带来许多风险。但对学者来说，这是挑战，而非逃避的借口。在无情的、简单的决定论与羞愧地承认无能为力之间，理性的方法只是一条狭窄的道路。③ 记住，事实不应太随意地等同于原因，一个过程的某些必要条件绝非必然是其指导力量。

---

① K. D. Kristof Ladis, "Political Laws in International Relations," *Western Political Quarterly*, XI, 1958, pp. 603–604。

② Friedrich Ratzel, *Erdenmacht und Völkerschicksal*, ibid, p. 247.

③ Xavier De. Planhol, *The World of Islam* ("*Le Monde islamique: Essai de géographie religieuse*"), Trans. Cornell University, Ithaca, N. Y.: Cornell University Press, 1959.

对于政治、道德意志与环境的约束、机遇之间的相互作用，我们必须努力做出有意义的解释。我们不能满足于一种静态的解释。人与自然环境的关系不断发展，因为人与环境都会发生变化。地缘政治学的任务是了解这种不断变化的关系所具有的全部政治含义。

地缘政治学的第二个内在弱点是，宣传家可以有效且不引人注意地利用它。为特定意识形态绘制的地图总能说明某些问题，同时会隐藏其他许多事情。（真实的经济统计数据和图表同样具有欺骗性。）但充斥着统计数据和图表的传单或海报没有什么宣传价值，既不醒目，也不容易理解或记住。相反，配上或真或假的地缘政治地图，海报就很有吸引力，似乎能说出不言而喻的真理。人们已经学会不信任言辞和图表，但还没有学会怀疑地图。

反抗宣传性地缘政治学的唯一武器就是地缘政治教育。我们关于地缘政治学问题的研究和教育越多，地缘政治学的宣传危害就越小，成为一门科学的机会也就越大。但我们不应幻想地缘政治学可以提供客观的真理，使我们免除做道德政治选择的麻烦。地缘政治学将永远是一门主观的科学[1]，更确切地说，是一门以哲学真理为生命并为之服务的科学。与政治学一样，现代地缘政治学不受任何特定意识形态的束缚，但与亚里士多德和博丹形成鲜明对比的是，现代地缘政治学从来都不曾中立。它总是受到某种政治哲学和世界观的影响和指导，其中包括正确的人与自然的关系。

---

[1] Karl Haushofer, *Geopolitik des Pazifischen Ozeans*, Berlin: K. Vowinckel Verlag, 1924, p. 356.

拉采尔与政治地理学的本质

法里内利（Franco Farinelli） 撰

金海波　王海洁 译

引 言

首先有必要对我在本文中所使用的资产阶级（bourgeois）一词进行界定。该词并非意识形态而是历史术语："资产阶级"是对德语单词 bürgerlich 的翻译，正如格林兄弟（Brüder Grimm）的解释，bürgerlich 一词同贵族和贵族阶级（noble and aristocratic）相对，意为"平民"，但也指"公民"。① 18 世纪初，现代地理学的知识正是起源于德国，具有非常明确的政治目的——摧毁专制的、贵族的、封建国家的旧真理朝廷（court of the old truth），为了实现这种政治目的，新的事实被转化为符号和奇迹。②在本文末尾，我们将清楚看

---

① J. UNDW. Grimm, *Deutsches Wörterbuch*, II. Leipzig: Hirzel, 1860, p. 539.
② J. Habermas, *Storia e critica dell' opinione pubblica*. Bari: Laterza, 1971, p. 29.

到，地理学史已经忘记了这一缘起。然而，就政治（political）一词而言，目前尚不能准确地确定其含义。事实上，我的论证将围绕地理学的政治功能结构突变来进行，并特别论及拉采尔的《政治地理学》（Politische Geographie，1897）。这本书通常被视为政治地理学研究的起点，①但也悖论地标志着这门学科的终结。实际上，在地理学思想史上，拉采尔的国家地理学（geography of the state）代表着政治地理学（state geography）的另一种选择，它在19世纪中期从灰烬中崛起，一直主导着这门学科，直至第二次世界大战结束。

贵族封建地理学的本质和制图理性的权力

颇具讽刺意味的是，"资产阶级地理学"却模仿了它所反对的逻辑，从一开始就表现出介于荒谬与奇妙之间的特征，并与其他神话作品融合在一起。② 资产阶级地理学天生温顺（born tamed）且极具专业性，在其天真的外表和幼稚的形式背后藏匿着一种可怕的敏锐性。为了掩盖其真实意图，它连名字也颇具欺骗性。只有德国史学记载了它的诞生时间——可追溯到1726年。那一年，雷瑟（Polycarpus Leyser）在赫尔姆施泰特用拉丁文发表了他的《地理学真实方法评论》（Comment of the Real Method of Geography）。根据维

---

① W. A. Douglas Jackson, & M. S. Samuel, "The geography of political systems", in W. A. Douglas Jackson, & M. S. Samuel, *Politics and geographic relationships. Toward a new focus*, 1971, pp. 1–40. Englewood Cliffs, NJ: Prentice Hall, 1971, p. 1; J. Matzenetter, "Einleitung". In J. Matzenetter, *Politische Geographie*, 1977, pp. 1–40. Darmstadt: Wissenschaftliche Buchgesellschaft, pp. 7–8.

② A. Reynaud, *La géographie entre le mythe et la science*. Reims: Institut de Géographie de l'Université, 1979.

索茨基①（Emil Wisotzki）的观点，雷瑟的著作将地理学变成了一门"完全不同的学科"，这本书的内容并不新颖，但雷瑟将地理学转化为对地球上纯粹政治表征（pure political representation）的公开抗议，因而他的研究所追求的东西在那时仅仅在格言这一形式下若隐若现。

政治表征（在当时）指的是一种考虑到（如雷瑟所写的）国家政治方面的表现度，即根据拥有权力的人（统治者）的政治利益（也包括边界）在一个国家内对领土和区域的分配。相比之下，雷瑟认为，"真正的地理学"必须把这些关注点留给政治家，而去处理"受自然本身限制并由自然构成的各种有人居住的区域（the ecumene，地球上的人类栖居地）的问题"，因此它涉及的是自然划分的区域。这门学科也因此被称为"自然地理学"或"纯粹地理学"，此处所谓"纯粹"，是指拒绝使用地理认知，拒绝为政治服务。值得注意的是，资产阶级地理学的第一种形式正是打着"纯粹地理学"的旗号出现。显然，这是一种为地理学自身的地理学，它主张地理知识是中立的，除了地理学之外别无他用。

我们必须理解政治地理学家（Staatsgeographen）对这些观点的迅速反应，如此才能认识到，这种表面上很不起眼的主张，却代表了一种不可能在地理学上但又通过地理学进行批评的唯一形式。在这场争论中，最活跃的声音来自普鲁士帝国的战争顾问赫林（Gustav Conrad Hering），他于1728年在柏林出版了《关于地理学实用性和必要性的思考》（*Thoughts upon the Utility and the Necessity of Geography*）。他如此总结雷瑟的理论：到目前为止，还没有人使用正确的标准对地理学进行分类。这既不是一个按字母顺序对不同地域进行分类的词汇，也不是一个基于不同地区（regions）的政治边界

---

① E. Wisotzki, *Zeitströmungen in der Geographie*. Leipzig: Duncker und Humblot, 1897, p. 197.

的词汇，而是对自然环境的一种看法，对区域和地方相对于海洋、河流以及"其他不可变邻域"的位置关系的看法。赫林指出，在任何时候，政治区划（political divisions）和由此产生的命名（Benennungen）都是主要规则，但所谓的自然地理（geographia naturalis）却不再遵循这种规则。而在赫林看来，空间的命名必须与政治区划紧密联系，地理学书借中的标准必须反映这种权力等级："首先必须是政治区划的最大部分，其次才是较小的部分。"①

我们应该注意，有一个问题串联起了有关地理学方法之论述的主题，即处理知识与权力之关系的手段。正如雷瑟所说，再次质疑这种关系意味着拒绝现有权力，从它的原始表现开始，这种非常的权力就决定了什么该有名字、什么没有，从而有效地决定了什么存在、什么不存在。贵族封建地理学含蓄而完整地赋予了地图这一功能。豪伯（Eberhard David Hauber）在1727年出版了《关于当前地理学状况的有益论述》（*Useful Discourse on the Present State of Geography*），他很疑惑该如何称呼雷瑟谈及的自然空间。豪伯说："拿起你的地图，看看你能找到什么样的名字？"豪伯认为，由于只有在政治上划定空间才能赋予国家及其机构名称，因此自然地理学对此无能为力。豪伯最终得出结论：政治区划必须始终作为地理学的基础，尤其是因为大多数读者更倾向于此类地理学，所以一切都必须从政治区划开始。他补充说，如果不这样，那就想象一下"因本末倒置所导致的混乱吧"。②

正如读者对上句引文的理解，这种对混乱景象的描述就是字面

---

① G. C. Hering, *Gedancken von der Nützbarkeit und Nothwendigkeit der Geographie*. Berlin: Rüdiger, 1728, pp. 14–15, 20, 21, 47–48, 27.

② E. D. Hauber, *Nützlicher Discours von dem gegenwärtigen Zustand der Geographie besonders in Deutschland*. Ulm: Wagner, 1727, p. 71.

意思。对地理学话语秩序的批判，实际上等同于对现存社会秩序的批判，这是老派政治地理学家所熟知的。雷瑟试图违背地理学的政治本质，旨在尝试超越既有的政治形势。然而，将一种不具有政治功能的知识理论化，固然有助于使其摆脱可能存在的政治现实，但反过来也只能使其服从于建立在另一种统治基础上的新的政治。"自然地理学"只有凭借一种虚拟的纯粹性的名义批判政治地理学，这是一种对贵族封建权力的利益起直接作用的地理认知形式。

这种"自然地理学"与政治地理学之间的两极分化现象，反映了18世纪道德与政治之间的对立。正如科瑟勒克①（Reinhardt Koselleck）所言，资产阶级的政治批评不是简单地建立在道德问题上，而且已经存在于道德问题和政治问题的分离之中。这样，地理认知中自然领域和政治领域的分离，在历史上既是地理学进行政治批评的前提，也是其结果。如同道德评判一样，地理学评判以及更普遍的科学评判也起着批判政治的作用，这不仅仅是因为它对政治加以评判，更主要的是因为它是一种不属于传统政治领域的评判主体。道德评判和科学的地理学评判都符合资产阶级的世界统治计划（*Weltbürgerplan*）战略。这项计划建立在科瑟勒克所谓的间接接管（indirect taking over）的基础之上——首先从处于发展阶段的"公民社会"的专制国家中分离出来，然后基于这种分离以一种似乎非政治的方式占领国家（同上，页194）。

政治地理学家和"纯粹地理学家"之间的内战持续了整整一个世纪。前者坚定地认为空间是政治的产物，后者则试图对自然空间进行个性化和系统化的划分。在赫林和豪伯的小册子中，区域（region）和国家（State）是同义词，意思并无二致，只是两个不同的

---

① R. Koselleck, *Critica illuministica e crisi della società borghese*. Bologna: Il Mulino, 1976, pp. 118–119.

词而已。正好有一个相反的例子，伽特勒（Johann Christian Gatterer）在1775年出版于哥廷根的《地理手册》（*Manual of Geography*）中预测，区域地理学（regional geography）的发展与政治地理学会有所不同。但是，区域地理学只是试图将政治边界描述为自然界线而已。换言之，在伽特勒看来，区域只不过是作者赋予了自然名称的国家。例如，他将西班牙和葡萄牙统治的区域定义为"比利牛斯半岛"。然而，这种命名策略并未持续很久。伽特勒的研究局限于其自身的前提，因为如果不将半岛重新划分为两个不同的国家，就不可能对其进行描述。① 在伽特勒的最后一个例子中，区域地理学实际上无法与简单的政治描述区分开来。

这个例子只是说明，在从封建世界观向资产阶级世界观过渡的时期，在德意志公共舆论组织形成之初，地理学家没有能够通过不自相矛盾和不明确的定义预测到，对绝对国家的狭窄空间界限的解构，将如何形成德意志。这也表明，除非基于一种更广泛且更复杂的世界观视角，并在一种复杂且详尽的知识理论体系之内，否则资产阶级的世界观不能强加于人。哈贝马斯认为，世界的图像（the world images）总是具有意识形态性，因为它们能使权力合法化。这些形象的悖论性任务是，在不允许自发的话语揭露现有制度的虚假伪装的情况下，为社会规范原则辩护。对世界的描绘给予权力合法性地位，为那些在一般社会规范中无法被证明的规范提供了貌似客观的理由。因此，为了确立这些规范，需要有明确的正当性和合法性。② 哈贝马斯关于世界描绘的一般观点，首先对地图来说是正确的。

---

① J. CH. Gatterer, *Abriss der Geographie*. Göttingen: Dieterich, 1775, pp. 5, 187; E. Wisotzki, *Zeitströmungen in der Geographie*. p. 202.

② J. Habermas, "Teoria della società o tecnologia sociale? Una discussione con Niklas Luhmann". In J. Habermas & N. Luhmann, *Teoria della società o tecnologia sociale*, 1973, pp. 90 – 203. Milano: Etas Kompass, p. 174.

地理学的尝试：为新国家建立新社会

吕德（Johann Gottfried Lüdde）是第一位研究资产阶级地理学方法论的历史学家，他为地理学给出了最贴切的定义：一种"太过复杂以至于不能通过简单的文字描述加以理解"的科学话语，它只能通过地图来展现。① 这个定义揭示了"纯粹"地理学的秘密意图：通过专家共和制（the republic of the savants）的话语实践，逃避政治地理学家对地理学知识体系的控制。赫林②对雷瑟的理论持彻底的怀疑态度：

> 我（因此）希望有人向我解释，如何能够在不采用政治区划的情况下为地理学而建立地理学，或建立一种服务于历史目的或任何其他目的的地理学。由于当前的地图是基于这种区划制作的，为此将需要其他的区域地图。我无法理解作者如何能够拒绝政治区划，同时我认为迄今为止仍在使用的区域地图依旧有效。

18 世纪初，德意志国家与社会的割裂与英国和法国不同，尚处于初始阶段，不过，国家与公民社会之间的拿破仑式妥协（the Napoleonic compromise）在德意志也受到了仔细的审视。1794 年颁布的《普鲁士普鲁士大帝法典》（*Allgemeines Landrecht*）中的《民法典》，

---

① J. G. Lüdde, *Die Geschichte der Methodologie der Erdkunde*. Leipzig: Hinrich, 1849, p. XI.
② G. C. Hering, *Gedanken von der Nützbarkeit und Nothwendigkeit der Geographie*. pp. 15 – 16.

反映了一种由君主制激发的国家理念，其中解放与保守并驾齐驱。①19 世纪上半叶，"介于改革与革命之间的普鲁士"（Prussia between reformation and revolution）——我们引科瑟勒克这部主要著作的标题为说——开始出现通过国家实现社会表达制度化的最初迹象。这种制度化的一个例证，便是李特尔（Karl Ritter）于 1820 年在柏林大学和柏林军事学院教授的《资产阶级地理学》课程。在《政治地理学》第一版序言中，拉采尔②强调了李特尔的著作对发展"地理学的政治特性"的重要性。因为从李特尔去世到拉采尔将地理学知识系统化，这四十年中人们完全遗忘了李特尔对政治地理学的贡献，所以拉采尔这一评述极具说服力。

就此而言，李特尔理论论著的最新法译本具有重要意义。译本开头是对他 1817 年所撰《地球志》（Erdkunde）第一卷的介绍。李特尔在此指出他所研究的对象，即 der sittliche Mensch，字面意思是"有道德的人"。但在法文译本中，这个表述被翻译成"每个遵守某种行为准则的人"，③结果导致李特尔最初表达的特定历史意义和政治意义全部丧失。

从科瑟勒克给我们的启示中，我们已经注意到，道德在资产阶级对权力的主张中起到了重要作用，这些主张立足于道德领域与政治领域的分离和自治。李特尔是第一位以道德人——即社会人——的形象和相似性来描述地球的地理学家，道德人或社会人被定义为历史意义上被决定的属于资产阶级公共领域的社会成员，

---

① W. Conze, "Staat un Gesellschaft in der frührevolutionären Epoche Deutschlands", *Historische Zeitschrift*, 186, 1958, pp. 2, 6, 8.

② F. Ratzel, *Politische Geographie*. München and Berlin: Oldenbourg, 1923, p. III.

③ C. Ritter, *Introduction à la géographie générale comparée*. Paris: Les Belles Lettres, 1974, p. 41.

是新私法（new private law）的主体，也是不断扩大的市场经济的推动者。一言以蔽之，社会人就是个人（individual）。根据李特尔的说法，地球是"一个大而自主的行星个体"，地球的自然划分从大陆开始，并被划分为众多的小个体。编撰"普通比较地理学"的目的首先是"精确地将自然物体个体化"，以便建立"基本形态类型"，这种基本类型决定所有"自主的、特定的形态"，因而搭建起了"充满世俗事物的空间"及其相互关系。这是因为"独立于人类、没有人类、在人类之前的地球是自然活动的舞台"。最终，李特尔的目的是从"迄今为止仍被忽视的人类全部活动"的角度，充分理解人类和民族的历史。换句话说，李特尔试图弄清楚"地球与人类的基本关系"。所有这一切都是出于预期的目的——"通过基本数据预测某些民族的必要进化模式"。这是一种要获得繁荣就应该遵循的模式，也是一种"永恒而公正的命运赋予那些有信仰的人"的模式。①

在这一点上，正如拉采尔首先指出的那样，我们谈论的不再只是地理学，而是在谈论赫尔德（Johann Gottfried Herder）以及浪漫主义历史哲学。② 根据科瑟勒克的观点，道德资产阶级就是用这种方式来超越道德立场与权力之间的分歧。此观点掩盖了"一方面由国家统治，另一方面由社会统治"所产生的预判，实际上与政治革命

---

① C. Ritter, *Einleitung zur allgemeinen vergleichenden Geographie und Abhandlungen zur Begründung einer mehr wissenschaftlichen Behandlung der Erdkunde*. Berlin：Reimer, 1852, pp. 6, 8, 10, 20, 23, 70 – 73；H. Daniel, *Carl Ritter's Allgemeine Erdkunde. Vorlesungen an der Universität zu Berlin gehalten*. Berlin：Reimer, 1862, pp. 16 – 17, 32.

② F. Ratzel, *Anthropo - Geographie*. Stuttgart：Engelhorn, 1882, p. 24；F. W. P. Lehmann, *Herder in seiner Bedeutung für die Geographie*. Berlin：Gärtner, 1883.

和社会革命吻合。①事实上,这种学科不再被称为地理学,而是"地球学",即"地球的知识"。正如李特尔在其演讲中经常所说那样,这不只是一种"纯粹而简单的知识",而是一种"对地球空间的深刻再认识"。②

认识到客观知识(或者更确切地说是对客观知识的尝试)只不过是对主观价值总体客观性的承认,这就赋予了地理学以科学的重要性。贵族阶级的封建地理学的合法性在于它直接作用于特定的政治权力体制。严格地说,这样就没有必要在资产阶级意义上使这个词合法化。反之,资产阶级的知识是与国家斗争的表现,由于它不能公开宣称其具有政治功能,所以它不能被现有的政权合法化。正因为如此,资产阶级的知识体系必须制定规则、目标和程序,这些规则、目标和程序的本质不具有政治性,而是知识本身的内在的科学性。政治合法化随后被认识论合法化所取代,然而认识论的合法化是暗中进行的,一个社会在尚未获得政治权利的情况下,通过这种秘密的方式表达了其政治上的无能为力(political impotence)。地理学家李特尔和冯·洪堡(Alexander von Humboldt)都是这个历史时期的最佳代表,他们的"尝试"正是立足于要从根本上努力解决两种关系,即知识的新旧形式之间的关系以及意识形态(通往知识的过程中不可或缺的阶段)与科学之间的关系。后者无非是试图超越意识形态,超越一个人理论上应该栖居的观念背景(the ideal background)。

这是一个在历史上多变的主观背景,因此对李特尔来说,地理

---

① R. Koselleck, *Critica illuministica e crisi della società borghese.* pp. 174 – 175, 180.

② H. Daniel, *Carl Ritter's Allgemeine Erdkunde. Vorlesungen an der Universität zu Berlin gehalten.* p. 18.

学只意味着"到那时为止我们对地球的个人认识而已"。① 许多当代地理学家都是李特尔无意中的追随者，例如，他们会说，"科学的客观性必须得到其主观特征和主观观点的认可"，只能选择"透明的方法……即一个人的意识形态的初步声明"，一个人只应希望提出"诚实的真实声明"，等等。每当这样的时候，他们都已有意无意地持有李特尔的观点。②

前科学（pre-scientific）假设或命题的系统阐述（formulation）使我们可以将经验性事实的多样性转化为一个整体，③ 这种假设或命题的特征揭示出李特尔思想的政治局限性。这些局限性与施米特（Carl Schmitt）眼中"政治浪漫派"的局限性相同，后者从发生冲突的政治领域转向被视为更高层次的宗教领域。而在李特尔这里，我们最终也会发现"坚决支持政府的态度"。④但是在弗里德里希·威廉三世（Friedrich Wilhelm III）统治的普鲁士，无论是在柏林大学还是柏林军事学院，李特尔都肩负着"批判现有地理学思想的任务"。⑤

对洪堡来说，地理学就是一种地球理论（theory of earth），⑥ 他

---

① H. Daniel, *Carl Ritter's Allgemeine Erdkunde. Vorlesungen an der Universität zu Berlin gehalten.* p. 17.

② J. B. Racine, "Problématiques et méthodologie: de l'implicite à l'explicite". In H. Isnard, J. B. Racine & H. Reymond, *Problématiques de la géographie*, 1981, pp. 85-162. Paris: P. U. F., pp. 88-89.

③ C. Ritter, *Einleitung zur allgemeinen vergleichenden Geographie und Abhandlungen zur Begründung einer mehr wissenschaftlichen Behandlung der Erdkunde.* p. 26.

④ C. Schmitt, *Il romanticismo politico.* Milano: Giuffrè, 1981, p. 239.

⑤ C. Kramer, *Carl Ritter. Ein Lebensbild nach seinem handschriftlichen Nachlass.* Halle: Buchhandlung des Waisenhauses, 1875, p. 375.

⑥ A. von Humboldt, *Florae Fribergensis Specimen.* Berlin: Rottmann, 1793, p. 9.

指出,"我们错误地认为我们从外部世界获得了我们自己所赋予的东西"。①与李特尔的立场不同,洪堡与公共机构的关系更是铰链式的(articulated)和辩证的——就其几乎形成了完全对立的立场而言。与李特尔不同,洪堡的理论建立在公开承认支持其理论的政治计划之上。作为宫廷中的共和党人,洪堡

> 从未放弃过法国大革命的道德基础,后来也一直按照法国大革命的方式行事直至去世。②

福尔斯特(Georg Forster)是来自德国美因茨市的雅各宾派成员,他曾于1790年将洪堡带到巴黎。如果说福尔斯特可能第一个把现代舆论观念引入了德国,视之为"基于社会秩序的共同反思和公众思考"手段,③那么,洪堡的职责就是运用科学,在自己国家的公共文学领域和政治领域之间建立更加牢固的关系。

1827年末,洪堡在柏林开始整理他的第一篇《关于宇宙的讲稿》(Kosmosvorlesungen,下简为《宇宙》)。这一时期的编年史分析了重要的贵妇、工匠、王子、建筑大师和木匠等民众,④他们共同构成了洪堡所呼吁的公民社会(the civil society)。据说,《宇宙》为德国引入了一种新的"自然科学的宇宙形象",并标志着宗教和哲学

---

① A. von Humboldt, *Kosmos. Entwurf einer physischen Weltbeschreibung*. Stuttgart and Tübingen: I. Cotta, 1845, p. 8.

② H. Beck, *Alexander von Humboldt*, II, *Vom Reisewerk zum "Kosmos"*. Wiesbaden: Steiner, 1962, p. 188.

③ J. Habermas, *Storia e critica dell'opinione pubblica*. Bari: Laterza, 1971, pp. 119, 125.

④ H. Beck, *Alexander von Humboldt*, II, *Vom Reisewerk zum "Kosmos"*. pp. 91-92.

被科学的清晰性所取代。①洪堡的意图在于使德国资产阶级摆脱其思考态度,用梅林(Franz Mehring)的话来说,②就是脱离"美学领域",以便建立一种能够独霸地球的知识。简而言之,就是实现世界公民计划(Weltbürgerplan)。从《宇宙》问世之初到 19 世纪中叶,这部巨著已成功说服了欧美的中产阶级从事自然科学研究。洪堡宣称,其"关于自然的对话"的确切目的在于纠正一些错误,这些错误源于"最上层社会过分简单化的和不完善的经验主义",而这些上层人士往往都接受过"良好的人文教育",③也正是这种教育启发洪堡写出他最受欢迎的研究。从洪堡开始,景观(the landscape)就成为地理学中最流行的概念之一,那么,我们如何解释他对景观概念的战略性运用呢?洪堡的问题在于把资产阶级文化中典型的绘画、小说和诗歌知识转化为自然科学。为了达到这一目的,他巧妙地使用了景观的概念,但他认为这个概念具有模糊性。在洪堡的著述中,景观的概念首次从美学领域转向科学领域,从艺术和诗歌文学转向地理学科。从知识史的角度来看,景观具有独创性和革命性的意义。同样,从美学知识中产生的见解也被转化为政治批评———一种在政治批判与地理科学之间建立直接平行关系的方式。④

---

① W. Linden, *Alexander von Humboldt. Weltbild der Naturwissenschaft*. Hamburg: Homann und Campe, 1940, p. 7.

② F. Mehring, *Storia della Germania moderna*. Milano: Feltrinelli, 1957, p. 164 – 168.

③ A. von Humboldt, *Kosmos. Entwurf einer physischen Weltbeschreibung*. 1845, p. 18.

④ F. Farinelli, "L'arguzia del paesaggio". In F. Farinelli, *I segni del mondo. Immagine cartografica e discorso geografico in età moderna*, 1992, pp. 201 – 210. Firenze: La Nuova Italia, p. 201 – 210; F. Farinelli, "Il pappagallo degli Atures". In F. Farinelli, *A. von Humboldt*, *Quadri della Natura*, 1998, pp. VII – XXVI. Firenze: La Nuova Italia.

然而，当革命运动最终在德国蔓延时，洪堡被迫保持沉默。1848年3月21日，洪堡是宫廷成员中唯一在众人面前默默鞠躬的人，他设法使聚集在皇家城堡前的人群平静下来，他们为了纪念几小时前在柏林路障中逝去的人们聚集于此。正如贝克（Hanno Beck）所认为的，这不仅仅只是外交式的沉默。[1] 柏林起义标志着普鲁士社会对国家施加的压力达到高潮，随后的血腥镇压终结了这一革命性时刻。洪堡是舆论战略家，他选择"舆论"作为他的语言，并把推理当作他的武器，像他这样的学者，又能说些什么来反对直接、即时的权力话语呢？

在最初的沉默之后，人们认识到一种与古代预言完全不同，实际上几乎相反的现实。洪堡在他人生最后的日子里经常重复提到，"1848年是革命之年，而1849年是反动之年"（同上，页201）。1850年，国家与社会在这场反动运动的浪潮中形成妥协，新资产阶级运动由此进入政治共治（Mitbestimmung）的局面。[2]但到那时，新国家已经准备好消除所有旧资产阶级的紧张局势，并成为新（政治）地理学唯一的秘密研究对象，那是一种至今还不知道其真正政治功能的地理学。

国家的地理学和国家地理学：拉采尔的危机

是否正如拉费斯坦（Claude Raffestin）[3] 所言，政治地理学与国

---

[1] H. Beck, *Alexander von Humboldt, II, Vom Reisewerk zum "Kosmos"*. pp. 195–196.

[2] W. Conze, "Staat un Gesellschaft in der frührevolutionären Epoche Deutschlands", *Historische Zeitschrift*, 186, 1958, p. 34.

[3] C. Raffestin, *Per una geografia del potere*. Milano: Unicopli, 1981, pp. 25–35, 51.

家的地理学的同时性特征代表了地理知识制度化过程的最后一步？

　　这个问题很复杂，即使在试图回答之前，我们也必须考虑一下20世纪20年代末魏特夫（Karl Wittfogel）批评拉采尔的历史解释，这是地理学家们在过去七十年中一直未能面对的问题。魏特夫写道，"对拉采尔而言，国家只不过是有组织的社会。"① 拉费斯坦也正批判了这种把国家与社会对等的说法，但我们必须指出，社会与国家的对等不是拉采尔提出的，也不完全属于时代精神（Zeitgeist）。我们已经看到，在19世纪上半叶，德国的社会与国家实现了融合。在其后二十年中，随着德意志帝国的诞生，这种融合达到最受欢迎的程度。与社会结构突变相吻合，尤其是随着"从文化批判的公众到消费文化的公众"②这一变化，地理学失去了一切批判功能。

　　但我必须立即强调，拉采尔的《政治地理学》并没有经历这一过程。与此相反，拉采尔的悲剧性悖论在于，他努力用批判性眼光来构思地理学的知识形式，在这种知识中，批判仍然是可能的；换句话说，尽管在历史上与社会价值相关联的权利已经消失，他还是努力让个别科学家对知识的追求保持活力。事实上，他试图用知识的完全从属关系来调和学科知识与国家利益之间的关系。拉采尔是地理学界最后一位想同时为社会和国家服务的人，因此，他处于危机之中。他不尽如人意的社会出身，导致他的批判立场被国家拒绝。斯坦梅茨勒（Johannes Steinmetzler）的著作③很好地表明，拉采尔借鉴了赫尔德和李特尔的观点，而非源自进化论和实证主义传统。拉

---

① K. Wittfogel, "Geopolitik, geographischer Materialismus und Marxismus", *Unter der Banner des Marxismus*, 3, 17 – 51, 1929, p. 27.

② J. Habermas, *Storia e critica dell' opinione pubblica*. pp. 192 – 209.

③ J. Steinmetzler, *Die Anthropogeographie Friedrich Ratzels und ihre ideengeschichtlichen Würzeln*. Bonn: Steiner, 1956.

采尔是地理学的最后一位代表,因为他是第一个意识到不彻底摧毁地理学就不可能改变其政治职能的人。

像李特尔、洪堡和其他"纯粹地理学家"以及他们的反对者一样,拉采尔认为,如果政治功能缺失,那么任何形式的地理学知识都不可能存在。拉采尔与其前辈们的区别在于,拉采尔第一次没有使用资产阶级地理学来批判国家。相反他认为,国家作为"人类在地球上的最大成就",是"与生命传播相关的一切现象的高潮"。① 国家以这种方式占领了地理学,并成为其最高目标。拉采尔也以此颠覆了19世纪上半叶德国资产阶级地理学家阐述的科学与国家权力之间关系的观点。在德国资产阶级地理学家看来,尝试构建科学的地理学与对现存国家的批评是并存的,而拉采尔试图在科学的基础上证明国家的存在。拉采尔并没有试图否定地理知识的政治功能;相反,他试图使这一功能适应资产阶级体制的新需求,而这种新需求恰好与国家的需求相吻合。但是,作为第一个将地理知识按不同学科进行排序和细分的地理学家,拉采尔很警惕,认为不应把地理学局限在国家地理学的范围内,也不该把国家的地理学局限于政治地理学中。根据拉采尔的说法,《人类地理学》(Anthropogeographie)只能被解释为一项更为紧迫的任务的初级阶段,即"政治地理科学"的基础,地理知识的形式被认为是"最不科学的,但也是地理学最古老的分支"。② 在拉采尔看来,所有的地理学都变成了国家的地理学,而政治地理学则是其极致。

是什么阻碍了国家的地理学成为国家地理学呢?二者的区别在于是否认识到世界上所有的关系都具有政治性,从而所有的知识也都具有政治基质(political matrix)。一些人认为拉采尔把无法分离的

---

① F. Ratzel, *Politische Geographie.* pp. IV, 2.
② F. Ratzel, *Anthropogeographie*, vol. II. Stuttgart: Engelhorn, 1891, p. 8.

东西分离开来，换言之，将人类地理学视为不同于政治地理学。这些人中，比如布拉什（Vidal de la Blache），揭示了把国家的地理学简化为政治地理学是多么容易。拉采尔在20世纪初曾写道：现实的"政治层面不要与一般人类的本性混淆"。①几年前，布拉什②在谈及拉采尔的《政治地理学》时写道：

> 拉采尔似乎如此理解政治地理学：它狭义地代表着人文地理学（human geography）的一种特殊发展形式。在将地理学运用于人类时，我们总是涉及社会或群体中的人，因此我们就可以合理地赋予政治地理学这一术语更广泛的含义，即将其含义延伸至人文地理学。

但与拉采尔的观点正好相反，人们在这种情况下是将国家的地理学简化为普通人文地理学。理由是，在一切情况下，拉采尔都专注于与人类的关联。布拉什认为，对拉采尔来说，问题似乎在于地理学的研究对象而非其功能，这就是地理学的意义！正是由于用功能或意义错误地替代了研究对象，人文地理学才能够从其良知中消除从一开始就标志着它的政治逻辑和僵化的国家逻辑。它由此就变成了意识形态——不是在李特尔式的意义上，而是基于该术语的当代意义，作为一种隐藏自身本质和真实含义的知识。

布拉什的解释代表着所有"古典"法国地理学的最初立场。③

---

① F. Ratzel, "Der Geist, der über den Wassern schwebt". In H. Helmolt, *F. Ratzel, Kleine Schriften*, 1906, pp. 237–249. München and Berlin: Oldenbourg, p. 237.

② P. Vidal De La Blache, "La géographie politique. À propos des écrits de M. Frédéric Ratze", *Annales de Géographie*, 7, 97–111, 1898, p. 98.

③ P. Claval, *L'evoluzione storica della geografia umana*. Milano: Angeli, 1972, pp. 67–97.

但在德国，这一立场已悄无声息地被强加于反对拉采尔的思想上。维达尔于 1904 年①指出，"地形图是一种精确的工具，是能够纠正所有错误概念的精确资料"。但李希霍芬（Ferdinand von Richthofen）1883 年②在题为《地理学的方法和目的》（*Methods and Purposes of Geography*）的就职演说中指出，区域地图已被视为地球的具体图像（the concrete image of earth），并被视为"地理学的研究基础，其重要性远远超过考古研究中的岩石铭文照片"。1876 年，在《比较地理学中的新问题》（*New Problems in Comparative Erdkunde*）一书中，佩舍尔（Oskar Peschel）宣布了"解决地理学问题"的"新方法"——"研究制图者所呈现的本质的相似性"。③后来，施路特尔（Otto Schluter）④正是以佩舍尔的地形学（geomorphology）为模型，建立了现代文化地理学（cultural geography，相当于人文地理学）。这样就有可能辨别地理同源性（geographical homology）⑤和我们所谓的地图地形（carto‑topographical）。⑥

---

① P. Vidal De "La Blache, La Carte de France au 50000ᵉ", *Annales de Géographie*, XIII, 113 – 120, 1904, p. 120.

② F. von Richthofen, *Methoden und Aufgaben der heutige Geographie*. Leipzig: Von Veit, 1883, p. 9.

③ O. Peschel, *Neue Probleme der vergleichenden Erdkunde als Versuch einer Morphologie der Erdoberflache*. Leipzig: Duncker and Humblot, 1876, pp. 8 – 9.

④ O. Schlüter, *Die Ziele der Geographie des Menschen*. München and Berlin: Oldenbourg, 1906.

⑤ H. Lautensach, "Otto Schlüters Bedeutung für die metodische Entwicklung der Geographie", *Petermann's Geographische Mitteilungen*, 96, 208 – 224, 1934, p. 222.

⑥ F. Farinelli, "Il villaggio indiano, o della geografia delle sedi: una critica". In F. Farinelli, *Il villaggio indiano. Scienza, ideologia e geografia delle sedi*, 1981, pp. 9 – 50. Milano: Angeli, pp. 12 – 22.

地形图难道不是由国家绘制并借以宣传自己，或者像拉费斯坦①所说，用于宣传其自身景观的图片吗？或者换言之，就是将社会产品和历史成果转化为物质形态的地方吗？②只有国家的地理学的拥护者拉采尔，对地理学家回归实践提出了批评。在此实践中，地理学知识是国家制图的规范，资产阶级地理学已为此奋斗了一百多年。唯一的不同是，在拉采尔的时代，国家不再是贵族封建国家，而是贵族资产阶级国家。拉采尔认为，制图图像以其特定的地形形式引入，作为一种影响地理知识的图像，其历史可追溯至1860年至1870年之间，即新德意志帝国成立之前。在这方面，拉采尔哀叹道："德国的制图学无疑处于世界的顶端，但科学性在哪里呢？"③在李特尔之后，19世纪没有哪位地理学家能够像拉采尔那样，针对制图表现的缺陷，以及就地理学被简单理解为制图学所存在的风险，向我们发出这种清晰的警告。同样，对拉采尔来说，正如以前对洪堡、李特尔和"纯粹地理学家们"一样，这一论述先于图制（the cartographic writing），并强行压制在图制之上，因为去认识（to know）意味着建立客体之间的关系，这些客体始于所有地图出现之前的假设，而这些假设无法用地图表示。例如，在拉采尔看来，一个地方（place）的位置隐含着关系和联系（relation and connection）的概念，但地图却无法"揭示事物之间的联系"，因为这种联系是一种心理过程，只能"在精神上构思和把握"。④归根结底，这些政治地理学家有意识地接受由国家确定的无声地形图像作为研究的唯一科学依据；

---

① C. Raffestin, *Per una geografia del potere*. p. 150.

② F. Farinelli, "La cartografia della campagna nel novecento". In L. Gambi, *Storia d'Italia*, VI, 1976, pp. 626–654. Torino: Einaudi, pp. 626–654.

③ F. Ratzel, "Oskar Peschel". In H. Helmolt, *F. Ratzel, Kleine Schriften*, 1906b, pp. 429–447. München and Berlin: Oldenbourg, p. 439.

④ Ratzel, *Lebensraum*, 1901, pp. 938, 935.

而与同时代所有的政治地理学家相比,拉采尔却继续质疑知识的问题,即世界观(或意识形态)与科学之间的关系问题。

拉采尔一生致力于意识形态和科学问题研究,晚年尤其如此。有人认为拉采尔的后期作品"从早期作品的清晰性陷入了一种神秘的困惑",而赫尔默特①则最早注意到,这些人错了。然而,晚年的拉采尔为何听起来像持目的论观点的李特尔?赫尔默特对此并未给出充分的解释。正如拉采尔所言,一个旨在符合真理的"世界观"不仅要以科学为基础,而且必须"建立在信仰的基础之上"。②同样,为什么对于晚年的拉采尔以及李特尔和洪堡来说科学变成了再认知(re–cognition),③赫尔默特也未做出详细解释。拉采尔一完成自己的地理学,就在写作过程中意识到,他还没有充分考虑知识的问题,而这一问题在19世纪下半叶使地理学成为一门具有批判性且具有挑战性的学科。拉采尔晚年的"困惑"不过是对这些问题的一种绝望回答。拉采尔本人在隐喻性地谈及无知的灰色海洋(the grey sea of ignorance)时也承认,"无知是无处不在地包围着我们生活和知识的神秘岩石"。④《关于自然的阐释》(Über Naturschilderung)被视作拉采尔的科学遗书,是关于国家地理的最后一部著作。在这本书中,知识整体被还原为自然哲学,科学回归艺术,这戏剧性地表明了作

---

① H. Helmolt, "Vorwort". In H. Helmolt, *F. Ratzel, Kleine Schriften*, 1906, pp. III – XX. München and Berlin: Oldenbourg, p. 13.

② F. Ratzel, "Freunde, im Raum wohnt das Erhabene nicht". In H. Helmolt, *F. Ratzel, Kleine Schriften*, 1906c, pp. 293 – 297. München and Berlin: Oldenbourg, p. 297.

③ F. Ratzel, "Der Fernblick". In H. Helmolt, *F. Ratzel, Kleine Schriften*, 1906d, pp. 298 – 318. München and Berlin: Oldenbourg, p. 318.

④ F. Ratzel, "Freunde, im Raum wohnt das Erhabene nicht". In H. Helmolt, *F. Ratzel, Kleine Schriften*, 1906c, pp. 293 – 297. München and Berlin: Oldenbourg, p. 318.

者不可能再次找到因思考地理学而中断的轨迹。然而，这种情况的出现并非只是源于某种"神秘主义"，而是因为晚年的拉采尔把歌德的唯心主义形态学作为唯一可能的认识论模型。①当时的政治地理学家（几乎所有其他的德国地理学家）都无法理解拉采尔这部最后著作的意义。这本书应该被视为以无可辩驳的方式证明了认知主体（the knowing subject）的权利，是为重新引入地理学反思即地理学知识的合法化所做的极端努力。正是因为拉采尔本人陷入了这种困境——同时，不仅是拉采尔彼时遇到了这种困境，这也依然是我们今天所谓的政治地理学的核心问题——所以拉采尔碰到的危机仍然存在，这也是我们当今依然在遭遇的危机。

---

① F. Ratzel, *Über Naturschilderung*. München and Berlin: Oldenbourg, 1904, pp. 47-49, 94.

拉采尔的《生存空间》和死亡主题

克林克（Ian Klinke） 撰
梁西圣 译　张培均 校

本文探讨的"死亡"是理解拉采尔的生存空间论文及其全部作品的关键所在。我认为，拉采尔以多种方式关注死亡，比如：在生物地理学意义上，他关心灭绝（extinction）；在人种学意义上，他对食人的行为感兴趣；此外，他还迷恋那些已经根绝的（exterminated）文明的遗迹。事实上，晚年拉采尔还在试图厘清死亡本身的美学。我认为，理解作为死亡学思想家（thanatological thinker）的拉采尔，有助于我们认识到，他不只是现代地缘政治学的鼻祖，也是生物政治学的早期思想家。

引　言

无论是在对全球生物安全、全球反恐战争，还是在对超越人类的联系（more-than-human connectivities）的研究中，生命和地球政治学一直是21世纪早期地理学家关注的焦点。尽管地缘政治和生物政治时常被视作紧密交织在一起的两股力量，但事实上人们经常把它们（生命和地球政治学）视为不同的现象而加以分析。① 人们主要将地缘政治学理解为一种国际事务的解决之道，同时将生物政治学解读为一种国内政治的政府实践。然而，或许少有人能像拉采尔（Friedrich Ratzel）1901年发表的论文《生存空间》（Lebensraum）那样，毫不含糊地阐述地缘政治学与生物政治学的纠葛。事实上，哪怕最草率的读者也能从拉采尔的文章中注意到，生物学、地质学与政治学之间有着千丝万缕的联系。因此，或许毫不意外，地缘政治学和生物政治学这两个术语同时为拉采尔最热心的追随者之一——瑞典人契伦（Rudolf Kjellén）所推广。②

本文通过评析《生存空间》一文，给出另一种审视拉采尔的方式，即不再依据传统路径把他视为地缘政治思想家，而是将他视为一名关注生命和死亡的政治理论家。我想特别强调死亡问题，这一问题当然在对生物政治学最广为人知的概念阐述中扮演着至关重要的角色。正如阿甘本（Giorgio Agamben）和福柯（Michel Foucault）等社会理论家的看法，在生物政治学看似保护性的实践中，我们可以找到对健康和人口增长的关注，这一政策把人们认为危险或无价值的生命形式排除在外，因而不那么友善。③ 拉采尔及其生存空间

---

① M. Dillon and L. E. Lobo-Guerrero, "Biopolitics of security in the 21st century: an introduction", *Review of International Studies* 34 (2008) 265-292; S. Elden, "Secure the volume: vertical geopolitics and the depth of power", *Political Geography* 34 (2013) 35-51; P. Giaccaria and C. Minca, "Life in space, space in life: Nazi topographies, geographical imaginations, and Lebensraum", *Holocaust Studies: A Journal of Culture and History* 22 (2016) 151-171.

② R. Kjellén, *Grundriss zum einem System der Politik*, Leipzig, 1920, p. 94.

③ G. Agamben, *Homo Sacer: Sovereign Power and Bare Life*, Stanford, 1998; M. Foucault, "*Society Must Be Defended*": *Lectures at the College de France, 1975-1976*, New York, 2003. 另有关于这些观念的进一步阐述，见 R. Esposito, *Bios: Biopolitics and Philosophy*, Minneapolis, 2008。

概念乃是现代生物政治学发展的关键所在，我们若想研究这一关键，就必须解决一个问题：能否在拉采尔身上找到死亡政治学（thanatopolitics）的种子。

我将在下文中表明，对这个问题必须给以肯定的回答。事实上，死者经常在拉采尔的作品中扮演重要角色，从化石和骨骼被用作考古证据，到他对"膨胀的动物尸体"更为模糊的推测（他认为这曾启发人类建造充气船），都是如此。① 事实上，拉采尔带着幸存者逻辑沉迷于社会达尔文主义，这必然意味着他的著作往往也关注幸存者的对立面——消失和灭绝。拉采尔的大量作品考察动物和植物世界中的灭绝，同时也痴迷于那些湮灭文明的遗迹。实际上，晚年拉采尔对死亡本身的美学价值也感兴趣。死亡主题对生物政治学的历史有着至关重要的意义，至少我认为，拉采尔理应在生物政治学中占据更突出的地位。由于他的作品中明显没有生物种族主义，因此他的政治地理学一直被视为与纳粹的生物政治学格格不入。②然而，拉采尔对灭绝的关注和他后来对死亡的审美化（死亡癖），以多种方式预示着20世纪最具死亡政治特征的（thanatopolitical）政制。

灭绝与根绝

拉采尔关注生命的限度，这一点在其学术著作中最重要的表现可能就在于"灭绝"概念，他在其生物地理学和人类地理学中均提出这个概念。就像拉采尔的许多其他概念一样，他热衷于区分自己

---

① F. Ratzel, *Die Erde in vierundzwanzig gemeinverständlichen Vorträgen über Allgemeine Erdkunde*, Stuttgart, 1881, p. 383, 译文为笔者自译。

② M. Bassin, "Race *contra* space: the conflict between German *geopolitik* and National Socialism", *Political Geography* 6 (1987) 115 – 134; D. T. Murphy, *Heroic Earth: Geopolitical Thought in Weimar Germany*, 1918 – 1933, London, 1997, p. 8.

与其他演化理论家（包括达尔文本人）的观念，其方法是以一种基本的空间斗争作为他本人各种观念的基础。也许，拉采尔关于灭绝的空间逻辑在他的《生存空间》论文中有最清晰无误的表达，他认为，

> 显然，地球上生存空间的限制要求旧物种为新物种的发展腾出必要的空间。从这个意义上讲，新的创造和进步以后退和灭亡为前提。个体的出生和死亡也是如此。①

因此，幸存者对达尔文的拥趸而言是一种无比重要的观念，往往已经意味着不幸存的可能。民族，就像报春花或毛毛虫这类物种一样，如果不能适应环境，就注定消亡。

因此，拉采尔在概念上区分了灵活与不灵活的有机体，但没有在范畴上区分人类与非人类的灭绝。在讨论他的另一个主要关注点，即地球与空间边界的关系时，我们可以感觉到这一区分的缺乏：

> 在生命的所有领域中，生命对土地的控制力在边界地区变得更弱。迅速减少和早早灭绝，是生活在可居之地（oecumene）边界附近的植物、动物和民族的命运……法国人对加拿大和新斯科舍（Nova Scotia）的入侵，以及英国人对弗吉尼亚的入侵，就像一个对那个小民族（Völkchen）具毁灭性的、影响巨大的器官或病原携带者，使得北美印第安人从其分布区域的最东端撤退，缓慢地穿越整个大陆。野牛、麋鹿、加拿大驼鹿和其他动物的撤退也以类似的方式发生。（同上，页 17–18）

在拉采尔的文章中，灭绝的逻辑与根绝的逻辑之间有个有趣的

---

① F. Ratzel, "Lebensraum: A biogeographical study", *Journal of Historical Geography* 61 (2018) 16.

错位。他曾提到"岛上大型动物的死绝或根绝"(同上,页 14)。与 Aussterben [灭绝] 这个词不同,Vernichtung [根绝、歼灭或彻底毁灭] 非常重要地假定了外力的存在。灭绝有被动的意思,而根绝是个主动的过程。拉采尔将欧洲移民对南北美洲的殖民描述为"为根绝而斗争"(Vernichtungskampf)。他认为,失败者是那些"对土地的控制力很弱的"美洲原住民(同上,页 15)。在拉采尔的知识世界里,几乎没有留下同情那些被灭绝者的空间,因为随着一个物种或部落的消失,其土地——

> 立即被另一个[物种或部落]占据,仿佛另一个[物种或部落]已经在等待自身生存空间的扩张。(同上,页 16)

因此,他认为地质时间和历史时间的运行是个循环,而不是进步或衰退。

虽然拉采尔认同农业、林业和狩猎已造成某些动物物种和个别人类种族的灭绝,但他没有考虑人类的灭绝。毕竟,他在《生存空间》一文中认为,恐龙的生存空间收缩,仅仅是因为适应性更强的哺乳动物出现(同上,页 17)。对他来说,灭绝和根绝与其说是一个最终产物,不如说是一个新的开始:

> 不过,即便在冰河时代这个案例中,所有生命大范围地彻底根绝也不可能。就在几十年前,没有人怀疑火、水或冰曾间歇地在大范围内消灭所有的生命,随后新的生命形式在这片死地中崛起;但在今天,我们不认为真的会有这种灾难,哪怕在一些案例中类似的事情看似可能发生。(同上,页 4)

拉采尔于 1885 年出版了三卷本的《民族学》(*Völkerkunde*),该书于 1896 年被译成英文,标题为《人类史》(*History of Mankind*)。

正是在这部著作中，我们对时间有了清晰的认识，而时间是拉采尔的灭绝和根绝概念的基础。在书中他认为：

> 所有我们称为文明进步的东西，与其将之比作自由飞翔的鸟，不如比喻为奋发向上生长的草；我们注定永远与大地相连，枝只能在干上生长。"人性"可以把头颅高高地提升至纯粹的以太，但脚必须永远安放于地面，尘必归于尘。①

正是在这部作品中，死者占据中心舞台，因为拉采尔花费冗长的篇幅来描写他所谓"自然的"或"不文明的种族"中的葬仪。他痴迷于人祭、猎头、杀婴和食人等邪恶的主题，并像病理学家尸检一样，详尽地描述这些令人毛骨悚然的做法——其中许多做法的经验证据稀少。以下是拉采尔对斐济和新几内亚岛人死亡仪式的描述：

> 在斐济，棚屋内埋葬是一种习俗。在莫尔兹比港（Port Moresby）的莫图人（Motus）中间，唯一的哀悼标志是三天持续不断的鼓声。等这结束之后，就在房前挖坟，把尸体放在垫子中，并在坟上盖一间小棚屋。过一段时间，打开坟墓，取出尸体，将赤褐色的赭土涂抹于尸体的肘部和膝盖，死者的寡妇则用尸体的腐肉涂抹自己。然后再把死人放回原处，那间小墓室会逐渐风化，因而坟墓的痕迹难觅。（同上，页328）

拉采尔介绍过吉尔伯特群岛（Gilbert Islands）上的类似仪式，在那里，寡妇与丈夫的尸体睡在同一块垫子上面，"直到头从身体上掉下来"，然后洗干净头骨，寡妇随身携带，度过余生。几页之后，

---

① F. Ratzel, *The History of Mankind*, London, 1896（original 1885）, Volume 1, p. 3.

他又漫不经心地论及澳大利亚的杀婴方式，即"将一根棍子通过耳朵插入婴儿的头骨"（同上，页329、365）。

拉采尔对这些可怕场景的观察，以一种令人困惑的描述方式不断呈现，但他往往不会得出任何更广泛的结论。然而，书中对墓地、棺材、人头骨和木乃伊无尽的视觉描写，给了读者一个潜在的信息，即这些非西方民族的头上笼罩着死亡的阴影。在这一点上，拉采尔与他那个时代的其他达尔文主义思想家非常接近，他们也认为所谓的"原始民族"注定会自我灭绝。① 拉采尔暗示说，这些灭绝最终会为其他种族的扩张让路，其他种族当然主要指白种人。意味深长的是，他在第三卷即最后一卷的最后几页中讨论"欧洲人"时，却没有把焦点放在葬仪上。②

相反，他一再提到"原始种族"的收缩和倒退。他认为，食人和人祭在非西方社会中普遍存在，这实际上是衰落的征兆。他认为这些社会因经济基础狭窄、人口分布稀疏而脆弱不堪。对此他用"最后的塔斯马尼亚人"（the last Tasmanians）作为近期的灭绝案例。拉采尔此处的讨论很简短，但是，最后一个塔斯马尼亚男人兰尼（William Laney）和最后一个塔斯马尼亚女人特鲁加尼纳（Truganina）的凄凉画面就附在他的文本中。尽管拉采尔赞扬塔斯马尼亚人开朗、幽默的天性，但他也认为他们的文化和发展水平特别低下，这意味着他们的衰落不可避免。

拉采尔在《生存空间》一文中指出，"原始人"灭绝的原因尚无定论。③ 然而，在1891年的《人类地理学》（*Anthropogeographie*）

---

① P. Brantlinger, *Dark Vanishings: Discourse on the Extinction of Primitive Races*, 1800–1930, Ithaca, 2003.
② Ratzel, *The History of Mankind*, Volume 3, 前揭, 页731。
③ Ratzel, "Lebensraum", 前揭, p. 16。

中，他试图以一种更系统的方式来思考民族消亡和灭绝的问题。在这里，拉采尔提出"世界历史病理学"（pathology of world history）的观念。这位前药剂师认为，正如有必要思考种族的强弱，评估一个种族的"希波克拉底特征"（Hippocratic characteristics）也很重要。①尽管这本书一开始似乎以更加微妙和感性的方式来探讨人种灭绝的问题——他多次指出土著居民的灭绝令他难过，但他的首要目标仍然是科学地理解这些灭绝背后的根本原因。详细描述"优越的"白人移居者对土著居民的有害影响之后，拉采尔这次明确地指出，与这些白人移居者的接触仅仅加剧了白人到达之前就已经开始的[土著居民人口锐减的]过程。因此，拉采尔把这描绘成一种自我根绝，一种由外部入侵触发的"内部瓦解过程"。在这一过程中，毁灭和新生相伴，"但最初前者起主导作用，继而后者在布满废墟的土地上耕作"（同上，页227）。

拉采尔认为，这种自我根绝的过程源于无数相互关联的原因，包括不健康的生活方式、低级的性道德，以及之前提到的杀婴、人祭、猎头和食人，这一切都标志着这些社会的"原始"。拉采尔热衷于强调这些杀生方式之间的联系，例如，他认为在发现猎头和人祭的地方，也会发现食人。他表明，"不管是吞食仍在跳动的心脏，还是吮吸新鲜的人脑"，在猎取敌人的头皮与"吃掉头皮的主人的欲望"之间总是存在密切的关系（同上，页254）。即使食人行为在白人移居者带来"文明火炬"的地方表面上已从社会上消失，一旦没有殖民者的监督，仍可见当地人吮吸人的头骨。

---

① F. Ratzel, *Anthropogeographie Zweiter Teil: Die geographische Verbreitung des Menschen*, Stuttgart, 1912（original 1891）, 236.

死亡美学

拉采尔在他或许最著名的作品《政治地理学》(Politische Geographie, 1897年)中让死亡主题变得可操作。① 与国家和种族相比,他［在这本书中］更关注领土国家,他认为,"一个衰落国家的碎片会继续活着并形成各个新的国家"。因此,国家的死亡不应理解为"灭亡",而应是"重塑"。接下来他说道:

> 一个大国死亡,一系列小国就在其残躯上出现;认为一旦一个国家征服全球,各个国家的生长就会达到终点,这是错误的。(同上,页145)

拉采尔认为,在神圣罗马帝国遗留下来的垂死的马赛克上,自然地生长出了德意志。由此他再次显示出他对历史的循环式理解,在这种历史中,对空间的争夺只能产生不稳定的权力平衡和暂时的领土格局,这种格局随后会自行崩溃,让位于新的模式。虽然拉采尔强调他早先的结论,即衰落在国家发展的较低阶段开始得更快,但他也以奥匈帝国和其他一些欧洲国家为例,说明这些过程甚至可以在旧世界的强国发生。

1898年,拉采尔出版通俗科学著作《德意志:地方史地入门》(Deutschland: eine Einfführung in die Heimatkunde),再次提出衰落的问题。他在这本书中详细描绘了德意志的地貌,以及那里的动物、植物和人类生活。虽然他主要关注生命的空间动态及其与大地的关系,但他的叙述也带有非常病态的底色。拉采尔震撼

---

① F. Ratzel, *Politische Geographie*, München und Leipzig, 1923 (original 1897).

于德意志波罗的海沿岸的"远波美拉尼亚（Farther Pomerania）的黏土海岸"的海蚀，并生动地描述一块墓地被海水侵蚀，以致"棺材板和骨头"露出地面。① 这一观察或许不仅仅是拉采尔的随性而为，因为他认为埋葬死者是为了新的繁衍，是将国家与自己赖以生长的土地联系在一起。换句话说，对他来讲，大地不仅仅是作为有机体的国家将在其上萌芽的重要自然资源。相反，大地正是国家最终要回归而成的物质。换句话说，影响人类社会的暴力在本体意义上类似于甚至完全等同于撕裂大地表面的地质力量。

拉采尔还用更具地理诗意的笔触描述了深秋的黑色树叶，他注意到，尽管树叶已没有了前几周那美丽的棕黄之色，但它们的美丽在于它们构成了春天大地肥沃并更新的自然先决条件。② 在此意义上，拉采尔所谓的自然之力往往既是毁灭性的，也是创造性的。更重要的是，他认为这些能量以几乎同样的方式在人类中运作。19 世纪 70 年代在美国旅行时，拉采尔在乔治亚州杰瑟普（Jesup）的一家铁路餐室里看到一对年轻夫妇，他们刚刚坐下来吃早餐。拉采尔称这位母亲是"一个非常健康、看上去有进取心的女人"，但他注意到她的丈夫疾病缠身，"像死尸一样"。他以最漠然而不带感情的口气继续讲道：

> 后来，她把他们活泼可爱的孩子带进来。对她来说，孩子那充满欢乐的年轻生命似乎比丈夫那无可救药地日渐解体的生命更重要。大自然可宽恕的残忍似乎支配着他们

---

① F. Ratzel, *Deutschland: Eine Einführung in die Heimatkunde*, Berlin, 1911 (original 1898), 158.

② F. Ratzel, *Über Naturschilderung*, München und Berlin, 1923 (original 1904), 206.

的思想。①

同样的逻辑也可见于拉采尔的城市地理学。在同一次旅行中,他多次强调,波士顿和芝加哥等城市发生火灾后,城市结构恢复得多么快。他评论道,在新世界,死亡如此轻易地让位于生命(同上,页87)。甚至在写生物地理学的内容时,他也敦促读者要从有机生物中学习,它们"回归自身所诞生的尘土",不可避免地走向终结。②

这种对时间的循环理解在意识形态上将拉采尔与政治现实主义和国家社会主义——千年帝国而非永恒帝国的观念——联系在一起,它尤其在废墟的时空形象中凸显出来,而废墟在他对以前的高级文化的讨论和他的美国之行中都发挥着至关重要的作用。③ 在美国之行中,拉采尔沉迷于南北战争的废墟,还有美国边境沿线留下的那些荒废的定居点。正是在他对这些鬼城的讨论中,他开始思考"生命确实不如死亡强大"。④拉采尔沉浸在"废墟景观"(Ruinenlandschaften)之中——"一个完整的文化遭到毁灭,但没有任何新的生命从废墟中绽放"。他无法掩饰自己对更雄伟的文明衰落痕迹的钦佩,他认为,一个"让人类见证其存在"的民族乃是"继续活在自己的事功中"。他还补充道:"而其他所有民族都死了,即使我们还

---

① F. Ratzel, *Sketches of Urban and Cultural Life in North America*, New Brunswick and London, 1988 (original 1876), 182.

② Ratzel, *Die Erde in vierundzwanzig gemeinverständlichen Vorträgen über Allgemeine Erdkunde*, 前揭, p. 326。

③ Ratzel, *The History of Mankind*, Volume 3, 160; 亦见 F. Ratzel, "The territorial growth of states", in J. Agnew, D. Livingstone and A. Rogers (Eds.), *Human Geography: An Essential Anthology*, Oxford, 2005, 527, 初版于1896年。

④ Ratzel, *Sketches of Urban and Cultural Life in North America*, 前揭, p. 295。

能从古代铭文中知道这些民族的名字。"①

药剂师、战士和科学家

无论是拉采尔的灭绝概念,还是他对食人的关注,抑或他对遗迹的凝视,对一个19世纪晚期的人而言,都不算典型。他在德意志的天主教地区长大,却从小信奉路德教,还受到达尔文主义和德意志浪漫派的双重影响。然而,这些关注点的特殊结合指向一些或许更不寻常的东西。事实上,拉采尔死后出版的《青春记忆》(*Jugenderinnerungen*)揭示出,他可能在生命非常早的阶段就开始关注死亡。年轻的拉采尔不仅热衷于收集化石,还在他的私人物品中保存着一个老鼠的头骨,就在他母亲的一绺头发旁边。拉采尔小时候就已经养成一种信奉万物有灵的倾向。他相信,甚至世界上那些无机的、被认为已经死亡的部分,最终也是有生命的。②从他的回忆录中还可以看到,拉采尔经历的一系列创伤事件,可能对他有塑造性的影响,包括他对独眼女孩路易丝(Luise)的单相思(他描述过自己痴迷于她瞎掉的那只眼睛,它似乎"投射出阴影来遮蔽女孩周边的世界"),以及他在小时候被迫离开父母的家以成为一名药剂师。他还在自传中讲述过一段情节,尽管以小说的形式叙述,但还是带有一次自杀企图的所有特征。这个故事回忆了他在担任药剂师时试验各种药物的经历:

> 我为什么不试试那玩意,飞一飞?那桂樱树的汁液就在一个石罐里,其氢氰酸发出一种刺鼻但优雅的香味。我不害怕古

---

① Ratzel, *Anthropogeographie Zweiter Teil*, 前揭, pp. 332, 335。

② F. Ratzel, *Jugenderinnerungen*, Munich, 1966 (original 1905), 23 and 28.

色古香的花体字标签 Aqua Laurocerasi［桂樱水］上的骷髅。氰化氢含量并不是太高。也许其效果只会是麻醉、做梦和苏醒，但也许是死亡。有什么区别吗？这是一种古老的波希米亚水晶玻璃，其明澈我欣赏久矣。那蓝色的毒液闪烁着多么无辜的光芒。喝一大口，一秒钟，我已经能感觉到我的手在颤抖……

经过几天的沉睡，拉采尔终于醒了过来，他觉得四肢散了架，头部麻木。然而，恢复过来后，他意识到自己的生命对于至亲好友的价值，从而最终对整个事情感到非常惭愧。有趣的是，他不仅用恐怖和内疚的语言讲出这段经历，还用病态的浪漫主义进行包装。他指出，死亡是"可供思考的最美的事情"（同上，页 74）。拉采尔已战胜上述每一种创伤体验，或者说他带着情感上的某种超然倾向于这么相信，这种超然会在他以后与死者打交道时引导他。在普法战争中，拉采尔作为一名士兵曾数小时躺在泥泞的土地上，被迫再次面对死亡——后来他在自己的作品中痴迷于这一经历。

拉采尔以极大的热情加入这场战争，尽管不得不忍受恐惧，但他终其一生都极为肯定自己的军旅生涯。如他在随笔《对法战争影像》（*Images from the War with France*）中所述，在勃艮第的欧索讷（Auxonne）附近，他头部受重伤，不得不在一所军队医院熬过一大段战争时期。他开始描述他在那里的时光，讲他如何发着热醒来，又如何在一个可怕的场景中冻僵，那里让他想起的与其说是医院，不如说是屠宰场。① 事实上，拉采尔看到的第一件东西是一条锯下来放在桶里的人腿。但他并没有因恐惧而瘫倒，相反，他后来称自己羡慕那个失去这条腿的人，因为跟他自己的那张床相比，那个士

---

① F. Ratzel, *Glücksinseln und Träume*: *Gesammelte Aufsätze aus dem Grenzboten*, Leipzig, 1905, 192.

兵无疑会得到一张更暖和的床。

由于头部受伤，拉采尔被迫留在军队医院，在那里，作为一名训练有素的药剂师，他帮助护士和医生照顾一些严重受伤的病人。他特别详细地讲述自己为一名战友反复包扎的经历，这名士兵有一处贯穿面部的枪伤，"把他的两只眼睛和上鼻骨全都撕掉"。拉采尔把这次可怕的经历看作"练习观察"这类伤口的机会，这一技能促使他沉思"丑陋美学"（Ästhetik des Häßlichen，同上，页196、197）。甚至在那些即将死去的人当中，拉采尔也观察到一种永恒而无法熄灭的求生意志——这一主题始终萦绕在他未来几十年的学术写作中。

拉采尔对这段时间的回忆，从与法国平民的邂逅，到战友们的濒死经历，揭示出他常常是一名出奇冷静的观察者。他的传记作家布特曼（Gunther Buttmann）在拉采尔对这场战争的描述中看到"战场上的痛苦和死亡带来的震惊"。① 然而，死亡在拉采尔的描述中并不总是那么明确。在他生命的最后时刻，他偶尔会提到，军队中的经历使他更加充实，并表示他那些倒下的战友一直活在他心中。

拉采尔对死亡的关注——以及他显而易见的超然对待死亡的方式——贯穿他的整个生涯。例如，19世纪70年代他到美国旅行期间经常去教堂庭院和墓地，到他学术生涯结束时，他已经写了令人震惊的200篇讣告。② 事实上，拉采尔认为撰写讣告是如此重要，以至于在1894年，他发现自己不得不写一篇愤怒的文章来抱怨他的同代

---

① G. Buttmann, *Friedrich Ratzel: Leben und Werk eines deutschen Geographen*, Stuttgart, 1977, 35.

② 有趣的是，比起或许更常见但更委婉的Nachruf一词［讣告，英语中可直译作after-cry］，拉采尔更喜欢Nekrolog［死亡启事］这个说法。

人不再足够重视撰写死亡启事。①

在他的普法战争回忆录中,拉采尔描述过军医如何抛弃那些他们认为太难治疗的病人,即把"垂死"的牌子挂在这些士兵的脖子上。有趣的是,拉采尔描述过这样一个场景:一个士兵自己要求这样分类,并感谢医生这么做。拉采尔认为这个人"高兴地"委身于死亡,这时,他已经不知不觉地触及福柯生物政治学的核心动力:生命的养育和抛弃与国家对本国人口的肉体的医疗控制同时发生。②

正是在军队医院的那段时间,促使拉采尔去沉思死亡的本体论问题,即死亡的"容易",以及死如何难以与生截然分开。他写道,生与死之间"没有山脉或围墙"。其实,"通往那扇大黑门的路"真的"相当平坦"。晚年回归基督教信仰的拉采尔,把观看另一个人死去的经历描述为一次"成圣"(sanctification)历程(同上,页200、230)。跟福柯一样,拉采尔也哀叹死亡已成为一种禁忌。③ 他认为,人类如果想找到永恒,恰恰应该拥抱死亡。他总结道:

> 生命为死亡准备得越多,就变得越美。④

拉采尔没有通过科学的超然视角来观察幸存与灭绝,而是将死亡视作一个审美范畴,这与三十年后由国家社会主义引入并制度化的死亡崇拜有着清晰的共鸣。

---

① F. Ratzel, *Kleinere Schriften von Friedrich Ratzel, herausgegeben von Hans Helmolt*, Volume 2, Munich, 1906, XXIII;亦见 H. Wanklyn, *Friedrich Ratzel: A Biographical Memoir and Bibliography*, Cambridge, 1961, p. 55。
② Ratzel, *Glücksinseln und Träume*,前揭, p. 201。
③ Foucault, "*Society Must Be Defended*",前揭, p. 247。
④ Ratzel, *Glücksinseln und Träume*,前揭, p. 201。

结　语

　　拉采尔对民族和国家之消亡的病态关注，并没有随着他在1904年的去世而消失。契伦是一名狂热的拉采尔分子，在一战期间重拾死亡主题，把欧洲历史上的领土分割比作"处决"。在契伦的想象中，他的祖国瑞典就身处这片历史的坟墓。① 另一位追随者豪斯霍弗（Karl Haushofer）在20世纪30年代提出，他在写作中使用的许多地图其实就是某种x射线，它旨在辨别哪里有国家已经老态龙钟到骨骼已经透过皮肤在发光。②拉采尔论死亡和废墟的著作一定让豪斯霍弗印象深刻，因为他选择将这些章节收录在他1941年出版的拉采尔最著名的著作《大地的力量与民族的命运》（*Erdenmacht und Völkerschicksal*）中。③类似地，跟豪斯霍弗同时代的亨宁（Richard Henning）也在其1935年的《地缘政治学导论》（*Einführung in die Geopolitik*）中解释说，年轻的国家往往有强烈的冲动要在空间中发展，更成熟老成的国家则通常开始停滞不前或建立殖民地。他声称，"老国家的萎缩方式与老年人差不多"。亨宁还说，"非常老的国家"如果已经变得"不适合生存"，"有时就不得不丧失行动能力"。④

　　综上所述，我们有必要不仅探究拉采尔的《生存空间》一文所蕴含的地缘政治的（大地的）和生物政治的（活的）含义，还要探究驱动他写作的——并且让他的作品留存下来的——死亡主题。他认为国家是一个有机体，并主张政治地理学家也必须是病理学家，

---

① R. Kjellén, *Der Staat als Lebensform*, Leipzig, 1917, pp. 204, 215.
② K. Haushofer, *Weltpolitik von heute*, Berlin, 1934.
③ F. Ratzel, *Erdenmacht und Völkerschicksal*, herausgegeben und eingeleitet von Generalmajor a. D. Prof. Dr. Karl Haushofer, Stuttgart, 1941.
④ R. Henning, *Einführung in die Geopolitik*, Leipzig and Berlin, 1935, p. 90.

这些显然都源自他作为一名动物学家和药剂师的经历。此外，拉采尔的认知和主张也显出军队医院这个极富生物政治学色彩的空间，那所医院似乎对年轻的拉采尔有塑造性的影响。拉采尔用当时的科学语言来包装自己所探讨的生与死，从而不仅使灭绝自然化，还使根绝自然化。因此，他的政治地理学最终为20世纪的政治方法打下了知识和科学基础，这种方法将根绝视为确保民族生存的合法策略。同样不足为奇的是，拉采尔的毁灭美学与希特勒的［私人］建筑师施佩尔（Albert Speer）宣传的毁灭价值理论如出一辙。①

有鉴于此，有些评论家因为在拉采尔的作品中找到一个"生态注解"，便将他解释为"人类世"（Anthropocene）的一位早期思想家，这可能会让人混淆。②尽管拉采尔确实在《人类地理学》和其他地方沉思过大自然收回废弃的人类居住区的力量，但重要的是我们不要［因此而］受迷惑。③当拉采尔谈到人类对环境的影响，比如"森林的毁灭、沼泽的干涸、人工灌溉、致命动物的消失"时，他并不是作为一个与当代环保主义者同类的人，而是作为一个仅仅试图评估人类对环境的冲击是否比其他生物更大的人。④最终，大自然往往以其破坏力量和创造力量获胜。

---

① A. Speer, *Inside the Third Reich*, London, 1970, p. 97.

② S. Stehlin, "Introduction", in Ratzel, *Sketches of Urban and Cultural Life in North America*, 前揭, xxvi. ［译注］人类世，又称人新世，是指地球的最近代历史。人类世并没有准确的开始年份，可能是由18世纪末人类活动对气候及生态系统造成全球性影响开始。这个日子正与詹姆斯·瓦特（James Watt）于1784年发明蒸汽机吻合。一些学者例如威廉·拉迪曼则将人类世拉到更早的时期，例如人类开始务农的时期。人类世工作组则建议将1945年7月16日人类首次进行原子弹测试的时间定为人类世的开始。

③ Ratzel, *Anthropogeographie Zweiter Teil*, 前揭, p. 340。

④ Ratzel, *Die Erde in vierundzwanzig gemeinverständlichen Vorträgen über Allgemeine Erdkunde*, p. 429.

拉采尔政治地理学中的
帝国主义与民族国家

巴辛(Mark Bassin) 撰
梁西圣 译 张培均 校

> 我会吞并整个世界。如果我可以,我会……那些行星……是的,那些行星,如果我可以。我经常那么想。
>
> ——罗德斯(Cecil Rhodes),1900年①

> 一个民族不会世世代代一动不动地待在同一片土地上:它必须扩张,因为它在生长。
>
> ——拉采尔(Friedrich Ratzel)②

---

① S. G. Millin, *Rhodes*, second edition. London: Chatto and Windus, 1952: 366.
② F. Ratzel, "*Die Erde und das Leben.*" *Eine vergleichende Erdkunde*, 2 Volumes. Leipzig and Vienna: Bibliographisches Institut, 1901: 171 - 172.

一　引　言

从19世纪70年代中期开始,欧洲主要强国展开了有史以来最雄心勃勃的殖民占领计划。美国和日本最终也加入这一日趋白热化的竞争之中,随着1914年第一次世界大战爆发,竞争达到顶峰。这种"新帝国主义"最初激起极大的热情,且最终演变为狂热的信念——康拉德(Joseph Conrad)在《黑暗之心》(*Heart of Darkness*)一书中,借病态的库尔茨先生(Mr Kurtz)之口精彩地如此描述。但在欧洲政治生活的演化中,人们并不普遍认为这[新帝国主义的扩张]是一个自然的阶段。这不难理解,因为新的扩张主义路线实际上代表着西方彻底背离了19世纪一些更基本的政治传统。在其中最重要的一些传统中,民族国家的观念赫然在列。作为一种社会和政治组织的理想,民族国家概念实际上激发出法国大革命以来欧洲政治生活的整个光谱,甚至在19世纪70年代之后也没有停止。然而,这一理想从根本上受到新帝国主义的现实挑战:发达国家在全球范围内无限制的政治和领土扩张,将外国土地和民族并入各自宗主国的民族-帝国国家(national-imperial state)框架之中。不论从逻辑上还是实践上看,这从一开始就与民族国家所隐含的领土有限性和社会单元同质性不可调和。

这种 de facto [事实上的] 矛盾所引发的张力,在当时就几乎掩盖不住,而那些致力于推进新帝国主义事业的人,也至少从一开始就面对着极大障碍。意识形态上的障碍尤其突出,因为[新帝国主义事业的推手们]不得不从根本上修正近一个世纪的大众政治传统和理想。必须提出某种政治 Weltanschauung [世界观] 来取代神圣但已经被感觉到过时的民族国家理想,这种新的政治世界观可能更恰当、更"现代",也更适合当时欧洲帝国主义的现实和需要。我在这篇文章中①会论证，拉采尔政治地理学的本质应当放在19世纪晚期欧洲帝国主义的背景下来理解，更具体地说，它是对刚才描述的民族国家与帝国之间张力的一种特殊反应。自1945年以来，人们就不太情愿讨论拉采尔的政治地理学，毫无疑问，这与1918年以后政治地理学作为地缘政治学的可疑发展以及后者在纳粹国家中的"显学"地位有关，当然这种地位存在争议。

这种忽视令人遗憾，因为就后世影响而言，拉采尔最重要的贡献莫过于他的政治地理学。值得庆幸的是，[政治地理学]这个主题在最近的研究中越来越受关注。这仅有部分源于人们开始重拾对政治地理学和地缘政治学的兴趣，因为许多最好的著作都是由历史学家而非地理学家所撰。②就像当时的普遍做法一样，拉采尔将这些

---

① 本文扩展自1984年日内瓦第25届国际地理联盟（International Geographical Union）会议上提交的一篇论文，论文提交给一场地理学史的讨论会。

② 这种不情愿的症状表现为，迄今为止对拉采尔的地理学思想所作的最深入、最详细的研究是 J. Steinmetzler, 1956：*Die Anthropogeographie Friedrich Ratzels und ihre ideengeschichtlichen Wurzeln.* （*Bonner Geographische Abhandlungen* 19）. Bonn：Im Selbstverlag des geographischen Instituts，书中偶尔提及或几乎未注意他的政治地理学。布特曼（G. Buttmann, 1977：*Friedrich Ratzel. Leben und Werk eines deutschen Geographen* 1844 – 1904. Stuttgart：Wissenschaftliche Verlagsgesellschaft MBH）和万克林（H. anklyn, 1961：*Friedrich Ratzel. A biographical memoir and bibliography.* Cambridge：Cambridge University Press）的传记专著也是如此，但除此以外，这两本书还是大有裨益的。宣称要将拉采尔的整本《政治地理学》译成英语的计划（D. Rumley, et al.：The content of Ratzel's *Politische Geographie. Professional Geographer* 25, 1973：272）显然从未实现。（参 R. Kasperson and J. Minghi：*The Structure of Political Geography.* Chicago：Aldine, 1969, 第2章, 有个节译。由 P. Rusch 翻译的拉采尔作品的完整法文译本据称将会于1986年底在日内瓦出版。）

尤参 J. Klein, *Reflections on Geopolitics*：*from pangermanism to the Doctrines of Living Space and Moving Frontiers.* 1985；Parker, 1985：11 – 14；M. Korinman, "Friedrich Ratzel et la Politische Géographie." *Hérodote* 28. 1983：128 – 142；M.

取自自然科学的概念类比地应用于人类社会,由此建构起一个系统,该系统"科学地"解释并证明了国家不断进行政治扩张和物质扩张(physical expansion)的必要性。作为国家生命的"现代"帝国观的捍卫者,拉采尔大声疾呼,反对有些人意图将德意志限制在单一人

Korinman, Friedrich Ratzel, Karl Haushofer: 'Politische Ozeanographie'. *Hérodote* 32. 1984: 144 – 157; J. M. Hunter, *Perspectives on Ratzel's Political Geography.* Lanham and New York: University Press of America. 1983; K. – G. Faber, "Zur Vorgeschichte der Geopolitik. Staat, Nation, und Lebensraum im Denken deutscher Geographen vor 1914." In H. Dollinger et al., editors, *Weltpolitik, Europagedanke, Regionalismus. Festschrift für Heinz Gollwitzer zum 65. Geburtstag*, Münster: Aschendorff, 1982; W. D. Smith, "Friedrich Ratzel and the Origins of Lebensraum," *German Studies Review* 3, 1980: 51 – 68; H. – A. Jacobsen, editors: *Karl Haushofer. Leben und Werk*, 2 Volumes. Boppard – am – Rhein: Harald Boldt. 1979: I, 241 – 246ff; H. Gollwitzer, *Geschichte des weltpolitischen Denkens*, 2 Volumes. Göttingen: Vandenhoeck and Ruprecht. 1972 – 1982, II, 58 – 63。早期讨论见 F. – J. Schulte – Althoff, *Studien zur politischen Wissenschaftsgeschichte der deutschen Geographie im Zeitalter des Imperialismus.* 1971 (*Bonner Geographische Arbeiten* 9). Paderborn: Schönigh; Bakker, G. *Duitse Geopolitiek*, 1919 – 1945. *Een imperialistische Ideologie.* Assen: Van Gorcum and Comp. NV. 1967: 29 – 34; H. Overbeck, "Das politischgeographische Lehrgebäude von Friedrich Ratzel in der Sicht unserer Zeit." In *Kulturlandschaftsforschung und Landeskunde* (*Heidelberger Geographische Arbeiten* 14), Heidelberg: Im Selbstverlag des geographischen Instituts. 1965: 60 – 87; K. Lange, "Der Terminus Lebensraum in Hitler's *Mein Kampf*." *Vierteljahresheft für Zeitgeschichte* 13, 1965: 426 – 437; P. Schöller, "Wege und Irrwege der politischen Geographie und Geopolitik." *Erdkunde* 11, 1957: 1 – 20; D. Oncken, "Das Problem des 'Lebensraums' in der deutschen Politik vor 1914." Unpublished dissertation, Freiburg, 1948: 93 – 96ff; C. Troll, "Die geographische Wissenschaft in Deutschland in den Jahren 1933 bis 1945." *Erdkunde* I, 1947: 21 – 22。)本文未能穷尽全部二手资料,读者若希望更完整地回顾这一大堆差异明显的文献,可以参阅一些更专注于这项任务的作品,比如 J. M. Hunter, *Perspectives on Ratzel's political geography*,前揭。毋宁说我的目标是通过将相关的主要文本放到各自的历史背景中,来呈现一种对这一主题的解释性分析。

种单元和民族主权的更有限范围内，即这些人主张建立一个真正的德意志民族国家。这类思想的最终表达，以及拉采尔自身贡献的重要性，在1918年以后德意志扩张主义思想的发展中变得清晰起来，这一发展曾见证了德意志帝国主义的悲剧高潮。

二 19世纪的民族国家理想与帝国理想

在经典形式中，民族国家的概念与法国大革命的觉醒，与拿破仑占领失败之后在欧洲出现的自然权利、民族主权和民族主义等观念密切相关。民族国家的建立基于这样一种观念，即每个民族或国族都有权建立一个统一的主权国家，其物质基础是某块数世纪由该民族居住和使用，并被公认为该民族所有的领土。因此，在某种意义上，一个确然"民族的"人民群体，再加上一个相应的、确然"民族的"领土基础，两者共同形成的有形产物就是民族国家。① 重要的是，这种民族建国（national statehood）权利乃是普世权利，为每个民族体所平等地享有。这在国际关系中引起一种观点，构成民族国家观念本身的潜台词：由民族国家构成的兄弟般的共同体或兄弟关系这一愿景，其中每一个都在各自分离、有限的民族领土的边界内谋求自己独立的民族存在。② 然而，只有西欧的历史和人口情况才有可能使上述理想大体上

---

① H. Kohn, *The Idea of Nationalism. A study in its Origins and Background.* New York: Macmillan, 1956: 4ff; B. Shafer, *Nationalism: myth and reality.* New York: Harcourt, Brace and World, 1955: 104-111; F. Meinecke, *Weltbürgertum und Nationalstaat.* Munich: R. Oldenbourg, 1962: 12; G. Mosse, *The Culture of Western Europe*, second edition. Chicago: Rand McNally, 1974: 49-50.

② C. J. Hayes, *A Generation of Materialism 1871-1900.* New York: Harper and Row, 1963: 242; G. Mosse, *The Culture of Western Europe*, second edition. Chicago: Rand McNally, 1974: 52-53.

得到合理的满足和实现。在中欧和东欧，民族国家仍然是一个理想和愿景。就此而论，[民族国家]这一目标作为日益强烈的大众愿望，至少到1918年都还没有实现，且实际上无法实现。

[西欧以外无法建立民族国家] 这一点，对于我们考察拉采尔和德意志帝国主义至关重要。尤其在德国，民族国家理想的实现，①从一开始就不可能。导向如此结论的因素之一，是日耳曼人种的人口在空间上不集中，几个世纪以来，他们广泛而稀疏地分布于中欧和东欧。诚然，俾斯麦打造出一个统一的、"民族的"德意志国家，但他的"小德意志"（Kleindeutsch）方案是将毗邻的奥匈帝国和更远地区的1000多万德意志人排除在外，来建议一个民族国家。② 另一方面，出于相同的原因，也不存在一个界定明确并得到普遍承认的专属德意志的领土基础。这些考虑合在一起，必然使德意志在努力以民族国家模式巩固自身的过程中，被迫超越这一模式，并为了将

---

① 在本文对民族国家观念的简短评论中，没有提到欧洲不同地区在[民族国家这一观念的]理解上存在的某些重要差别。尤其要注意，在西欧，民族被视为一个公民（civic）机构，任何人都可以通过在国家政治结构中的成员身份（比如公民身份）而成为其中的成员。然而，在中欧和东欧，民族更多地被视为人种和语言亲近感的表现，成员身份更多地取决于出身和文化背景。此外，总体而言，东欧对各自的"民族"领土基础的界定远没有西欧那么明确。迈内克（Friedrich Meinecke）在国家民族（Staatsnation）与文化民族（Kulturnation）之间作出的著名对比阐明过这种区别（F. Meinecke, *Weltbürgertum und Nationalstaat*, 前揭, p. 10; 参见 H. Rothfels, *Grundsätzliches zum Problem der Nationalität*, 1959: 91 – 92 ff; K. - G. Faber, "Zur Vorgeschichte der Geopolitik. Staat, Nation, und Lebensraum im Denken deutscher Geographen vor 1914", 前揭, p. 394）。不过，就下面讨论的与帝国主义的对比而言，这里对民族国家概念的更宽泛的概括是有效的。

② G. Mosse, *The Culture of Western Europe*, pp. 64 – 65; H. Rothfels, "Bismarck und das 19. Jahrhundert. In his *Zeitgeschichtliche Betrachtungen*," Göttingen: Vandenhoeck and Ruprecht, 1959: 66 – 68.

各个德意志 irridenta［根据历史或居民的种族应属一国而被另一国统治的地区］聚合为一个基于民族的国家，而走上扩张主义道路。①然而，在这种意义上使用的"扩张主义的"一词必须有所限定，因为该词在某个重要方面受到限制：目标是限定的，即建立一个真正囊括一切［德意志民族］的国家。要把它与同时期德意志的殖民扩张运动截然分开，后者的起源和目的均相当不同。

与民族国家原则的情况一样，德意志19世纪晚期的帝国主义思想也与西欧的平行趋势有一些共同的基本要素。帝国主义在世界舞台上当然不是什么新鲜事，而且在现代欧洲历史的每一阶段都以某种形式具体地表现出来。尽管如此，在许多重要方面，19世纪最后25年仍标志着一个分水岭。首先，［欧洲人］仅在活动范围这一点上便远超过往：从1875年到1914年，每年约有62万平方公里的新领土被正式吞并为殖民地。这相当于此前75年的近3倍，以至到1914年，地球表面约85%的土地要么是殖民地（或前殖民地），要么是殖民列强。②其次，帝国试图攻略的地理目标也发生了根本性的转变。早期的扩张大多发生在欧洲人认为基本没有人烟的地区，比如北美、澳大利亚、

---

① H. C. Meyer, *Mitteleuropa in German Thought and Action*：1815 – 1945. The Hague：Martinus Nijhoff, 1955：22. 这一形势造成的各种悲剧性的张力——对现代德意志的路线乃至欧洲历史而言都是如此——早在1848年的法兰克福议会中就已经显而易见（R. Pascal, "The Frankfurt Parliament, 1848, and the *Drang nach Osten.*" *Journal of Modern History* 18. 1946：121；W. Theimer, *Geschichte der politischen Ideen*. Munich：Lehnen Verlag, 1955：365；D., Oncken, D., "Das Problem des 'Lebensraums' in der deutschen Politik vor 1914"，前揭，p. 7）。这些张力贯穿了20世纪初发生在德意志的整场中欧论战（H. C. Meyer, *Mitteleuropa in German thought and action*：1815 – 1945，前揭，p. 8），直到1945年随着德意志的战败和分裂才最终得到解决。

② C. E. Nowell, "*Colonialism. New Encyclopedia Britannica*," Volume 4, 1979：894.

新西兰以及南非的大部。在上述这些区域，被吞并领土的一个重要功能是成为定居殖民地，吸纳从母国溢出的人口。但是，在本文考察的这一时期，[帝国主义扩张的] 焦点转移到非洲、亚洲和南太平洋，① 殖民运动也更专注于吸收那些多少还完整的社会。最后，殖民竞争者的数量急剧增加，19 世纪八九十年代，德意志、意大利、比利时、合众国和日本也加入英、法、俄等"传统"殖民列强的行列。

到 19 世纪末，帝国主义扩张的动力已变成疯狂追求吞并新的领土。在这种追求中，对殖民地领土进行合理的经济开发或政治整合的考虑，常常让位于对不计代价持续增长的过分渴望。进而言之，这是一个除了进一步扩张之外没有任何逻辑目的或目标的过程。② 现代世界中一个先进国家健康发展的根本在于攫取殖民地，这一无处不在的信念对 19 世纪晚期的帝国主义来说无疑是火上浇油。早在 1870 年，迪尔克（Charles Dilke）就表达过对帝国的新迷恋，称印度对不列颠之所以重要，根本上在于印度能保证"广阔的统治，在这个时代，需此来确保思想的宽广和目的的高贵"。③这样一来，扩张 per se [本身] 便被提升为繁荣乃至继续生存的 conditio sine qua non [必要条件]。这一观点几乎让整个时代痴迷，我们可以从简单的德意志公式"世界强国抑或衰落"（Weltmacht oder Niedergang）中，或者从

---

① D. K. Fieldhouse, *Economics and Empire*. Ithica: Cornell University Press, 1973: 2 – 5.

② H. Lüthy, "Colonization and the making of mankind." *Journal of Economic History* 21, 1961: 488; W. D. Smith, *The German Colonial Empire*. Chapel Hill: University of North Carolina Press, 1978: 122 – 123, 146; H. Arendt, *The origins of totalitarianism*, third edition, London: Allen and Unwin, 1966: 125.

③ C. W. Dilke, *Greater Britain. A record of travel in the English – speaking countries during* 1866 – 1867, fifth edition, London: Macmillan, 1870: 573; W. L. Langer, *The Diplomacy of Imperialism* 1890 – 1902, second edition. New York: Alfred A. Knopf, 1951: 71.

典型的帝国主义者罗德斯对［建立］一个"从开普敦（Cape）到开罗"的大英帝国的由衷渴望中，感受到这一观点真正奇妙的维度。①

民众对扩张的新热情与上文概述的民族国家原则并不相符，且实际上在许多方面与之对立。正式的殖民地吞并、吸收完全异质的土地和人民，［这一行为本身］已构成对政治体（body politic）这一概念的侵犯；这一概念指作为主权者的人民占有自己的"民族的"领土。同样，这一行为也明显背离了由各个享有平等权利和资格的民族构成的兄弟般的共同体等更古老的观念。菲尔德豪斯（Fieldhouse）评论说，新的"好战性"（bellicosity）是19世纪最后几十年帝国主义列强间关系的典型特征，②事实上，这种好战性似乎是殖民地竞争本身的自然伴随物。纵观整个欧洲，越来越多的人把国际舞台看作一场持续斗争的场所：在这场斗争中，民族利益必然发生冲突，一个民族的收获只能意味着另一个民族的损失和可能的衰落。③

---

① W. L. Langer, *The Diplomacy of Imperialism* 1890 – 1902, p. 67, 70 – 75; H. Arendt, *The Origins of Totalitarianism*, third edition, London: Allen and Unwin, 1966: 125; D. Oncken, "Das Problem des 'Lebensraums' in der deutschen Politik vor 1914," p. 12。

② D. K. Fieldhouse, *Economics and empire*, pp. 5 – 6; H. W. Koch, "Die Rolle des Sozialdarwinismus als Faktor im Zeitalter des neuen Imperialismus um die Jahrhundertwende." *Zeitschrift für Politik* 17, 1970: 57 – 59.

③ 19世纪的帝国主义与民族国家之间本质上不相容，我在这方面的分析尤其得益于阿伦特（Hannah Arendt）和阿隆（R. Aron）极富洞察力的理解（H. Arendt, *The Origins of Totalitarianism*, third edition, London: Allen and Unwin. 1966: 223 – 232; R. Aron, *Nations et empires. In Dimensions de la conscience historique*, second edition, Paris: 1964: 153 – 157ff.）。就这个问题，参见：F. Neumann, *Behemoth. The Structure and Practice of National Socialism*, second edition. Toronto and New York: Oxford University Press. 1944: 102 – 103; K. D. Bracker, *Deutschland zwischen Demokratie und Diktatur.* Bern: Scherz, 1964: 376; H. – C. Schröder, *Sozialismus und Imperialismus*, second edition. Bonn and Bad

恰好在这段时期迎来大繁荣的社会达尔文主义哲学,为这些相互关联的新观念提供了一种知识上的框架和辩护。

凭借某种激进唯物主义和整体主义的世界观,社会达尔文主义者认为,支配自然有机领域的法则同样有效地适用于人类社会。如他们的导师所教,这些法则是一切有机体进化和不断成长的法则,也是为了活下来而进行无所不包、永无休止的生存斗争的原则。出于国际政治的目的,社会达尔文主义者将政治国家界定为与自然有机体相对应的人类学单位,由此,他们便能直接推出生长——即上述物质扩张——的必要性。与此同时,国际舞台也由此变成一个网状系统,或者按照流行的比喻来描述,变成了国家有机体相互竞争的丛林,各国只是为了自己的生存而在其间相互争斗。取得争斗的胜利是各国最迫切关注的焦点,并成为一国判断自身国际行为的道德和效力的唯一标准。①

Godesberg: Neue Gesellschaft. 1974: 8–9; L. Dehio, "Gedanken über die deutsche Sendung 1900–1918." In H. -U. Wehler editor, *Imperialismus*. Cologne and Berlin: Kiepenheuer and Witsch, 1970: 309; H. -U. Wehler, editor. *Imperialismus*. Cologne and Berlin: Kiepenheuer and Witsch, 1970: 13–14; E. M. Winslow, *The Pattern of Imperialism. A study in the theories of power.* New York: Columbia University Press. 1948: 5–7。必须记住,这种矛盾涉及领土民族国家,而非民族主义 per se [本身],后者是一种非常不同的现象。民族主义本质上是一种政治、社会和文化意识的状态,表达方式多种多样。例如,在所谓"社会帝国主义"的红头标题下,历史已证明民族主义完全服从于"侵略性的扩张主义"。(关于"民族主义的"帝国主义,见: C. J. Hayes, *A Generation of Materialism* 1871–1900, 前揭, p. 220; B. Shafer, *Nationalism: myth and reality*, 前揭, pp. 149–150; D. Oncken, "Das Problem des 'Lebensraums' in der deutschen Politik vor 1914", 前揭, p. 31, 63–65。)

① C. J. Hayes, *A Generation of Materialism* 1871–1900, pp. 4–6, 114–116; D. Gasman, *The Scientific Origins of National Socialism*. London: Macdonald, 1971: xxii, 33–36; H. W. Koch, "Die Rolle des Sozialdarwinismus als Faktor im

三 拉采尔的政治地理学体系

我们正是要在上述帝国主义狂热这一背景中理解拉采尔政治地理学。他的政治地理学代表着发展一种扩张主义理论的尝试，在这一理论中，拉采尔以当时流行的"科学的"方式直接［将国际社会］类比于植物和动物世界，来解释国家为何或多或少都需要不断地长身体。尽管拉采尔对达尔文理论的某些方面持有越来越大的保留态度，①并在他成熟的作品中流露出对那些更残酷的当代社会达尔文主义倾向的反对，但他的逻辑和论证从［达尔文的］这些教义中获得过大量灵感。拉采尔还对德意志最重要的达尔文诠释者之一海克尔（Ernst Haeckel）提出过批评。拉采尔的保留态度值得注意，因为海克尔对他的学生时代曾经有非常重要的影响，他曾在1869年特地去耶拿听海克尔的讲座。此外，拉采尔最早的一本专著也在同年出版，暴露出他深受海克尔的《一般形态学》（Generelle Morphologie）的影响。在这部作品中，海克尔将达尔文主义的原理应用于人类社会。这一点在拉采尔对"低等"和"高等"种族的假设中显而易见，还表现为他赞同把土著民族在与欧洲征服者接触时的消亡比作"雪在太阳面前的融化"——毕竟，这只不过是自然选择起作用的过程。②

Zeitalter des neuen Imperialismus um die Jahrhundertwende." *Zeitschrift für Politik* 17, 1970; H. G. Zmarzlik, "Der Sozialdarwinismus in Deutschland als geschichtliches Problem." *Vierteljahreshefte für Zeitgeschichte* 11, 1963.

① F. Ratzel, "Briefe eines Zurückgekehrten." In *Glückinseln und Träume*, Leipzig: F. W. Grunow, 1905: 399.

② F. Ratzel, *Sein und Werden der organischen Welt*. Leipzig: Gebhardt and Reisland. 1869: 496, 476–477; F. Ratzel, Ernst Häckel. *Meyers Deutsches*

在其整个学术生涯中，拉采尔都极力鼓吹地球上一切有机生命的本质统一性，并据此认为，人类社会可以完全按照支配自然世界的相同法则来理解。① 本着这种精神，他的目标是在政治地理学中创建一门与自然地理学平行的"科学",②他的扩张主义理论以"生存空间"这一核心概念为基础，最初便源于对非人类的有机世界的生物地理学思考。

拉采尔认为，每一个活的有机体都需要一块特定大小的领地来获取生存所需的食物，他将这一领地标记为具体有机体各自的生存空间。他不断强调"生存空间"这一概念的根本意义。的确，对拉采尔来说，生命本身的观念离不开与之相伴随的空间需求：

Jahrbuch I. 1872: 555–558. 拉采尔在后期作品中放弃了年轻时的种族主义热情，并明确地与海克尔这类沙文主义者保持距离，见 F. Ratzel, "Weltentwicklung und Weltschöpfung." *Die Grenzboten* 61 (24). 1902: 570, 578; J. Steinmetzler, *Die Anthropogeographie Friedrich Ratzels und ihre ideengeschichtlichen Wurzeln*. pp. 86–91; K. -G. Faber, "Zur Vorgeschichte der Geopolitik. Staat, Nation, und Lebensraum im Denken deutscher Geographen vor 1914," p. 391。因此，皮特（R. Peet, "The Social Origins of Environmental Determinism," *Annals of the Association of American Geographers* 75. 1985: 329）不加任何限定地称拉采尔是"由海克尔领导的一群科学家"中的一员，致力于推广达尔文［主义理论］，并非完全准确。不过，拉采尔始终没有放弃他从海克尔那里学来的所有地球生命是个整体的观点，也没有放弃人类社会是个有机体的观点。

① e. g. F. Ratzel, *Sein und Werden der organischen Welt*, pp. 478–479, 482; F. Ratzel, *Die Erde und das Leben. Eine vergleichende Erdkunde*, II, p. 554.

② F. Ratzel, "Entwurf einer neuen politischen Karte von Afrika." *Petermanns Mitteilungen* 31, 1885: 248–249; H. Overbeck, "Das politischgeographische Lehrgebäude von Friedrich Ratzel in der Sicht unserer Zeit." In *Kulturlandschaftsforschung und Landeskunde*, (*Heidelberger Geographische Arbeiten* 14), Heidelberg: Im Selbstverlag des geographischen Instituts, 1965: 63–64.

[每一个] 新的生命形式都需要空间来生存，并且还需要更多空间来确立并传承自己的特性。①

重要的是，拉采尔的有机体概念不仅包括个体的生命单位，如单个的树或大象，同时也适用于由这些个体组成的整个同质的、空间上相伴而生的种群，比如森林或畜群。拉采尔称之为聚集有机体（aggregate-organisms），认为它们本身就有各自独立的生存空间需求。然而，基于自然法则，这些同质的种群终会通过繁殖增大其绝对规模，因此其空间需求也会增大，从而导致 [这些有机体种群面对] "要么扩张，要么衰亡" 这一不可避免的选择。②

---

① F. Ratzel, *Anthropogeographie*, second edition, 2 Volumes. Stuttgart：J. Engelhorn, 1899-1912：I, 231；F. Ratzel, "'Der Lebensraum.' Eine biogeographische Studie." In Bücher, K. et al. Editors, *Festgaben für Albert Schäffle zur siebenzigsten Wiederkehr seines Geburtstags am 24 Februar 1901*, Tübingen：Verlag der Laupp'schen Buchhandlung, 1901：146.

② 拉采尔的生存空间概念并非完全原创。相反，他是在他的朋友兼导师瓦格纳（Moritz Wagner）的学说的基础上发展出这个概念的。在19世纪五六十年代，瓦格纳试图通过假设演化过程中必要的空间成分来"完成"达尔文的理论（M. Wagner, *Die Darwin'sche Theorie und das Migrationgesetz der Organismen.* Leipzig：Duncker and Humblot. 1868：17-19ff；F. Ratzel, "Moritz Wagner." *Allgemeine Deutsche Biographie* 40. 1896：468-469）。最值得注意瓦格纳的科学理论与他本人对德意志殖民运动的参与之间的关系（W. D. Smith, "Friedrich Ratzel and the origins of Lebensraum," *German Studies Review* 3, 1980），特别是考虑到他与年轻的拉采尔之间那种紧密的联系时。总之，生存空间这一观念的思想史（至少可以追溯到19世纪早期）可能是一个极有前途的研究方向。自本文撰写以来，史密斯（W. D. Smith）对德意志帝国主义意识形态作了非常细致的研究，并恰好对生存空间概念的历史这个问题给予了极大的关注（*The Ideological Origins of Nazi Imperialism.* New York：Oxford University Press. 1986）。

要把这一生物地理学的方法应用于人类社会,拉采尔只需将有空间需求的有机体套用到这个社会中。在此,拉采尔沿用社会达尔文主义者如赫特维希(Oskar Hertwig)、① 舍夫勒(Albert Schäffle)② 和冯克里肯(Albert von Krieken)③ 已经提出的一些概念,把政治国家定义为相应的有机体,或者更准确地说,聚集有机体。④拉采尔认为,国家由同质的人类个体聚集而成,不仅在形态学上与森林或动

---

① O. Hertwig, *Die Lehre von Organismus und ihre Beziehung zur Sozialwissenschaft*. Jena: G. Fischer, 1899.

② A. Schäffle, *Bau und Leben des sozialen Körpers*, 4 Volumes. Tübingen: H. Laupp, 1875 – 1878.

③ A. von Krieken, *Über die sogennante organische Staatstheorie*. Leipzig: Duncker und Humblot. 1873. 拉采尔在《政治地理学》一开篇就承认自己受到这些思想家的启发。他自己的明确目标是通过添加土地(Boden)或领土这一"地理"因素来拓宽当代有机体理论的范畴,因为他觉得这个因素普遍受到忽视或低估。他的这一努力并非无人赏识,事实表明,他对生存空间这一观点最全面的陈述(可能受邀)出现在舍夫勒的《纪念文集》(*Festschrift*)之中(F. Ratzel, "'Der Lebensraum.' Eine biogeographische Studie", 前揭, pp. 101 – 189)。更明显的是,格拉茨的(Graz – based)政治学家贡普洛维奇(Ludwig Gumplowicz)对他的政治地理学大加赞扬,而贡普洛维奇是国际事务中的社会达尔文主义观点的主要提出者(L. Gumplowicz, *Geschichte der Staatstheorien*. Innsbruck: Verlag der Wagner'schen Universitäts – Buchhandlung. 1905: 520 – 537)。事实上,在拉采尔的同时代人中,似乎是舍夫勒、贡普洛维奇以及瑞典人契伦(Rudolph Kjellén)等政治学家——而非地理学家——最初重新提起并发展了他的观念。直到1918年以后,他的政治地理学才引起地理学界的普遍关注(参Oberhummer 的"后记",见 F. Ratzel, *Politische Geographie, oder die Geographie der Staaten, des Verkehrs, und des Krieges*, third edition. Munich and Berlin: Oldenbourg, 1923: 597, 612 – 614)。当然,那时拉采尔早已去世,而他的观念已经由契伦以及其他人重新阐述并推广开来。

④ F. Ratzel, Der Staat und sein Boden. *Abhandlungen der philologisch – historischen Classe der königlich sächsischen Gesellschaft der Wissenschaft* 17, No. 4, 1897: 8.

物群落相似，而且按照同样的发展规律运行。①国家有机体建立在一定范围的领土即生存空间之上，能从中汲取一定水平的养分。基于这一水平，一个属人社会得以巩固和发展。然而，随着人口的增长以及随之而来的不断增加的养分需求，或者说对更大生存空间的需求，这种相对稳定的关系注定被打破。②这种情况的常见结果便是过剩的人口从一国正式的政治边界"溢出"，③在19世纪70年代讨论中国移民时，拉采尔把这个过程比作发酵的蜂蜜"从瓶口溢出"。④在最理想的情况下，国家会主动进行物质扩张以满足这一需求，获取额外的生存空间，并巩固新扩大的国家领土。然而，国家若无力尝试获得新的土地，或者尝试失败——简言之，如果不扩张——便必然耗尽自己的养分基础，并趋于衰落。⑤

---

① F. Ratzel, Der Staat und sein Boden, p. 11; F. Ratzel, *Anthropogeographie*, I, p. 2.

② F. Ratzel, "Die Gesetze des räumlichen Wachstums der Staaten," *Petermanns Mitteilungen* 42, 1896: 98; F. Ratzel, *Politische Geographie, oder die Geographie der Staaten, des Verkehrs, und des Krieges*, p. 90.

③ F. Ratzel, *Anthropogeographie*, I, p. 121; F. Ratzel, *Politische Geographie, oder die Geographie der Staaten, des Verkehrs, und des Krieges*, p. 70, 90.

④ F. Ratzel, Die chinesische Auswanderung. Breslau: F. U. Kern, 1876: 254.

⑤ F. Ratzel, *Anthropogeographie*, I, p. 72. 拉采尔在讨论国家-有机体概念时，经常表现出一定的模糊性，这也是他许多作品的特点。在他的著作中可以找到大意如此的表述：国家有机体不同于自然界中的其他有机体，区别在于前者是"不完美的"，或者说是一种"精神和道德的"（geistiger und sittlicher）或"复杂的"（zusammengesetzter）有机体，其生命来自某一特定的政治观念，他将这一观念称为国家有机体的 Seele ［灵魂］（F. Ratzel, *Politische Geographie, oder die Geographie der Staaten, des Verkehrs, und des Krieges*, pp. 6-7; F. Ratzel, Der Staat und sein Boden, p. 10）。后来一些学者迫切想把拉采尔与同时代的社会达尔文主义倾向尽可能地分离开来，于是就引用这些说法来证明他不赞同国家是一个生物实体的观点。然而，即便在社会达尔文主义的文献本身中，将国家

在拉采尔的论文中，不难发现马尔萨斯主义的启发（malthusian inspiration）及其独特的人口过剩概念。然而，拉采尔和他同时代的人却得出了与马尔萨斯截然相反的结论。马尔萨斯认为一个国家的人口增长不应超出该国的供养能力，① 但在社会达尔文主义者的准则中，人口的有力增长是民族健康和活力的一个最重要的指针。②拉采尔完全认可这一准则。在他看来，真正的问题不在于扩张之迫切，因为扩张本身是完全正常的、积极的。相反，他认为问题的最终症结在于各国都同等迫切地想要扩张，而地球表面却是有限的，可供各国攫取的领土也是有限的。③此外，随着各国在历史中不断长大，

有机体比作自然界的其他有机体时作一些限定的做法也并不少见，而且他们还常常和拉采尔使用同样的术语（F. W. Coker, "Organismic theories of the state. Nineteenth-century interpretations of the state as organism or as person." *Studies in History, Economics, and Public Law*, 38, No. 2. New York: Longmans, Green and Co, 1910: 41-42, 70-71）。拉采尔总是用生物学术语来处理政治状态，包括他反复将政治状态与生物现象（如细胞模式、珊瑚礁、岩层或蜂巢）作形态学比较（F. Ratzel, *Politische Geographie, oder die Geographie der Staaten, des Verkehrs, und des Krieges*, pp. 1-2, 85, 384-385），这就让上述学者的分离企图站不住脚。不管他作出过什么更细微的区分，国家在本质上对他来说完全是个生物有机体这一点都毋庸置疑，事实上也只有在这个基础上，他才能证明他的政治地理学的整体概念是合理的（参见 O. Köhler, "Raum und Geschichte." *Saeculum* 14, 1963: 393-394; G. Buttmann, *Friedrich Ratzel. Leben und Werk eines deutschen Geographen* 1844-1904, pp. 89-90）。

① T. R Malthus, *First Essays on Population*. London: Macmillan, 1966: 7-14ff; R. M. Young, "Malthus and the evolutionists: the common context of biological and social theory." *Past and Present* 43, 1969: 111-112; H. W. Koch, *Der Sozialdarwinismus. Seine Genese und sein Einfluss auf das imperialistische Denken*. Munich: G. J. Beck, 1973: 26-27.

② D. Gasman, *The Scientific Origins of National Socialism*, pp. 98-100.

③ F. Ratzel, *Die Erde und das Leben. Eine vergleichende Erdkunde*, II, p. 590.

这种可获得的领土也变得越来越有限,于是,各国被迫为了攫取更多的领土,越来越直接、越来越具有侵略性地相互竞争。这种情况的最终表现形式便是当代的帝国主义竞争,在拉采尔看来,抢占海外殖民地是到 19 世纪末已人口过剩、本土生存空间狭隘的欧洲各国进一步扩张领土的唯一手段。①

他认为,欧洲大陆本身实际上已被 [各国] 占据,因此无法再在这里获得新的定居点;② 当然,希特勒可不认同该观点,我们将在下面讨论。③这并不是说拉采尔没有考虑中欧概念,他确实考虑过,尤其在 1900 年之后,他强烈主张以中欧制衡不列颠和俄罗斯的 imperial colossi [帝国巨人] 这一观念。不过,他对中欧的愿景停留在关税同盟这种相对适度的水平:地理上相邻的国家围绕一个共同的保护主义经济计划组成自由联盟。他认为,这不会是解决人口过剩的办法,且毫无疑问德意志可以在自身疆界内重新安置过多的人口。这与德意志主宰中欧和东欧的准帝国主义计划形成鲜明对比,

---

① F. Ratzel, "Politisch-geographische Rückblicke." *Geographische Zeitschrift* 4, 1898, 143 – 144; F. Ratzel, *Anthropogeographie*, II, p. 191; F. Ratzel, *Politische Geographie, oder die Geographie der Staaten, des Verkehrs, und des Krieges*, pp. 106 – 107, 257, 308.

② F. Ratzel, *Politische Geographie, oder die Geographie der Staaten, des Verkehrs, und des Krieges*, p. 270; F. Ratzel, "Flottenfrage und Weltlage." In *Kleine Schriften* II, Munich and Berlin: Oldenbourg, 1906: 376.

③ F. Ratzel, "Der mitteleuropäische Wirtschaftsverein." *Die Grenzboten* 63 (1), 1904: 253 – 259; F. Ratzel, "Briefe eines Zurückgekehrten," p. 472, 477; F. Ratzel, "Flottenfrage und Weltlage," p. 376; F. Ratzel, *Politische Geographie, oder die Geographie der Staaten, des Verkehrs, und des Krieges*, p. 258. 1914 年以前地理学家在"中欧"观念的发展中起到的作用,参阅迈耶 (Meyer) 的综合论述。不过,他并不强调拉采尔的作用 (H. C. Meyer, "Mitteleuropa in German political geography." *Annals of the Association of American Geographers* 36, 1946; H. C. Meyer, *Mitteleuropa in German thought and action*: 1815 – 1945, p. 110)。

这些计划在纳粹统治下得以制定,并在1939年之后付诸实施。在这些计划中,[德意志]人口的重新安置才成为核心要义。

四 大空间、人民以及现代空间斗争

对于国家之间的关系,拉采尔秉承社会达尔文主义的观点,以至于认为国际关系就是一场生存斗争(Kampf ums Dasein)。他根据自己的理论把它修正为一场空间斗争(Kampf um Raum),① 并将其定义为一种生物地理学原则:

> 在永不停息的生命运动与亘古不变的地球空间(Raum)之间有个矛盾。空间斗争便诞生于这一矛盾之中。[开始的时候,]生命能够快速地[扩散并]占据地球表面的土地(Boden),但一旦达到地表的极限,便开始回流,由此开始,生命与生命便为了空间而在整个地球上展开无休止的斗争。"生存斗争"这一表达经常遭到误用,而遭到误解的次数就更多了,但它其实首先指的是空间斗争。因为空间是生命的首要条件,其他一切条件都得据此衡量,比如最重要的养分。②

将上述原则应用于当时的欧洲社会,拉采尔便认为他的祖国想要生存就必须在欧洲以外攫取土地;他用一种与他那个帝国主义时代的时代精神(Zeitgeist)一致的激情坚守着这一信念。他认为,这些新领土不必局限于适合欧洲农民耕作的土地,其实是指出,最能

---

① J. Steinmetzler. *Die Anthropogeographie Friedrich Ratzels und ihre ideengeschichtlichen Wurzeln*, p. 42.

② F. Ratzel, "Der Lebensraum," p. 153, 165–168.

满足这一目的的土地已经是有主之地。① 相反，他主张，一切可获得的土地，哪怕无法居住且在可预见的将来无法利用的沙漠地带，都至少有一种潜在的政治价值。拉采尔虽将当时占领殖民地的进程嘲讽为"大规模土地投机"（Grossgrundspekulation），但也对这一进程深以为然。②如他在《政治地理学》（*Political Geography*）的开篇所言：

> 认识到国家奋斗的更长远目标，并［因此］为不断生长的民族（Volk）确保未来所必需的土地，这种政策乃是一种更加真确的实际政治（Realpolitik）；而那些徒有其名的实际政治，不过仅仅为了满足当前的需要而实现一些触手可及的目标。③

对拉采尔来说，一国的文化发展与自身的空间生长密不可分。因此，领土范围有限的国家，比如非洲的部落集团，便总是与较低的发展水平联系在一起。拉采尔称这种情形为"小空间"（Kleinraum）。④ 无论在哪里，先进文明的特征就是积极拓展国家的领土基础。在思考当下和未来时，拉采尔一再宣称，欧洲各国的领土基础

---

① F. Ratzel, *Wider der Reichsnörgler. Ein Wort zur Kolonialfrage aus Wählerkreisen*. Munich: Oldenbourg, 1884: 10; F. Ratzel, *Anthropogeographie*, I, p. 192.

② F. Ratzel, *Politische Geographie, oder die Geographie der Staaten, des Verkehrs, und des Krieges*, p. 32, 74; F. Ratzel, "Der Staat und sein Boden," p. 80; F. - J. Schulte - Althoff, *Studien zur politischen Wissenschaftsgeschichte der deutschen Geographie im Zeitalter des Imperialismus*, p. 143.

③ F. Ratzel, *Politische Geographie, oder die Geographie der Staaten, des Verkehrs, und des Krieges*, p. 8, 108.

④ F. Ratzel, *Anthropogeographie*, I, pp. 236 - 238, 241; F. Ratzel, *Politische Geographie, oder die Geographie der Staaten, des Verkehrs, und des Krieges*, pp. 152 - 153.

已经变得过于狭窄，今后必须让位于"大空间"（Grossraum）这一现代原则。至于"大"（gross）这一标示究竟指什么，拉采尔始终含糊其辞，但从他的用法判断，这意味着一国在各物质维度上要比欧洲大陆上正常的或者说实际上可能的更大。"大空间"这个词并不是拉采尔的发明，大概 30 年前的德意志政治经济学文献中就已用过，①但在拉采尔的理论体系中，"大空间"获得了新的意义。他的"大空间"模型来自欧洲以外的世界，既包括最引人注目的合众国迅速而活力四射的殖民开拓这一典型范例，也包括澳大利亚、俄罗斯和中国。②他坚持认为，这些国家是未来潮流的典范模式：基于整块大陆或至少次大陆的、政治上统一的国家。③

---

① K. T. Von Inama‑Sternegg, *Die Tendenz der Grossstaatenbildung in der Gegenwart*. Innsbruck: Verlag der Wagner'schen Universitäts‑Buchhandlung, 1869: 9ff; K.‑G. Faber, "Zur Vorgeschichte der Geopolitik. Staat, Nation, und Lebensraum im Denken deutscher Geographen vor 1914," p. 392.

② F. Ratzel, "Briefe eines Zurückgekehrten." pp. 391–477; F. Ratzel, *Politische Geographie, oder die Geographie der Staaten, des Verkehrs, und des Krieges*, p. 270. 19 世纪 70 年代初，拉采尔作为《科隆报》（*Kölnische Zeitung*）的记者在美国旅行近两年（G. Buttmann, *Friedrich Ratzel. Leben und Werk eines deutschen Geographen* 1844–1904, pp. 43–50）。这次旅行发生在他智识发展的极早期，其间他在美国形成的印象和观念，对他后期的工作至关重要，而且不只对于大空间这一具体概念，对于他的整个人类地理学［理论］系统都是如此（M. Bassin, "Friedrich Ratzel's travels in the United States: a study in the genesis of his anthropogeography." *History of Geography Newsletter* 4, 1984: 16–18）。在美国方面，特纳（Frederick Jackson Turner）等人受到拉采尔观点的启发，认识到空间在美利坚民族发展中的重要性（F. J. Turner, "The west as a field for historical study." *Annual Report of the American Historical Association for the Year* 1896 I, 1897: 283–284; W. Coleman, "Science and symbol in the Turner frontier hypothesis." *American Historical Review* 72, 1966: 39–40）。

③ K.‑G. Faber, "Zur Vorgeschichte der Geopolitik. Staat, Nation, und Lebensraum im Denken deutscher Geographen vor 1914," p. 392.

面对［建立在大空间基础上的当代国家］，空间狭小但又使用密集的欧洲体系是倒退的，因为这一体系不能成为未来的［模式］，即一种从古至今数千年来都在为了更大的空间而不懈奋斗的模式。以合众国为代表的大国是一种政治国家的现代表现形式，这种现代国家中产生新的发展，且尤其受惠于发达的商业；其他国家则落在后面。①

"年轻的"非欧洲国家实际上似乎拥有空间优势，这一事实让拉采尔感到震惊。尽管这种震惊不难理解，但最根本的是，拉采尔试图用自己极力主张的"大空间"原则，让德意志清醒认识到当时殖民地争夺斗争中巨大的利害关系，他整个理论的意图也在于此。

在拉采尔的国家理论和政治扩张理论中，人民作为一个民族（Volk）的观念无足轻重，这完全合乎逻辑。对他来说，国家是一个有机的整体，是一群人民与他们占据的土地之间互动的产物——用拉采尔著名的表述便是"一块土地和一群人类"（ein Stück Boden und ein Stück Menschheit）。② 要把一群人凝聚起来，重要的不是 a priori［先天的］人种或种族亲缘，而恰是这种共享土地的关系。他明确地将人民定义为：

> 一个由群体和个体组成的政治联合体，这些群体和个体既不需要在种族上也不需要在语言上有联系，他们通过共同的领土在空间上连接在一起（verbundene）。（强调为笔者所加）（同上，页3）

---

① F. Ratzel, *Politische Geographie, oder die Geographie der Staaten, des Verkehrs, und des Krieges*, p. 270；另参 K. T. von Inama-Sternegg, *Die Tendenz der Grossstaatenbildung in der Gegenwart. Innsbruck*，前揭，p. 39。

② F. Ratzel, *Politische Geographie, oder die Geographie der Staaten, des Verkehrs, und des Krieges*, p. 2.

拉采尔不否认人种特性（ethnicity）本身的存在，甚至承认人种亲缘关系在历史上一直是促进国家内部凝聚和团结的因素之一（同上，页141）。然而，他斩钉截铁地指出，在他那个时代的欧洲，继续把人种或民族亲近感视为形成国家的最终基础是不可接受的。他直言不讳地肯定人类在生物学上是统一的，所有人在本质上是平等的，由此可见，他偏离了当时的潮流，实际上甚至反对这种潮流。这一点比其他任何东西都更有助于把他与社会达尔文主义主流区分开来。他在关于这个主题的所有著作中都强调这个信念，实际上，他甚至尖锐地批评19世纪晚期两位最重要的种族狂热分子：张伯伦（Houston Stewart Chamberlain）和德戈比诺（Artur de Gobineau）。[1]

拉采尔本人的地理或领土原则与上文勾勒的民族原则断然有别，他坚持认为，在现代世界中，大空间观念乃是一国赖以成功的基石。因此，他谴责为一个完全基于民族的国家或者说民族政治

---

[1] 我在其他地方已经详细论述过拉采尔对种族问题的看法（M. Bassin, "Race *contra* space: the conflict between German *Geopolitik* and National Socialism." *Political Geography Quarterly* 6, 1987: 115 – 134）。F. Ratzel, "Nationalitäten und Rassen." In *Kleine Schriften* II, Munich and Berlin: Oldenbourg, 1906: 485 – 487。认识到拉采尔对种族问题的态度，其重要性不只在于能帮助我们全面、符合历史实情且公正地对待拉采尔的遗产。在19世纪和20世纪的西方帝国主义中，种族主义和帝国主义通常被认为是并驾齐驱的（例如，H. Arendt, *The origins of totalitarianism*, third edition, London: Allen and Unwin, 1966: 223 – 224; H. Arendt, "Über den Imperialismus." *Die Wandlung* 1, 1946: 665）；但我们有拉采尔这个重要的例子证明两者并非决然如此。学者在这方面拉采尔普遍误解了拉采尔，皮特最近一篇关于环境决定论的文章（R. Peet, "The social origins of environmental determinism"）就是一例。与此相当不同，我在上引论文中认为，德意志地缘政治学与民族社会主义国家的特殊关系，从根本上受到地缘政治学家的种族观的影响，这一种族观至少部分由拉采尔政治地理学遗产所塑造，而与纳粹的种族观有所不同。

（Nationalitätenpolitik）而努力，在中欧和东欧，民族政治是拉采尔的许多同时代人梦幻般的目标：

> 我们这个时代的主要运动是给政治一个日趋稳固的领土基础，由此观之，今天的**民族政治是从这种领土优先权的倒退**（Rückschritt ins Unterritoriale），认为建立在语言共同体基础上的人民是国家的原则，却丝毫不考虑自己的土地，这样的民族政治从长远来看将无法与优先关注土地的地缘政治相抗衡。
>
> ［朝一个全然民族的联合体而作的］政治努力，与朝向大政治空间的趋势背道而驰，后者无疑会战胜前者，除非那些政治努力加入基于**大空间**原则的政治运动，比如泛斯拉夫人运动中去。那些努力［只有］与［这样的运动］联合起来，才有希望获胜。然而，由于与民族联合体这一观念相比，**空间生长基于更年轻、更持久的政治力量，因而我们看到后者不断地超越前者**。纯粹的民族政治意在通过斗争将自己从土地的地理条件中解放出来，但这种斗争无疑已被［这些地理条件］打败并最终总是屈服于这些条件。（强调为笔者所加）①

拉采尔以令人钦佩的一致将这种逻辑运用于自己国家的形势。例如，在早期的一篇文章中，他从原则上拒绝波罗的海地区的德意志人加入德意志某个州的请求，他认为这将违背纯粹地理的或领土的逻辑，而这恰是一切政治联合体［赖以存在］的根基。② 他在后

---

① F. Ratzel, *Politische Geographie, oder die Geographie der Staaten, des Verkehrs, und des Krieges*, p. 25, 162–163, 278–279.

② F. Ratzel, "Die Beurteilung der Völker." *Nord und Süd. Eine deutsche Monatsschrift* 6, 1878: 198.

来的著作中坚定地持守这一立场。他的做法不仅反对了当时流行的做法，而且实际上一开始就从根本上质疑了一件对他的许多同胞而言将成为神圣事业的事情。①

在上文讨论的民族与帝国间张力的背景下，拉采尔的政治地理学的重要性不容置疑。他抛弃19世纪传统的以民族国家为政治组织的最终形式的观念，视之为"退化"，并提出一些完全不同的东西取代之。拉采尔以当时有代表性的语言，用大致说来唯物主义的社会达尔文主义的那些"科学"规程，构建出一套前后一致的体系，并且为那种激活现代欧洲帝国主义的关切提出依据：政治扩张的驱动力。拉采尔这套体系具有不同寻常的意义，它取消了一种本质上受限的政治组织理想——空间上局限于民族群体及其民族领土的分布，且至少理论上受到国际共存概念的掣肘——而代之以一种以生物学为基础且为了扩张而扩张的愿景。诺伊曼（Franz Neumann）在对拉采尔的早期讨论中便认识到拉采尔思想的这一根本面相，他简明扼要地评论道：

> 运动……和空间的法则与对某一特定区域的统一的合法政治主权这一概念无法调和。②

空间斗争这唯一的紧急事件，推翻了旧有的国家间关系标准，成功实现扩张企图成为道德判断的唯一准则。

---

① 拉采尔的种族观点使他与他那个时代的社会达尔文主义潮流格格不入。同样，他绝然反对建立一个完全以民族为基础的德意志国家[的态度]，也让他与泛德意志运动格格不入。1918年以后，豪斯霍弗等地缘政治学家注定在这一点上以及其他方面背叛他，他们大力倡导建立一个泛德意志的民族联合体。

② F. Neumann, *Behemoth. The Structure and Practice of National Socialism*, p. 139.

拉采尔没有只是局限于在学术著述中展现和论证这些观念。恰恰相反，在一个以学者直接深入参与国家政治生活为一般特征的时代，① 拉采尔是最活跃的那批学者之一。他从一开始就活跃在殖民地倡导联盟（colonial advocacy leagues）中，热情地承担起联盟的事业，即让不情愿的德意志政府相信有必要获得海外殖民地。19世纪70年代末，他还是慕尼黑一名年轻的大学教师时，就创建了"慕尼黑保护德意志海外利益协会"（Munich association for the defense of German interests abroad），该协会是"商业地理和促进德意志海外利益中心协会"（Central association for commercial geography and the promotion of German interests abroad）的分会，后者是［德意志］最早、最重要的［支持］殖民［活动的］协会之一。② 1882年，拉采尔成为殖民协会（Kolonialgesellschaft）的一位创始成员，几年后该协会改组为殖民联合会（Kolonialverein）。③ 19世纪90年代早期，拉采尔还参与了建立极端保守的泛德联盟（Alldeutscher Verband），是其中为数不多的地理学家之一。尽管他迅速与该群体更为直言不讳的沙

---

① cf. E. Kehr, "Schlachtflottenbau und Parteipolitik 1894 – 1901." *Historische Studien* 197. Berlin: E. Ebering, 1930: 361 – 363ff; W. Marienfeld, "*Wissenschaft und Schlachtflottenbau in Deutschland 1897 – 1906.*" *Marine – Rundschau*, Beiheft 2, 1957; A. Ascher, "Professors as propagandists: the politics of the Kathedersozialisten." *Journal of Central European Affairs* 23, 1963.

② H. – U. Wehler, *Bismarck und der Imperialismus*. Cologne and Berlin: Kiepenheuer and Witsch, 1969: 158 – 159, 165; F. – J. Schulte – Althoff, *Studien zur politischen Wissenschaftsgeschichte der deutschen Geographie im Zeitalter des Imperialismus*, pp. 88 – 89; W. D. Smith, *The German Colonial Empire*, p. 20.

③ F. – J. Schulte – Althoff, *Studien zur politischen Wissenschaftsgeschichte der deutschen Geographie im Zeitalter des Imperialismus*, p. 111; W. D. Smith, "Friedrich Ratzel and the origins of Lebensraum," p. 66.

文主义划清了界线，①但他的学生朗汉斯（Paul Langhans）和亨施（Felix Hänsch）继续在该组织中发挥重要作用。②世纪之交，他加入所谓的"舰队教授"（fleet professors）小组，该小组的成员均是杰出的学者，包括韦伯（Max Weber）这样的名流，他们支持德意志快速发展海军以跻身世界列强。③

除了积极参与政治组织，拉采尔的大量作品还致力于处理当时的世界政治问题，甚至有专著来主张海外扩张的需要④和发展具有竞争力的国家海军的必要性⑤。尤其后一部作品在海军界赢得高度赞扬，被认为出色地"为海军军官的职业教育奠定了科学基础"。⑥此外，他还是19世纪90年代保守民族主义期刊《国外消息》（*Die Grenzboten*）最活跃的撰稿人之一。⑦在此过程中，拉采尔努力解释并推广他在自己的政治地理学的学术层面上发展起来的观念：德意志

---

① A. Kruck, *Geschichte des Alldetuschen Verbandes* 1890 – 1939. Wiesbaden：Franz Steiner, 1954：18；R. Aron, Nations et empires. In *Dimensions de la conscience historique*, second edition, Paris：Plon, 1964：220.

② H. C. Meyer, *Mitteleuropa in German thought and action*：1815 – 1945, p. 111；K. – G. Faber, "Zur Vorgeschichte der Geopolitik. Staat, Nation, und Lebensraum im Denken deutscher Geographen vor 1914," p. 393.

③ W. Marienfeld, *Wissenschaft und Schlachtflottenbau in Deutschland* 1897 – 1906, p. 53, 55, 69 – 70；F. – J. Schulte – Althoff, *Studien zur politischen Wissenschaftsgeschichte der deutschen Geographie im Zeitalter des Imperialismus*, p. 161.

④ F. Ratzel, *Wider der Reichsnörgler. Ein Wort zur Kolonialfrage aus Wählerkreisen*, ibid.

⑤ F. Ratzel, *Das Meer als Quelle der Völkergrösse*. Munich：Oldenbourg, 1900.

⑥ K. Hassert, "Friedrich Ratzel. Sein Leben und Wirken." *Geographische Zeitschrift* 11, 1905：233.

⑦ G. Buttmann, *Friedrich Ratzel. Leben und Werk eines deutschen Geographen* 1844 – 1904, p. 124；H. Wanklyn, *Friedrich Ratzel. A biographical memoir and bibliography*, p. 46.

急需获得土地以确保自身的健康生长;当前帝国主义列强间的空间斗争具有你死我活的特点。这些鼓吹论调到了近乎疯狂的地步,从他写于1898年的文章中清晰可见,此文涉及海军问题和德意志作为世界强国的地位。拉采尔说:"总有民族统治,总有民族被统治。"他还打了个比方:民族面对关乎生存的选择时,要么为锤,要么为砧。

> 他们[即我们德国人]成为锤还是砧,取决于他们能否适时认识到世界形势对一个正在努力崛起的民族提出的要求。普鲁士在18世纪的任务是在欧洲大陆列强中间为自己赢得大国地位,德意志在19世纪的任务则与此不同:它要在世界强国中赢得一席之地。这一任务在欧洲范围内已经无法完成,只有作为一个世界[即全球]强国,德意志才有希望确保自己的人民获得生长所需的土地。德意志如果不想冒世世代代被别国排挤的风险,就绝对不能置身于世界各地正在发生的变革和再分配之外。①

---

① F. Ratzel, "Flottenfrage und Weltlage." In *Kleine Schriften* II, Munich and Berlin: Oldenbourg, 1906: 377-378. 鉴于拉采尔几十年不懈地组织德意志殖民运动并在这方面贡献其文字,后来者试图为他开脱罪责,从其学术遗产中摘掉他对有意识的、侵略性的领土扩张政策的呼吁(例如,O. Köhler, Raum und Geschichte, pp. 389-390, 394; H. Marzian, Der 'Lebensraum': Bemerkungen zu einer politischen These. *Jahrbuch der Albertus Universität zu Königsberg* 17, 1967: 149-152),但这站不住脚。这方面特别突出的是亨特(Hunter)最近关于拉采尔政治地理学的一篇专论,其异常的结论是:拉采尔不应被归为帝国主义者,"因为他没有坚持并主要主张他的政府要建立、控制和维持一个超级国家,以此来攫取和开发殖民地"(J. M. Hunter, *Perspectives on Ratzel's political geography*, pp. 235-236)。显然,拉采尔的情况与这个结论恰好相反。

五 1918年后德意志的生存空间和扩张主义意识形态

尽管拉采尔的观念在第一次世界大战后确实有影响，但从主观上讲，他仍属于欧洲1914年以前的时代。这显而易见，例如，他坚持认为国家的空间生长不必与其他聚集有机体的空间生长相似，即以一种散漫的形式扩散并超越现有的边界，进入紧邻的区域。相反，他相信先进国家的扩张可以是一种理性的、有计划的事情，可以通过有选择地派出过剩人口群体来实现殖民的目的。① 这些群体可以通过在非欧洲国家攫取海外土地来满足领土需求（同上，页167-168）。如上所述，拉采尔反对在欧洲大陆本身扩张领土的观念。此外，尽管他确实将国与国之间的关系视为一场关乎生存的空间斗争，但这并不意味着他必然认为斗争的最后结果就会是普遍的武装冲突。尽管拉采尔的语调常常富有侵略性，但在一些重要方面，他的思想仍明确无误地反映着某种19世纪自由主义中占主导地位的乐观情绪。说拉采尔完全赞同一般的社会达尔文主义是模棱两可的，而且在他的著作中也可见到文明朝着最后的完美不断进步的愿景。其中一个例子就是，他深信欧洲各民族间琐碎的争吵必将为国际贸易和交通的进一步发展所克服。② 本着这一精神，他很可能最终会同意，经由国际谈判和调解，现有的空间需求有可能得到和平且令各方满意的解决。

第一次世界大战爆发，使得人们对事态发展实际上会遵循上述路线的希望永远破灭，1918年后，德意志的形势反而强化了我们一

---

① F. Ratzel, *Anthropogeographie*, I, pp. 147-148, 167-168.
② F. Ratzel, Politisch-geographische Rückblicke, pp. 144-145; F. Ratzel, *Anthropogeographie*, I, p. 242; F. Ratzel, *Die Erde und das Leben. Eine vergleichende Erdkunde*, II, p. 676.

直在讨论的那些观念。德国的海外殖民地丧失殆尽且没有失而复得的希望，但更大的损害还是丧失其欧洲领土，因为德意志人认为这些领土正当地属于他们。因此，20世纪20年代大众中弥漫着一股幽闭恐惧的情绪和对德意志空间需求的焦虑，这种焦虑清楚地表现于一些异常流行的作品，比如格林（Hans Grimm）的《无空间民族》（*Volk ohne Raum*），① 以及地缘政治学这门新科学的繁荣。②在这种氛围中，拉采尔的生存空间假设似乎有了新的重要性和紧迫性，③于是，1923年，他的《政治地理学》出了第三版即最终版。其论点的价值仍然在于似乎能为这些［有关生存空间的］关切提供科学基础

---

① H. Grimm, *Volk ohne Raum*. Munich: Langen, 1972; W. D. Smith, "The colonial novel as political propoganda: Hans Grimm's *Volk ohne Raum*." *German Studies Review* 6, 1983: 215-236.

② 拉采尔的学说与德意志地缘政治学的常说之间的具体联系相当复杂，值得单独研究。当然，地缘政治学家总是称他为他们的精神祖父，其中缘由不止一条。我已经在其他地方找到一些更重要的"哲学上的"连续性（M. Bassin, "Race *contra* space: the conflict between German *Geopolitik* and National Socialism." *Political Geography Quarterly* 6, 1987: 115-134），总的来说，拉采尔对地缘政治学的贡献可见于许多有关这一主题的更重要的著作（cf. C. Troll, "Die geographische Wissenschaft in Deutschland in den Jahren 1933 bis 1945." *Erdkunde* I, 1947: 21-22; P. Schöller, "Wege und Irrwege der politischen Geographie und Geopolitik." *Erdkunde* 11, 1957: 2）。我们甚至可从已故的法贝尔（Karl-Georg Faber）为他对拉采尔的出色研究所选择的标题中看出这一点——他拟定的标题是"论地缘政治学的前史……"（On the Pre-History of *Geopolitik*...）。然而，拉采尔的政治地理学在许多重要方面都与1918年后出现在德意志的地缘政治学这门"科学"有所不同（D. Oncken, "Das Problem des'Lebensraums'in der deutschen Politik vor 1914," p.96），将他简单地称为"地缘政治学家"（例如，W. J. Mommsen, *Max Weber und die deutsche Politik*, second edition. Tübingen: J. C. B. Mohr, 1974: 76）无疑是时代错置。

③ K. Lange, "Der Terminus Lebensraum in Hitler's *Mein Kampf*." *Vierteljahresheft für Zeitgeschichte* 13, 1965: 432-433.

和正当依据。

　　与此同时，德意志人同样强烈地关注强化纯粹的德意志民族问题。由于威尔逊（Wilson）的十四点主张，民族权利问题在战后的谈判中十分惹人注目，事实上，中欧和东欧的政治重组大致就以这些主张为基础。德意志人普遍感到，在欧洲各国人民中，只有他们被剥夺了这些基本权利，他们对民族统一和主权的追求无非是渴望得到公正和平等的待遇。当然，德意志人［分散］的定居模式并没有因为战争而发生根本改变，因而要求民族联合的呼声也像以前一样带有扩张主义的调调。

　　民族联合概念与生物扩张主义之间的割裂在民族社会主义的意识形态中表现出来，我认为，正是在这里，拉采尔提出的那类观点才获得最终的、命定的意义。要求［建立］一个民族政治联合体，囊括所有人种意义上的德意志人民，这属于纳粹在20世纪整个20年代和30年代早期的官方计划。虽然纳粹用沙文主义的种族概念歪曲了民族原则，但我们不应该因此就看不到这些要求与上述19世纪民族国家概念的基本延续性。这一原则尽管在德意志的例子中是扩张主义的，但它代表一种有限的扩张主义，受限于德意志人民的地理分布。与此截然相反的是生物扩张主义的观念，这种扩张的需求也同时存在于纳粹的官方计划中，① 希特勒《我的奋斗》（*Mein*

---

　　① 关于这种二元性，一个明显的例子可见于1920年2月的一份早期党内文件，即《国家社会主义德国工人党的纲领》（The Program of the NSDAP）。该文件列出新成立政党的目标，第一点肯定了威尔逊的原则："基于自决［权利］的所有德意志人的联合（Zusammenschluss）"。然而，第三点远远超出这一点，要求"土地和土壤（殖民地）来养活（Ernährung）我们的人民和安置我们过剩的人口"（'*Das Programm der NSDAP*,' in H. - A. Jacobsen and W. Jochmann, editor, 1961: *Ausgewählte Dokumente zur Geschichte des Nationalsozialismus* 1933 - 1945, 2 Volumes. Bielefeld: Neue Gesellschaft, 1961: I, Document 24. II. 1920: 1）。

Kampf）对其有详细阐述。他根据一种粗糙的逻辑，推理过程似乎与拉采尔相似，最终宣称一个活跃且不断生长的群体必须努力扩张生存空间以确保种族的存续。①他给这一迫切需求取了个恰当的名字，"土地政治"（Bodenpolitik），②这个名字凸显出［该观念］与民族原则或曰民族政治的差异。

希特勒可能直接从拉采尔那里得到了一些灵感。1924年，豪斯霍弗（Karl Haushofer）拜访过［正在服刑的］希特勒，赠给他一本拉采尔的《政治地理学》，此书成为希特勒撰写自己的宣言［译按：《我的奋斗》］时拥有的少量监狱藏书之一，豪斯霍弗曾有点自豪地说出这件事。③ 然而，与拉采尔相当不同，希特勒在欧洲大陆上找到了适合扩张的领土，尤其在德意志东部属于斯拉夫人的适耕土地上。德意志在1938年以民族原则的名义吞并奥地利后，貌似已满足该国的"有限"扩张主义目标。然而，此时为德意志外交政策鼓与呼的基础已经不再是民族原则，而是生存空间和土地政治等观念所暗含的朝向生物扩张的驱动力，这也能解释希特勒在第二次世界大战中的真实兴趣：向斯拉夫人的东部发起一场没有限制的领土征服战争。④

---

① N. Rich, *Hitler's war aims. Ideology, the Nazi state, and the course of expansionism*, 2 Volumes. New York: W. W. Norton. H. Rothfels, 1973: I, xii – xiv, 3 – 10.

② A. Hitler, *Mein Kampf*. Munich: Zentralverlag der NSDAP, 1943: 151 – 153.

③ K. Haushofer, *Introduction to Friedrich Ratzel, Erdenmacht und Völkerschicksal*. Stuttgart: Alfred Kröner, 1940: xxvi; W. Maser, *Hitlers Mein Kampf*. Munich and Esslingen: Bechtle Verlag, 1966: 82, 152.

④ K. D. Bracker, *Deutschland zwischen Demokratie und Diktatur*, p. 376; J. Fest, *Hitler*. Translated by R. Winston, and C. New York: Harcourt, Brace Jovanovich, 1974: 214 – 217.

绝不能因此就说，拉采尔的理论滋生出了民族社会主义意识形态的这个方面，也绝不能因此就说，他的理论最终要为此负责。希特勒的土地政治建立在沙文主义的种族主义之上，他坚信，必须在欧洲本土通过清空和重新安置生物学上的低等种族来为德意志人创造可用的土地。如我们所见，拉采尔直言不讳地批判这种种族主义。评估拉采尔对后世的影响时，同样不应忽略的一个重点是：拉采尔不是唯一的，事实上也绝不是最重要的主张德意志需要在人口增长的基础上扩张的人。① 19世纪90年代，无论在学术界，②还是在更大众的政治传媒界，③都有人提出类似的观点，它甚至可以远溯到19世纪的利斯特（Friedrich List）等人的著作。④

六 结 论

本文试图在19世纪晚期帝国主义的背景下分析拉采尔的政治地理学。政治扩张和吸收异质社会的做法，从根本上与主宰大半个世纪的民族国家理想相冲突，从这种张力中产生的新理论和知识体系

---

① F. -J. Schulte – Althoff, *Studien zur politischen Wissenschaftsgeschichte der deutschen Geographie im Zeitalter des Imperialismus*, pp. 229 – 230.

② e.g. G. Schmoller, "Die wirtschaftliche Zukunft Deutschlands und die Flottenvorlage." In his *Zwanzig Jahre deutscher Politik* 1897 – 1917, Munich and Leipzig: Duncker and Humblot, 1920: 3 – 9ff; A. Ascher, "Professors as propagandists: the politics of the Kathedersozialisten." *Journal of Central European Affairs* 23, 1963: 291, 296.

③ e.g. *Deutschlands Ansprüche*..., 1896: 3 – 5.

④ W. D. Smith, *The Ideological Origins of Nazi Imperialism*; H. C. Meyer, *Mitteleuropa in German thought and action*: 1815 – 1945, pp. 12 – 13; F. Stern, *The politics of cultural despair: a study in the rise of the Germanic ideology*. Berkeley: University of California Press, 1961: 68.

更适合新 status quo［现状］的迫切需要。拉采尔的政治地理学在这些理论中占有重要地位。基于有机世界与人类社会的类比，拉采尔的政治地理学表现为彻底从原则上拒绝民族国家观念，并假设需要持续的物质扩张来确保国家的活力。尽管拉采尔并不是唯一试图构想这么一种理论的人，但他的特殊贡献在于创造出一套吸引人的体系和术语，能为扩张主义提供看似"科学的"解释和辩护。① 在一个崇尚科学的唯物主义时代，这相当重要。就与 19 世纪帝国主义传统大体保持着连续性而言，国家社会主义意识形态可以从本质上采纳拉采尔的生物扩张主义和生存空间理论，以此作为自己的核心。

---

① F. - J. Schulte - Althoff, *Studien zur politischen Wissenschaftsgeschichte der deutschen Geographie im Zeitalter des Imperialismus*, p. 144.

古典作品研究

特勒马科斯的教育

卡斯（Amy Apfel Kass） 撰
高岱遐 译

[译按] 作者卡斯当时任美国芝加哥大学人文学院高级讲师。这篇文章是她1991年11月在圣约翰学院安纳波利斯校区家长会上的演讲。圣约翰学院是美国第三古老的高等教育学府，从1937年开始采用"大书"（Great Books）制度教学，即学校教学建立在对西方伟大的哲学和文学著作的讨论之上。

一本好书中是什么感动了我们？诚如巴特勒（Samuel Butler）所言：

> 任何一部作品中，能让人感动、欣喜并折服的并非我们所读、所见或所听到的外在可见的象征；真正激发我们的，是与那些让人惊叹的、活生生的灵魂的对话，是终有一天我们自己也会拥有此种灵魂的信念。其余的只是些修饰和语法罢了。①

---

① Samuel Butler, *The Authoress of the Odyssey* (New York: AMS Press, 1968), p. 279.

巴特勒思考的是荷马的《奥德赛》，他对这本书的评价看起来十分恰当妥帖。的确如此，《奥德赛》引领我们的感官进到一个非常陌生的世界，其中，英雄人物取得的丰功伟绩看起来都那么不真实，到处充斥着来去自如的异神、鬼怪和女巫，他们或陷害或帮助凡人，看起来没有任何显然的原因。但这一切只是所谓的"修饰和语法"。《奥德赛》本质上是一个关于奥德修斯的故事。故事讲述了这个男人的曲折经历、颠沛流离、机智狡诈和他为回家作出的种种努力。因此，故事讲述的是家的含义，以及为了使家成其为家需要付出怎样的代价——这正是人类迫切而永恒的关怀。通过讲述奥德修斯的诸多抗争和他悲喜交织的返乡旅程，荷马为我们照亮了一条道路，向我们展示了在这个并不友好的世界里，我们每个人为自己找到一个家所必须经历且将不断经历的种种。诚然，在阅读和重读荷马的过程中，读者会觉得自己像个叛逆的孩子，当用无限的智慧和自信独自闯出一番天地时，却发现自己的父母是那么睿智。

这就引出了我想要与你们讨论的荷马问题的一个方面，这个问题就是：孩子怎么才能接受自己的双亲？更确切地说，特勒马科斯（Telemachos）怎样接受了奥德修斯，荷马对此是如何展现的？这些问题乍一看似乎跟《奥德赛》文本的主旨不相干，但我在此提出一种初步的思路作为反驳：假如特勒马科斯——奥德修斯的独子和唯一继承人——不能全心全意地接受他的父亲，那还能说奥德修斯的返乡之程是完整的吗？简单来讲，直面特勒马科斯并让他接纳自己，这才是奥德修斯最具决定性和最重要的战斗，而如何赢取这场战斗的胜利，才是奥德修斯返乡故事背后隐藏的故事。为此，应该仔细审察《奥德赛》中精挑细选的想法、功绩和言谈：首先，要审察故事开始的地方——奥古吉埃岛、奥林匹亚山、伊塔卡；其次，要审察特勒马科斯人生之旅的不同阶段，也就是审察特勒马科斯的教育。这个论证过程较长，在此提前向读者致歉。不过，为了理解和领会特勒马科斯的教育以及他最终与自己父亲的和解,我们必须回到故事的原点,考察特勒马科斯最初的倾向和态度。

一　返乡计划中的障碍

《奥德赛》一开场,奥德修斯就得到了一个长生不老的机会。长生不老的愿望太贴近《伊利亚特》每个英雄心中的愿望了。原文如是开端:

> 这时其他躲过凶险的死亡的人们
> 都已离开战争和大海,抵返家乡,
> 唯有他一人深深怀念着归程和妻子,
> 被高贵的神女卡吕普索(Kalypso),神女中的女神,
> 阻留在深邃的洞穴,一心要他做丈夫,(1.11–15)
> 一直用不尽的甜言蜜语把他媚惑,
> 要他忘记伊塔卡,但是那位奥德修斯,
> 一心渴望哪怕能遥见从故乡升起的
> 飘渺炊烟,只求一死。(1.56–59)①

多么奇特的情形!自从奥德修斯离开伊塔卡,已经过去了一代人,特洛伊城陷落已经过去十年,奥德修斯来到卡吕普索的小岛也已经过去了七年,"这时其他躲过凶险的死亡的人们"最终都回到了家乡,但众所周知,并没有多少人安全返回。奥德修斯自己也非常清楚,事实上他是他们船队中唯一的生还者。奥德修斯当然也了解

---

① 英译参 Homer, *Odyssey*, translated by Richmond Latimore, New York: Harper and Row, 1977。[译注]中译参荷马,《奥德赛》,王焕生译,北京:人民文学出版社,1997。除特殊标注外,有关《奥德赛》的引文均出于此。

他要面对的诸多危险，这些危险来自卡吕普索、来自库克罗普斯（Cyclopes）、来自莱斯律戈涅斯人（Laitrygonians）、来自斯库拉（Scylla）和卡律布狄斯（Charybdis）。而这些危险比起他回到伊塔卡之后面对求婚人时的遭遇，还都只是小菜一碟。此外，他也知道，即使他杀死了求婚人，他的胜利也转瞬即逝，因为在此之后他另有一次长途旅行。所有这些，当他在冥府（Hades）与特瑞西阿斯（Teiresias）交谈时，对方已事无巨细地和盘托出。

无论回顾那样的过去，还是展望这样的未来，都很少有人会渴望离开卡吕普索的富足小岛，那是个美与舒适皆妥帖安排的天堂。假如有青春永驻、美艳动人的女神热切挽留，很少还会有人渴求那岩石遍布的伊塔卡、逐渐长大的儿子，或者年老色衰的妻子、困窘的父老，又或者已垮掉的王权。很少有人会为了仅仅几个月时间的世俗权力而放弃永生，更少有人会求死。但奥德修斯却不是这样。为什么他不这样选择？他到底想要什么？是什么促使他这样做？

有个传说也许有助于解答这些问题，尽管《奥德赛》和《伊利亚特》里都没有详述该传说：

> 当……希腊人开始召集诸城邦进行特洛伊远征时，他们计划让所有首领带着他们的战士、船只和补给加入。但伊塔卡之王奥德修斯，正年富力强又兼娇妻幼子环绕，毫无兴趣参加这次战争。当希腊城邦的代表团来到伊塔卡查探情况并要迫使奥德修斯服从时，奥德修斯就装疯。这些特使——阿伽门农（Agamemnon）、墨涅拉奥斯（Menelaos）和帕拉墨得斯（Palamedes）——看到奥德修斯并驾一牛一驴在田中犁地，并将食盐撒进田垄里，头上戴着一顶只有东方人才会戴的圆锥形帽子，看起来傻兮兮的。奥德修斯假装不认识这些来访者，显得完全失去了理智。但帕拉墨得斯疑心这只是奥德修斯的诡计，他抓

过奥德修斯尚在襁褓的儿子特勒马科斯,将其抛至奥德修斯的犁头下,奥德修斯立马将犁划了个半圆落在了另外的地方,避免伤到儿子——这个动作表明他神智健全得很,并使他不得不承认自己只是为了不去特洛伊才装疯。①

在此,作为首个逃避者形象,奥德修斯似乎深爱自己的儿子。他虽然最终还是去了战场,却并非自愿。《伊利亚特》说,在特洛伊,他对阿伽门农来说不可或缺,《奥德赛》中也说,"他摧毁了特洛伊神圣庄严的城堡"。他的确是英雄中的一员,但他既没有其他英雄的品质,也没有他们那样的视域。他心中牢记他身处何方、身是何人,从未迷失自己。即便在战场上,他也从没忘记自己的家乡。对他的同壕战友而言,他是英雄拉埃尔特斯(Laertes)之子,但对他自己而言,他始终都是"特勒马科斯之父"。他儿子的名字暗含"远离战斗"之意,他却将之抛在身后。驱动他的信念并不是战争中的单打独斗可能给他和父亲带来荣光和永生,而更多是薪火相传的战斗精神,即"拉埃尔特斯—奥德修斯—特勒马科斯"一脉相传的战斗。正如《奥德赛》末尾所示,不论是在当下还是在未来,这种战斗都保卫着他的家庭免受外来者的侵扰。这一信念很久之前就驱使着他,当他坐在卡吕普索的小岛上时,它似乎仍旧在催促着他。

奥德修斯同其他英雄一样,非常清楚死亡的必然性,但和其他人不同,他更倾向于肯定死亡。奥德修斯认为"下一代是个体生命的延续"(同上),他意识到并接受了人类"命运永不止歇"这一观点,传说中的他的犁头就是此种考虑的最佳象征。正是这种自知使

---

① Heinz Kohut, "Instrospection, Empathy, and the Semi Circle of Mentsl Health", *International Journal of Psycho-Analysis* 63 (1982): 404(《奥德赛》24.115-119 提及关于特使的暗示)。

他的返乡成为可能,但也带来了麻烦。就算诸神愿意实现他的返乡夙愿,此事也并不容易,这不仅仅是因为波塞冬(Poseidon),而是另有更加棘手的原因。

故事先告知读者奥德修斯返乡的时间已经到来,他的敌人波塞冬也暂时消失在了视野之外,音讯全无。此后,叙述突然转向宙斯在奥林匹斯山上召开的诸神集会。读者在此预先看到了有关奥德修斯的一些看法。不过宙斯"心中所思虑的"并非奥德修斯,而是"无错的埃吉斯托斯(Aigisthos)"。正是想到了此人,宙斯说道:

> 可悲啊,凡人总是归咎于我们天神,
> 说什么灾祸由我们遣送,其实是他们
> 因自己丧失理智,超越命限遭不幸,
> 如现今埃吉斯托斯超越命限,奸娶
> 阿特柔斯(Atreus)之子的发妻,杀其本人于归国时,
> 虽然他自己也知道会暴卒,我们曾警告他,
> ……
> 要他勿杀阿伽门农本人,勿娶他妻子:
> 俄瑞斯忒斯(Oretes)将会为阿特柔斯之子报仇,
> 当他长大成人,怀念固有的乡土时。
> ……
> 欠债已一次清算。(1.32–43)

宙斯在此提及返乡,但不是奥德修斯的返乡,而是阿伽门农半途而废的返乡以及随之而来的悲惨后果:爱欲者埃吉斯托斯无视诸神警告,追求阿伽门农之妻,谋杀了阿伽门农,最终被阿伽门农长大成人的儿子俄瑞斯忒斯杀死。宙斯讲述了俄瑞斯忒斯的故事。这个故事之后将被当作特勒马科斯的标杆——雅典娜、涅斯托尔

（Nestor）和墨涅拉奥斯都将把俄瑞斯忒斯作为某种模范介绍给他，并用来证实佩涅洛佩（Penelope）的清白——她被用来与克吕泰墨涅斯特拉（Klytaimestra）作比较。故事还引出了奥德修斯和阿伽门农的比较，同时也对比了埃吉斯托斯与求婚人。诸多评论家认为，若将荷马史诗看作一个整体，那么，宙斯从这个角度进行的讲说基本上是对史诗主题的纲领性呈现。① 但在当前的具体语境中，它有着更为独特的功能。

尽管宙斯提及埃吉斯托斯要为阿伽门农灾难性的返乡负责，他仍"真心认为埃吉斯托斯无错"。埃吉斯托斯之所以杀阿伽门农，是因为阿伽门农的父亲阿特柔斯杀死了他的父亲梯厄斯特斯（Thyestes），埃吉斯托斯实际上同俄瑞斯忒斯一样，都是为杀父之仇所激。因而，宙斯暗示埃吉斯托斯没错。埃吉斯托斯的命运既形象地展示了野心的结局，也强调了心中积郁的憎恨所产生的残酷效用以及由此而来的顽固，这种顽固使人再难理会道理或听进劝说。一个父亲想要赢得自己的家庭，就必须驯服儿子的野心、消解儿子的憎恨，这才真正为史诗奠下了基调。不过，我们仍需求索才能更明白这个观点。不管怎么说，宙斯这样发话后，奥德修斯的返乡计划就开始实施了。

宙斯之后最先说话的是雅典娜。像读者一样，她迫切想要发表一番关于奥德修斯的演讲，并且某种程度上为宙斯的跑题而烦躁。她说：

> 埃吉斯托斯的遭凶完全是咎由自取，
> 其他人若作出类似事情，也理应如此。

---

① 比较 Edward F. D'Arms 和 Karl K. Hulley, "The Oresteia-Story in the *Odyssey*", *Transactions and Proceedings*, *American Philological Association* 77 (1946), pp. 207–213。

> 但我的心却为机智的奥德修斯忧伤。(1.46–48)
> ……然而你啊,
> 奥林波斯主神,对他不动心,难道奥德修斯
> 没有在阿尔戈斯(Argives)船边,在特洛伊旷野,
> 给你献祭?宙斯啊,你为何如此憎恨他?(1.59–62)

雅典娜当然赞同埃吉斯托斯咎由自取,但她也认为这话已偏题万里。奥德修斯是无错的,奥德修斯献多而得少,为什么宙斯还要一直找他麻烦?宙斯的回答否认了这种指责,他问道:

> 我的孩儿……
> 我怎么会把那神样的奥德修斯忘记?
> 他在凡人中最聪明,给掌管广阔天宇的
> 不死的神明们奉献祭品也最丰盛勤勉。(1.64–67)

宙斯巧妙地将指责转向波塞冬,他同意提供帮助,然而他显然在拖延,没提出任何关于他本人将如何帮忙的决议。此时,雅典娜说她将亲自去伊塔卡"激励"奥德修斯的儿子特勒马科斯:她将让他召集阿开奥斯人举行一次集会,然后让他到多沙的皮洛斯和斯巴达游历,"打听亲爱的父亲归返家乡的消息,也好让他在人世间博得美好的声誉"(1.94–95)。这将使特勒马科斯不但成为一个倾听者,也成为演讲和故事的一部分。宙斯对此保持沉默,既没有否决也没有同意。雅典娜的想法并不是他的。要等到下一次诸神集会,他才会全身心参与此事。为什么会这样?如果问题的关键只是带奥德修斯回家,为什么要这么绕圈子?为什么雅典娜要竭力主张这个计划?我们需要将注意力放到伊塔卡,尤其是特勒马科斯和求婚人身上,才能找到答案。

二　坐在求婚人中间的特勒马科斯

雅典娜积极实施自己的计划。"她把精美的绳鞋系到脚上，那是双奇妙的不朽金鞋，……抓起巨矛，铆有锐利的铜尖，又重又长又坚固"。她将自己伪装成特勒马科斯的朋友门特斯（Mentes），"离开奥林波斯群峰，匆匆而行，来到伊塔卡地区，奥德修斯的宅院，站在院门前"（1.96-97，99-100，102-105）。她越过肥堆，走进大门。在这个午后的时刻，她看到108个成人在那儿闲着无事，玩游戏取乐，而他们的随从和伴友们①则忙碌地为他们准备大量食物和饮料，没有人注意到她的到来。特勒马科斯第一个注意到她的出现：

> 神样的特勒马科斯首先看到雅典娜，
> 他正坐在求婚人中间，心中悲怆，
> 幻想着高贵的父亲，或许从某地归来，
> 把求婚人驱赶得在宅里四散逃窜，
> 自己重享荣耀，又成为一家之尊。
> 他坐在求婚人中这样思虑，看见雅典娜，
> ……心中不禁懊恼，
> 不该让客人久待门外。（1.113-124）

荷马描绘的景象，尤其是他所形容的特勒马科斯，引出了一个常见的结论：尽管特勒马科斯已经二十岁左右，他仍然只是个婴儿——被动、年轻、不成熟。他坐在求婚人中间，但并不是他们中

---

① ［译注］"伴友"指侍候、陪伴贵族的人，他们不是奴隶，是自由人，因某种原因而投靠、依附该贵族，受其保护，如《伊利亚特》中随同阿基琉斯出征的帕特罗克洛斯。参荷马，《奥德赛》，王焕生译，前揭，页5，注释2。

的一员；他身处其中，心思却飘向了远方。特勒马科斯无助地沉思着，幻想着他"伟大的"、神奇的和神样的父亲将在某一天归来，然后一切归正；他的父亲，英雄般的超人，将突然从远方飞回，救出他一切的正当所有，包括特勒马科斯本人。特勒马科斯无力、软弱、无信念、无能，他甚至做好了屈从和顺服的准备，但他想要长大成人的需求又太迫切，以至于完全没有办法摆脱童年。

然而，关于特勒马科斯的这一普遍印象并不完整。首先，尽管像个白日梦者，但特勒马科斯肯定不缺少智慧。关于特勒马科斯的名字，最广为接受的解读是：要想变成"聪慧的"，就意味着要有良好的理解力、精明和睿智。事实上，《奥德赛》开篇凸显出来的此类表述也许描述的正是特勒马科斯的潜在能力，而非史诗开头时他的实际状态。如果这种潜力真的存在，那我们还能仅从特勒马科斯表面上的消极，就轻易认为他没有自我、粗枝大叶吗？他也许做了错误推断或者下了错误结论，但毫无疑问，他思维活跃，充满疑虑，甚至也许还在暗中算计。

其次，特勒马科斯已经在这座城邦和母亲一起生活了近二十年，大多数时间里，他的周围并没有另外的父辈出现，更别提祖父辈。奥德修斯的离去也赶走了他自己的父母：奥德修斯的母亲安提克勒娅（Antikleia）由于悲痛和伤心，很久之前就已去世（11.202 - 203）；父亲拉埃尔特斯同样出于悲痛和伤心，在很久之前就离开了城里，现在只是漫游在自己的庄园，如同奴隶一般，住在炉火旁的灰土里，或者独自睡在"随处以凋落的藤叶堆积成的低矮床铺"上（11.190 - 195）。一个孩童，即使是一个痴傻的孩童，在这种情况下，难道不会憎恨那个造成如许悲怆的离乡之人吗？

再次，自从求婚人来到，连特勒马科斯的母亲佩涅洛佩也开始变得更加疏离，更加关注自我。特勒马科斯肯定注意到了她古怪的行动：她对求婚人的殷勤变化无常——白日里带给他们消息、许下承诺,晚间却在哭泣;她对裹尸布的编织变化无常——白日织起,晚间又拆开;她对特勒马科斯的关心变化无常——她对特勒马科斯的离开感到震惊和恐惧,同时又是在别人的提醒下才知道他已经离开了一周多(4.703)。特勒马科斯肯定认为自己被忽视、被抛弃了。

也许有人说,在已经成年的特勒马科斯身边,总有人能减轻他的憎恨之情或者其他怒意,抚慰这个孩子。比如值得信赖的奶妈欧律克勒娅(Eurykleia),她照顾了奥德修斯和特勒马科斯两代人。还有永远忠诚的牧猪奴欧迈奥斯(Eumaios)。他们肯定会向特勒马科斯讲述他父亲的故事,说他的父亲堪称楷模,是拥有王杖的王者,是伊塔卡的万王之王;说他的父亲作为一个统治者如何充满爱心,如何善良、和蔼和正义;向他讲述那些奥德修斯在别人心中激起忠诚和信任的故事。毫无疑问,这些可亲的画面和故事,也许可以安慰和抚平任何怨气。

然而,考虑到伊塔卡的现状,这些解释都不可信。如果奥德修斯本人真的这么堪称楷模,能够激起感激和忠诚,为什么这些贵族还会每日聚集在宫殿,将佩涅洛佩、家中仆从甚至特勒马科斯本人挟作人质?为什么这些贵族的父亲们、祖父们,伊塔卡其他的王们,他们都认识奥德修斯,却仍支持这种行为?这些问题可能不断出现,刺激着特勒马科斯。

最后,更重要的是特勒马科斯本人对歌谣或者说对故事的不屑。跟伪装成门特斯的雅典娜交谈时,特勒马科斯对求婚人的批评暴露了他真实的想法。他说:"亲爱的客人,我的话或许会惹你气愤?这帮人只关心这些娱乐、琴音和歌唱。"(1.158-159)然而,当佩涅洛佩要求歌手费弥奥斯(Phemius)停止歌唱达那奥斯人(Danaans)的悲惨归程时,特勒马科斯却采用了求婚人的观点:

请不要阻止他歌唱达那奥斯人的悲惨命运,
因为人们非常喜欢聆听这支歌曲,
它每次都有如新谱的曲子动人心弦。
你要坚定心灵和精神,聆听这支歌。(1.350 – 353)

尽管他谴责求婚人,甚至出于对歌谣的尊重宣称自己被他们羞辱,但至少看起来他同意他们的观点:歌谣或者故事与过去并不相关,不过是种消遣罢了。

现在,我们不禁要质疑,特勒马科斯的身份认同是否与求婚人有着重大关联。特勒马科斯二十岁了,求婚人可能并不比他大多少。自从他自己的男性力量开始萌芽,求婚人已经在他家住了三年多。荷马多次提及特勒马科斯坐在求婚人中间。荷马作品中其他地方的类似表达也需要注意。"空间倾向性"——一个人置身何处、如何动作、如何摆姿势,都是心理状态的表达。空间由"精神状态授予",① 此处不也同理吗?

果真如此,特勒马科斯外在显明的悲伤和消极,就不只反映出他渴望英雄般的、神样的父亲来救他。在奥德修斯离开的二十年间,特勒马科斯也许将自己的父亲视作竞争者,尤其考虑到他对母亲的

---

① Norman Austin, *Archery at the Dark of the Moon*, Berkeley: University of California Press, 1975, p. 102。诺曼随后继续阐释自己的观点:"一个人的行动,甚至他的姿势,都是他内外平衡的一种展现。姿势由空间引起,空间模仿了姿势。不论是往东西南北,还是往上下左右,看起来是物理意义上的举动,却展示了一个人的性格和情绪。空间具有质量,当阿基琉斯扔下王杖坐在地上时(中译本参荷马,《伊利亚特》,罗念生、王焕生译,北京:人民文学出版社,1994,1.245 – 246。除特殊声明外,有关《伊利亚特》的引用均出于此),我们可以发现其中的深刻内涵。或者当阿伽门农向阿基琉斯道歉时(《伊利亚特》,19.77),我们可以确定他的姿势同他的言辞一样重要。"奥斯丁引用奥德修斯的父亲拉埃尔特斯作为此类现象"最清楚的例子",拉埃尔特斯穿着破烂衣裳,抛弃了城市,住在灰土与枯叶中,都表明了他一心求死或者求消失。

热爱，而这点并不需要借助弗洛伊德的学说才会想到。由此就不可避免地推断出，在很大程度上，特勒马科斯的内在身份认同跟求婚人一致。这就要求更仔细地观察求婚人本身：他们是谁？他们想要什么？

三 求婚人的心思

从某种角度来看，求婚人出现在奥德修斯的宫殿中是半合法（quasi‐legitimate）的。这基本取决于奥德修斯的状况：如果奥德修斯死了，那么他们的出现即便不正义，至少也情有可原。① 然而，这种让步也就假定了求婚人确实是请愿者，也就是说，这些人来到这里，就是为了求娶佩涅洛佩，郑重地将自己的盔甲交付与她。但若更切近地加以探查，就会发现这种假设令人生疑。②

在人前，在公众场合，求婚人演说时坚称他们想要与佩涅洛佩结婚。比如，在第二卷的公众集会上，安提诺奥斯（Antinoos）坚持"只要（佩涅洛佩）仍不想选择一位阿开奥斯人出嫁"（2.126‐27），他和其他求婚人就都不会离开。欧律马科斯（Eurymachos）对此表示赞同：他强调，是佩涅洛佩"继续拖延阿开奥斯人的求婚，我们将会一天一天地在那里等待，竞争得到她的应允，不会去找其他女子，和她们结成相配的婚姻"（2.204‐7）。这是他们在公共演讲中表达的意愿，但他们的私下谈话却表现出另一种意愿。

---

① Norman Austin, "Telemachos Polymechanos", *California Studies in Classical Antiquity* 02 (1969): 47。这是奥斯丁的观点。

② Agathe Thornton, *People and Themes in Homer's Odyssey*, Dunedin: University of Toronto Press, 1970。尤其是第七章"求婚人"（The Suitors），页63‐67。本文关于求婚人的观点很大一部分来自此研究。

第十六卷，这些求婚人伏击特勒马科斯未遂返回，史诗中这样表现他们："他们一起前去会商，不允许任何其他人参加，无论是年轻或者年长。"（16.361－62）安提诺奥斯继续引导他们：

> ……我们必须首先行动，把他逮住……
> ……再夺过他的家财，
> 在我们之间公平地分配，这座宅邸
> 可留给他的母亲和将要娶她的那个人。
> 如果你们不同意这样做，却欲让他
> 继续活下去，享有全部祖传的家财，
> 那我们便不要再一起消耗他的财产，
> 在这里聚饮，每人都返回自己家里，
> 向她求婚，馈赠礼物，她可以嫁给
> 赠礼最丰厚，她命中注定婚嫁的那个人。（16.383－392）

求婚人在这次密谈中表达了他们的真实想法，显露出清晰的犯罪动机：他们出现在宫殿中向佩涅洛佩求爱只是次要的事情。假如他们唯一的或者说主要的关注点是求得佩涅洛佩，那么他们就应该像安提诺奥斯所言，从自己家中出发。他们在奥德修斯家中的饕餮盛宴，毫无疑问，最终都是在针对奥德修斯本人，要掠夺他的财产、打倒他的权力，从而也就是针对奥德修斯将来的继承人特勒马科斯。①

一旦看清求婚人的犯罪动机，他们的许多言论就有了更罪恶的含义。比如，第一卷，当特勒马科斯发表了他第一段大胆的言论后，安提诺奥斯反驳道："愿克罗诺斯之子不让你成为四面环海的伊塔卡的统治者，虽然出身是父辈遗传。"（1.386－387）第二卷，在伊塔

---

① 比较 Agathe Thornton, *People and Themes in Homer's Odyssey*, p. 64。

卡的集会上，勒奥克里托斯（Leokritos）说，就算奥德修斯回来，也"不会给终日想念的妻子带来快乐，可悲的死亡将会降临到他的头上"（2.249-350）。之后，第二十一卷，求婚人一个接一个地上，但都没办法给奥德修斯的弓上弦，此时欧律马科斯替他们所有人说出了心中话：

> 天哪，我为自己，也为众人痛惜。
> 我并不因这场求婚不顺而伤心忧愁，
> 因为还有许多其他的阿开奥斯女子，
> ……
> 我愁的是如果我们的气力如此不及
> 神样的奥德修斯，连他的弓我们都难以
> 安好弦绳……（21.249-255）

求婚人显然想损毁奥德修斯的名声、毁掉奥德修斯本人，想要取而代之。求婚人并不嫉妒奥德修斯的王者特质：他的"心中常驻正义"，他的和蔼，他公平统治的能力，甚至他那美丽审慎的妻子的忠贞。相反，他们嫉妒他的权力和力量。在隐喻的意义上，他们试图通过吃掉他的物质财富或者杀掉他的儿子特勒马科斯来获得这些。这些求婚人是"文明"的食人者，同他们的精神伴侣库克罗普斯一样，他们以残暴的力量来取代王权统治。他们不看重自身之外的任何东西，不尊重出现在自身面前的任何东西，也不崇敬超越他们之上的任何东西。他们永远只能靠嬉耍、饱食、酗酒和嫖妓来打发时日，他们无视时间，无论是过去还是未来。他们只顾自身当前紧迫的需要和欲望。

回顾文本，之前特勒马科斯就歌谣对雅典娜发表了相近于求婚人的看法，即歌谣只是一种消费品。这解释了一切：当费弥奥斯"被迫为求婚人歌咏"、拨动琴弦、美妙歌唱时，特勒马科斯评价道，

"亲爱的客人，我的话或许会惹你气愤？这帮人只关心这些娱乐，琴音和歌唱"（1.154－159）。如果人类生来是理性存在，即生来具有logos［理性］，那么很明显，对荷马而言，使用言辞最高级最正确的方式就是讲故事。进一步说，人们对故事的态度才最能展现人们的灵魂。可以公式化地认为，没有故事就没有记忆，没有记忆就没有时间概念，没有时间概念就没有敬意或者aidos［审慎、谦虚、克制］，没有敬意就没有王权，没有王权就没有城邦。因而也就不奇怪，在荷马史诗中，拥有王者头脑就等同于是陌生人的主人。① 求婚人对歌谣和故事的反常态度直接表明他们不会尊重陌生人，也不会因此而感到羞愧，这最终指向他们想要剥夺奥德修斯王权并颠覆城邦的罪恶欲望。但正如文中所示，除去显然的难堪和求婚人所谓的羞辱外，特勒马科斯基本上同意求婚人对歌谣的态度。这已经可以给出关于特勒马科斯内心世界的更为完整的表述，以及由此给奥德修斯归乡带来的重重困难。

四 特勒马科斯、求婚人以及诸神集会

故事继续。虽然诗中既没有讲清特勒马科斯尚未完全明白过来他自己对奥德修斯的矛盾心理，也没有讲清楚他尚未意识到自己在何种程度上与求婚人视界一致，但考虑到之前对特勒马科斯的分析，即特勒马科斯至少有部分与求婚人的身份认同一致，也就很难让人忽略他潜在的作案动机。史诗最初描述他：

　　特勒马科斯

---

① ［译按］陌生人的到来会带来各种各样的故事，而真正的王者能够在听故事中学到各地不同的风俗，增长见识，开阔视野，从而更好地统治国家。因此，真正的王会热情招待陌生客人。

> ……正坐在求婚人中间，心中悲怆，
> 幻想着高贵的父亲，或许从某地归来，
> 把求婚人驱赶得在宅里四散逃窜，
> 自己重享荣耀，又成为一家之尊。(1.113–117)

对这一文段可作另外一种大相径庭却同样合适的解读：特勒马科斯同求婚人一样，也希望取代奥德修斯，但他知道奥德修斯的位置并不是他"合理的位置"，奥德修斯的"财产"也并非他能夺取，因此他"心中悲怆"，痛苦地梦想着他那"伟大"即强大万能的父亲。然而奥德修斯在多年前就抛弃了他。他只能幻想着奥德修斯归来，重新宣称什么才是合法的，并赶走所有求婚人，也包括奥德修斯自己。

在早先对特勒马科斯状态的解读中，当奥德修斯以诸神或者英雄救星的形象出现时，特勒马科斯只有个人化的无能或软弱情绪。而现在这种解读呈现了特勒马科斯心中充满希望、有力和活跃的个人梦想，奥德修斯则成了一个对立的王。在之前的渴望中，特勒马科斯想要延长童年，现在他则对自己内在的弑父渴求有了谨慎而羞愧的清醒意识。前者展示了一个无力、没有自我、易于依附他人，甚至为了避免麻烦还会顺从和屈服的形象，后者则显示了一个充满决心、关注身份认同、独立、愿意甚至想要招惹麻烦的形象。这些情绪指向完全不同的方向——一个懦弱，一个自大，反映出来的渴求在逻辑上也无法相容，但它们难道不也有可能同时都存在于特勒马科斯备受困扰的内心，构成了他的自我理解吗？

如果是这样，特勒马科斯就面临着一个非常艰难的困境。假如他认可自己跟求婚人一样，那么，就算他心存良知，他还能全心全意地欢迎父亲归来吗？相反，如果他只是寄望于父亲来救他，那么他还能意识到自己要独立行事吗？渴求父亲使他无力行动，憎恨父亲和想要取而代之又会使他无法行动。他心中的悲怆、他的停滞不动和惰性都揭露了这个困境和他内心的冲突情形。的确，他向雅典娜坦诚，他不知道自己是不是奥德修斯之子——"母亲说我是他的儿子，我自己不清楚（1.215 – 216）"——这直率而且显然痛苦的坦白直接透露了他的矛盾心理。① 特勒马科斯像其他的人子埃吉斯托斯和俄瑞斯忒斯一样——至少部分一样——有着一个充满怨恨而想要报仇的灵魂。

现在我们可以从一个更有利的角度，来弄清《奥德赛》开头宙斯的观点和雅典娜的计划之中的奇怪顺序。返乡并不是可由个体自由选择和自主发挥的英雄业绩，也不是要个体去独自忍耐和承受的试验。史诗由此一步步说明，如果奥德修斯想要返乡，其他人就必须扮演好各自的重要角色。人若要找到一个家，就必须理解个体的脆弱和对他人的依赖，所以必须依赖别人来实现。同样，奥德修斯也必须依靠伊塔卡民众的接纳才能继续王权统治，必须依靠佩涅洛佩才能重获丈夫身份，必须依靠拉埃尔特斯才能重新确认他作为一个儿子与这里的关联，必须依靠特勒马科斯才能重获父亲地位。当他无力而孤独地坐在卡吕普索的小岛上，出神地望着水面，擦拭泪水并"想要死"的时候，也许正在沉思这些。

在奥德修斯为了返乡成功所必须重新确立的诸多关系中，他与特勒马科斯的关系排在绝对首位。因为奥德修斯若没有继承人，就无法维护他的王权；或者，如果他的独子不是在言语上而是在内心里认定自己不是奥德修斯的儿子，甚或更糟，如果他必须失去甚至杀掉自己的儿子才能重新获得家，那么，他还能和自己的妻子共同生活下去吗？同样也可以想见，当属于他的过去的拉埃尔特斯因此

---

① 通常来讲，在荷马史诗中，不知道父亲是谁意味着一个人生活在黑暗中，困惑而无望，特别参见《奥德赛》5.394 – 399 的比喻。

而发觉已没有未来可以期盼，奥德修斯还能面对老父吗？正如前文所揭示的诸多原因，奥德修斯和特勒马科斯的团聚依旧困难重重。举例来说，特勒马科斯不像宙斯沉思的对象埃吉斯托斯，可以为了父亲立即毫不含糊地行动。奥德修斯对特勒马科斯而言，正如梯厄斯特斯和阿伽门农二者之于埃吉斯托斯。为了安排奥德修斯的返乡，诸神不止一次地集会，这难道不使人感到惊奇？诸神抚慰埃吉斯托斯而告失败，不也正警示手头这项工作的艰难？雅典娜在宙斯的默认下提出并实施的计划，开始于也最终依赖于特勒马科斯，这难道不使人讶异？这不正解释了为什么《奥德赛》要以特勒马科斯为开端？

"特勒马科斯"这名字的另外一个含义——"最后一战"（final battle），暗示着奥德修斯将面临他最有决定意义的一战。故事开始时，奥德修斯已经做好了驶回家乡的准备，但他必须先等待，随后他还要协助特勒马科斯的彻底转向：特勒马科斯必须学会打倒他自己最可怖的恐惧和怨气，节制他的野心；他必须学会将奥德修斯的家也看做自己的家，将其视作可继承的，而非要去征服的，将其视作需要积极维护并使之不朽的，而不仅仅是被动承受的；他必须懂得他不用将奥德修斯视为一个神或英雄般的救星，更不用将他看做竞争者，而是将他看作一个男人、看作他的父亲。特勒马科斯的彻底转向或者说对他的教育，占据了此后叙事的绝大部分。这场教育分为两步：第一步，特勒马科斯被带回"他是奥德修斯之子"这个认知中，这一步基本上通过演讲和故事（第一至四卷，第十六卷）实现；第二步，特勒马科斯将逐步接受作为奥德修斯之子应承担的责任，这一步主要通过功业（第十六至二十三卷）实现。

第一步以特勒马科斯拥抱奥德修斯而告完成；第二步则以父子并肩战斗对抗求婚人，并在随后与拉埃尔特斯共同应对他们的亲戚，以及特勒马科斯主动追随父亲的脚步并接受他的指导而告完成。两步都实现了雅典娜所宣布的计划。我们在此无法再现特勒马科斯教育中的每一步,但我会尽量选取最后部分来详尽介绍其中的主要进程。

五 特勒马科斯的教育

特勒马科斯同父亲一样离乡远航了,去见识他从未见过的事物。远游使得父子两人如此相仿。但从心理层面来讲,旅程让他离家更近。他游历城邦、习得智慧,他越多地看到外在世界,也就越多地看到自己的内心。如一位学习《奥德赛》的学生所言,雅典娜将让特勒马科斯去经历一些事情,"这将会发掘出特勒马科斯自身继承自奥德修斯的品质,激发他的共鸣"。① 特勒马科斯的游历如一面镜子,照出了他自己那颗奥德修斯般的灵魂。第一至四卷就讲述了这类故事,在此略举一二。

特勒马科斯的旅程在离开伊塔卡之前就已经开始。雅典娜深知,培养对外乡人的热情好客,其重要性等同于培养王者之尊,因此她才以严密的伪装降临在伊塔卡。她的突然来访直接诱使特勒马科斯开始了一场旅行,在这次旅行中,他的身心将开始远离求婚人,同时也远离他的母亲。特勒马科斯抛弃了他习惯的懒散,离开求婚人,站起来走向雅典娜,为她提供饭食和饮料,然后和她私下聊天,"远离求婚人"(1.132)。特勒马科斯甚至在开口询问客人身份之前,就已经强调了求婚人的无耻行径(1.158-62),并讲述了自己的无助和无望(1.163-68)。雅典娜此时的出现刺激了特勒马科斯,使他走向自我认同的最初旅程。她接下来的技巧将带他走得更远。

---

① Mary Hannah Jones, "A First Reading of the *Odyssey*", *Prize Papers*, St. John' College (1977–78): 62.

正如奥斯丁（Norman Austin）所言，雅典娜巧妙地、辩证地"假装无知"而指出了问题所在。她扮作"一个富有技巧的精神治疗师，逼迫自己的病人用言语来表达自己，进而为他自己的行动做好心理上的准备"，① 她推动了进程。她强迫特勒马科斯成为反抗他自己的见证者，进一步面对他的处境。这一手段的主要目的直到她离开时才显露出来：

> 雅典娜全程都处在伪装的状态，之后变成一只鸟飞走了……史诗写到特勒马科斯立即意识到他的客人是一位神……因此，这是特勒马科斯在洞察力方面的第一堂课……他的观察能力是为了透过伪装，识伪辨真。（同上）

众所周知，这种洞察力经常（有时是讽刺性地）被视为奥德修斯家族的特质，尤其是奥德修斯本人的特质。雅典娜首先通过"强化（特勒马科斯的）内在眼光"，继而通过她的自我显露，将特勒马科斯的"洞察力转移到他周围的外在现象上"（同上），从而使他更加接近奥德修斯。

特勒马科斯学得很快。他立即学以致用，显得更像他自己家族的人了：求婚人向他询问客人的身份和任务时，他的答案含混不清，非常有欺骗性。接下来他还撒了三次谎。紧接着，他迅速占据了主导地位：当他的母亲含泪制止歌人歌唱时，他立刻将她赶走，并且告知求婚人他不许他们在他家贪婪掠夺。如文中所示，他的母亲和求婚人对此都甚为惊讶。可能就连特勒马科斯本人也十分惊讶吧。雅典娜给了特勒马科斯勇气去追随她的指导，比起那些立竿见影的效用，这种勇气更为重要。她将促使特勒马科斯走到外边去寻找父亲的消息，同时也在家中扮演更为活跃和坚定的角色。在执行这些

---

① Norman Austin, "Telemachos Polymechanos", p. 53.

指示的过程中，特勒马科斯将进一步磨砺出奥德修斯那样的能力，从而也就能更容易地意识到他和奥德修斯之间的血脉联系。

海外游历使特勒马科斯直面他父亲的世界。从奥德修斯的朋友和追随者，涅斯托尔、墨涅拉奥斯和海伦（Helen）那里，特勒马科斯详细了解了一个他从来不知道的世界。在皮洛斯和斯巴达，老一辈的英雄们仍旧活着，并将继续活在他们的故事中。他看到人们在谈到奥德修斯时流泪，听人们讲奥德修斯是挚友，是一位王，一个战士，更重要的，奥德修斯是能者，是一位狡猾的战略家。

每到一处，特勒马科斯都是先认真地聆听，然后再说话，最初他很犹豫，但他逐渐获得了更多自信。每到一处，人们都能迅速认出他是奥德修斯的儿子，他有着跟奥德修斯相似的四肢、明亮的眼睛、额头和头发，更关键的是，他和奥德修斯一样善用言辞。每到一处，特勒马科斯都会哭泣，先是为无能的自己，继而是为自己的父亲。每到一处，他都逐步变强，更自强、更聪慧、更独立。到达斯巴达时，他已坚信奥德修斯还活着，并且很有可能已经在家。①

---

① 在强调特勒马科斯的显著变化以及他与父亲的相遇时刻时，我将斯巴达和皮洛斯看作特勒马科斯的"学校"。雅典娜特别将他送往这些地方并非偶然。特勒马科斯能感受到各个地方之间的不同、统治者们的不同，这让他更能了解自己在地理上和血统上的起源。我在此简略说一些其他的突出差异。多沙的皮洛斯聚集了四千五百名常住人口，特勒马科斯到达时正是黎明时分，皮洛斯人正在海边向波塞冬举行盛大的祭祀典礼，献出了 81 头公牛。皮洛斯甚是荒凉，与地处内陆、水草丰美且富裕的斯巴达形成鲜明对比，也与多石的伊塔卡形成鲜明对比。在皮洛斯，人们虔诚、单纯、关注外界，受老涅斯托尔管辖。在斯巴达，人们更关注肥沃的内陆、富丽堂皇的宫殿——特勒马科斯甚至误认为那是宙斯的宫殿——受墨涅拉奥斯和海伦管辖。在皮洛斯，拜访者们要表达对诸神的敬仰，他们庆祝过去，期待未来：老涅斯托尔总是被他的六个儿子和其他人包围着。在斯巴达，拜访者总能想起特洛伊战争的缘起，人们只能看到过去的痛苦，而似乎没有未来。尽管海伦和墨涅拉奥斯正在庆祝一个婚礼——他们唯一的孩子赫尔弥奥涅（Hermione），她在特洛伊战前出生，准备嫁给阿基

举例来说,他离开斯巴达时给墨涅拉奥斯的借口非常有技巧,模糊不清,完全不对头。这个当时满脑子只有自己的宫殿和家庭的年轻人这样说道:

> 即便在此逗留一年,我仍会满心欢喜,
> 甚至不会想回家或者见父母……
> 然而,留在皮洛斯的我的同伴,
> 现在应该没什么耐心了。(15.88 – 91)①

想想他对墨涅拉奥斯说的那些希望回家能够见到奥德修斯的心愿,这个心愿以一只飞鸟掠过为预兆,海伦看到后,认为奥德修斯已经回返家乡(15.155 – 160,171 – 178)。再想想他决定直接回家,宁愿冒着惹怒涅斯托尔的危险,也没有停下。他既没有如自己所承诺的向涅斯托尔转达墨涅拉奥斯的致意,也没有向他当面道别。雅典娜的指导好像已经逼迫特勒马科斯发展出了奥德修斯最杰出的品质:智谋、审慎、自制和把握时机。

特勒马科斯不再无望和无助,在完全意识到他和奥德修斯的血

琉斯的儿子墨伽彭特斯(Neoptolemos),但赫尔弥奥涅的离去却更加反衬出他们家的空虚和荒凉。特勒马科斯在故事中听说了奥德修斯的英雄品质,也听说了奥德修斯和他那些英雄同伴的不同,毫无疑问,这些故事能够引起特勒马科斯的特别兴趣。比如在皮洛斯,涅斯托尔讲述了战争最后他提出的战略,这将让特勒马科斯去思考,涅斯托尔作为谋士与奥德修斯有怎么样的区别。同时,对比墨涅拉奥斯和涅斯托尔身上的缺点,也更能体现出他们故事中的奥德修斯拥有怎样强大的自制力。关于皮洛斯和斯巴达的"学校作用",可以更多参考 Norman Austin,*Archery at the Dark of the Moon* 以及 Gorge E. Dimock,*The Unity of the Odyssey*,Amherst:The Unity of Massachusetts Press,1989。

① [译按]《奥德赛》卷15行88 – 91中译本与英译本有所不同,中译为:"我想此去直接返家乡,因为我离开家门时未托人看守产业,我不能为寻找神样的父亲自己遭不幸,也不能让家中的珍贵财物为此遭亏损。"

脉联系后，他对自己逐渐增强的力量自信起来。他重新驶回家乡伊塔卡。特勒马科斯的自我认知日益增长，他也重掌大权，这使读者一边欣慰于他取得的成就，一边也将更为强烈地疑惑雅典娜的悉心教导会不会事与愿违。特勒马科斯第一阶段的教育已经接近尾声，父子相认并团聚到底能否实现，或者会被其本身的重量压垮？特勒马科斯内心锻造出的变化会不会实际上激化了他的不满，甚至强化了他的野心？特勒马科斯第一阶段的结尾部分——父子团聚，既引起了关注，同时也很遗憾地加强了恐惧。

黎明时分。刚刚回到伊塔卡、伪装成乞丐的奥德修斯正和牧猪奴欧迈奥斯在农舍准备早饭。突然，特勒马科斯凭空出现。欧迈奥斯惊异地跑出去迎接，拥抱他、亲吻他，"好像他曾逝于逃亡路上"。欧迈奥斯热泪直流，说道："特勒马科斯，甜蜜的光阴，你终于归来！我以为不能再见你。"（16.21 - 24）特勒马科斯离开的时间至多不超过一周，却得到了欧迈奥斯的热烈欢迎，"有如父亲欣喜地欢迎自己的儿子，儿子历时十载远赴他乡终回返"（16.17 - 19）。农舍中的奥德修斯此时肯定在仔细听动静。之后，欧迈奥斯和特勒马科斯两人进入农舍。二十年来，父子两人第一次真正互相注视。他们沉默地坐在一起用饭。这沉默震耳欲聋。如果特勒马科斯真学到了雅典娜教给他的东西，而且他自己也足够聪明，那么聪慧的他一定立即看穿了坐在他面前的此人的伪装。对父子二人而言，随后的对话艰巨异常。

特勒马科斯向欧迈奥斯发问，似乎有意没问这个陌生人是谁，而是问他来自哪里，又是哪些航海人将他送来伊塔卡，这些航海人又是谁。欧迈奥斯讲述了这个外乡人的来历和漫游，命令一般地强调道："我将把他交给你，听凭你安排，他作为乞援人请求你的帮助。"（16.66 - 67）特勒马科斯回答时的痛苦语气，其程度与他内心深处的矛盾心情不相上下，这显然使欧迈奥斯感到惊讶。他说："欧迈奥斯，你的话令我深感痛心，你看我如今怎能把这位客人带回家？我自己尚且年轻。"他在谈话中再一次提及了自己过去的无能，说自己"还难以靠双手自卫，回敬任何欲与我做对的年长之人"。他将自己的无能部分归咎于母亲，她"胸中的心灵正在思虑，是继续留在我身边，关照这个家庭，尊重她丈夫的卧床和国人们的舆论，还是嫁给一位在大厅中向她求婚……的阿开奥斯人"。尽管特勒马科斯为外乡人提供了衣裳和武器，好将他送往他想去的地方，但他最后还是回到自己的无能上：

> 我不希望他前往那些求婚人中间，因为那些人粗暴强横，又傲慢无礼，恐怕他们会侮辱他，那样我会很痛心。即使一个人勇敢有力量，他也难以与众人对抗，因为对方人多势力强。(16.69-89)

奥德修斯一定意识到特勒马科斯已经知道他是谁。如同大部分父亲一样，他先是悲伤，接着感到难以置信，然后他试着给出一些建议。如同雅典娜之前的努力，他试图通过巧妙的提问激发出特勒马科斯更好的天性：

> 朋友啊，……
> 我听你刚才所言，心灵都要被撕碎，
> 那些求婚人在你家竟如此狂妄无礼，
> 横行无忌，违背你这样一个人的心愿。
> 请你告诉我，是你甘愿屈服于他们？
> 还是人民……全都憎恨你？
> 或者兄弟们令你不满意？……
> 但愿我现在也年轻，同豪壮的心灵相称，
> 或者我就是高贵的奥德修斯的儿子，

> 或者是他本人漂泊回乡井；……
> 任何外乡人可立即把我的脑袋砍下，
> 倘若我不能给他们这帮人带去不幸，
> 在我去到拉埃尔特斯之子奥德修斯的家里时。
> 即使我孤单一人，败于众人手下，
> 我也宁可被杀害，死在自己家里，
> 决不能对那些无耻行径熟视无睹。（16.91 – 107）

这番言辞并没有达到预期的效果。的确，特勒马科斯一反常态，承认自己就是奥德修斯的儿子和继承人，他说：

> 克罗诺斯之子使我家独子繁衍，
> **阿尔克西奥斯**（Arkeisios）生了独子拉埃尔特斯，
> 祖父生独子奥德修斯，奥德修斯生我。（16.117 – 120）

他承认人民之中有自己的朋友，但他再次声明自己是无助的：

> 奥德修斯生我，
> 也是独子，留下我未享受任何好处。
> 现在我家里聚集了许多恶意之徒
> ……
> 母亲不拒绝他们……
> 又无法结束混乱。（16.119 – 129）

特勒马科斯甚至指责了诸神。对他而言，要接受自己的血缘，似乎就意味着必须放弃自己的男子气概。除非将奥德修斯看作一个掠夺者，看作他重掌王权的障碍和竞争者，否则特勒马科斯就没有办法接纳自己的父亲。

然而，特勒马科斯随后的举动充满自信，这也就说明他这种关于无能的说法不过是种姿态。他命令欧迈奥斯去城中通知佩涅洛佩他已平安归来。正是从这个举动中,雅典娜抓住了暗示,他改变了奥德修斯的容貌,让他变成了特勒马科斯设想中的光辉英雄,并要求奥德修斯向特勒马科斯说出真相。特勒马科斯毫无防备,对奥德修斯的变化感到非常惊异,看了一眼就移开视线,将他当做某位神明,希望他能赐恩。奥德修斯极力控制着心中巨大的愁苦,说道:

> 我并非神祇,你怎么视我为不死的神明?
> 我就是你的父亲,你为他心中忧伤,
> 忍受过许多痛苦,遭受过各种欺凌。(16.187–189)

之后,他情难自禁,泪流满面,亲吻了自己的儿子。

特勒马科斯仍旧不相信,奥德修斯只好心痛地再次确认自己的身份:"特勒马科斯……绝不可能有另一个奥德修斯来这里……刚才是……雅典娜的作为……按照自己的意愿。"(16.202–204,207–208)奥德修斯意识到特勒马科斯的痛苦后,既没有掩藏自己,也没有强迫他接受,他没有提任何要求。他只是说话,然后坐下等待。终于,特勒马科斯——

> 紧紧拥抱高贵的父亲,泪水流淌。
> 父子俩心潮激荡,都想放声痛哭。
> 他们大声哭泣,情感激动胜飞禽,
> 有如海鹰或弯爪的秃鹫,它们的子女
> 羽毛未丰满,便被乡间农人捉去
> 父子俩也这样哭泣,泪水顺眉流淌。(16.214–219)

然而这一动人场景并未完全解除疑虑。尽管特勒马科斯已经完全接受对方就是奥德修斯本人,也拥抱了奥德修斯,但随后的对话却生动地展现出他深深的矛盾心情和身为人子的疑惑。当奥德修斯急切地设计陷阱报复求婚人时，特勒马科斯狡诈地回答道："你刚才话语夸张，颇令我惊异。"（16.243–244）。尽管特勒马科斯前所未有地意识到雅典娜在保护他们，他的父亲力量强大，他自己也有极强的能力，但很奇怪，他仍旧没有干脆地加入报复行动。他此时表现出的无能其实是掩盖内心矛盾的面具，这关乎他对成功的渴求，而非怀疑成功的可能。

奥德修斯现在面临着最为艰难棘手的考验：他完全明白特勒马科斯要从那个自我中剥离出来，他必须鼓励儿子拿出自己的男子气概。特勒马科斯第二阶段的教育由此开始，这次是奥德修斯亲自来教育他，而不是化身为门特斯的雅典娜。

如同雅典娜的教育规划，奥德修斯很大程度上也认可应对困难而棘手的处境对人产生的心理影响。之前特勒马科斯是被迫确认自己作为主人的权威，而这次他将代表自己的父亲有目的、有意识地这样做。他将被迫在自己身上练习狡诈、自制这些奥德修斯一样的能力，如同他的父亲接下来将要演示的一样。特勒马科斯必须假装自己不认识这个外乡人，当别人嘲笑、愚弄甚至扔东西向自己的父亲时，他都必须保持镇静并且忍耐。为奥德修斯着想，他必须做好这些。

如果说老师的成功与否取决于学生的表现，那么奥德修斯可以很骄傲了。从奥德修斯伪装成乞丐进入宫殿的那一刻开始，特勒马科斯就表现得异常冷静，他完全胜任这个角色并能掌控全局。但是，一个人再怎么尽职尽责地遵从他人指示，都不能真正展示他自己的内心。特勒马科斯被迫经历的这些考验都很有必要，但还不够。只有当他离开父亲的指示主动行动时，才能看出他接受儿子和继承人身份的真实意愿。因此，没有什么比弓箭比赛更能揭示这一点了，也没有什么比弓箭比赛更对奥德修斯产生威胁。此时，奥德修斯终于可以将自己的命运完全交付给特勒马科斯。

佩涅洛佩提议强弓择偶,允诺自己会嫁给能轻松拉开奥德修斯的强弓并射过十二个斧孔的人。求婚人当然十分清楚,在伊塔卡,这张弓和这种比赛是奥德修斯的象征。因此,对特勒马科斯来说,这是一次很好的测验,也是结束他旅程的最佳闭幕式。佩涅洛佩在昨晚和"外乡人"奥德修斯长谈之前就已制定好了现在的计划,自信的奥德修斯完全赞成。经历了许多的痛苦和犹疑之后,佩涅洛佩终于拿出这张弓,邀请求婚人参加比赛,欧迈奥斯则遵从佩涅洛佩的要求,将强弓和灰斧置于求婚人面前。这时,实际上并不清楚计划的特勒马科斯主动站出来以占先机。表面上看,他是为了帮佩涅洛佩而虚张声势,像是打断了时机,实际上,是他推动整个局面走向其紧要关头。

当求婚人站在周围满怀希望地望着这张弓时,特勒马科斯不明智地笑了,他走向前说道:

> 好吧,求婚的人们,既然已有奖品,
> 这样的女人在阿开亚地区无与伦比,
> 不论在神圣的皮洛斯,在阿尔戈斯、迈锡尼(Mykene),
> 还是在伊塔卡本土,在黝黑的大陆土地
> ……
> 现在你们不要借故拖延,也不要
> 迟迟不愿安弓弦……(21.106 – 112)

他突然说自己也想参加比赛,宣称如果他赢了,那么他也应该得到奖品:

> 如果我能成功地安弦放矢穿铁斧,
> 那时尊贵的母亲若离开我家嫁他人,

我便不会过分伤心,因我能在这里,
举起父亲的精美武器继承这家业。(21.116–117)

特勒马科斯将事情向前猛推了一把,接着他"一跃而起",立起斧子,挖出深沟,画好锤线,用脚踏平,一切都做得十分合适齐整,令在场之人大为惊异,因为从来没见他这样做过。之后,他站在门槛上,试安弓弦。

特勒马科斯不明智的轻率也许是他最为巧妙的伪装,如奥斯丁所言,"再没有比这更恰当的讽刺了(扮成小孩子,却心怀成人心思)"。① 但更合理的解释是,这只是特勒马科斯自发的外在反应,因为作为一个男人,他突然完全明白过来,他一直想要的一切现在都有可能实现。现在,特勒马科斯可以宣布一切都"合法地"是他的了。现在,他可以向他自己和整个世界展示他自己的力量和权力。现在他可以向求婚人,也向他的双亲报仇了。毫无疑问,佩涅洛佩和读者一样,忧虑地等待和关注着。而此时,没有谁比奥德修斯本人更忧虑、更无助、更需要极力克制了。

"他三次奋力,颤悠悠引拉弦绳,三次都气力不济",文中写道,"尽管他心中希望安好弓弦,一箭穿过所有的铁斧",并"第四次尽力拉引"。"眼看快安上,奥德修斯向他示意,阻止他再拉引"(21.125–130)。尽管特勒马科斯因为父亲的一瞥而不再尝试,但他服从的是强力而非无力。既然已经知道了自己能拉开弓,他就不再感到被逼迫。特勒马科斯终于意识到自己的男性气概,感到自己与父亲不相上下,因此现在他能自在大度地承认并接纳父亲的引导和权威了——也许正是因为他明白过来是父亲的克制使他赢得了胜利,更进一步说,胜利的获得来源于父亲的示意。

---

① Norman Austin, "Telemachos Polymechanos", 前揭。

正如读者所猜想的，特勒马科斯带着他那奥德修斯样的狡诈和伪饰，立即毫不犹豫地加入了这次计划。他说：

> 看来我将是软弱无能之辈，
> 或是我还年轻，难以凭自己的臂力
> 回击对手，如果有人恣意欺侮我。
> 现在来吧，你们都比我力强气盛，
> 快来尝试这张弓，让我们开始竞技。(21.130 – 135)

特勒马科斯沉默地同意了奥德修斯无言的示意，只有这一举动才意味着特勒马科斯真正拥抱了奥德修斯。接下来发生的一切都足够展示他的敬意、他的忠诚和他的骄傲。有一个地方尤其明显。每个求婚人都按照顺序试着拉弓，但都没有成功，他们将此归咎于阿波罗，想要推迟竞赛。此时，外乡人奥德修斯祈求给他一个机会，佩涅洛佩也站出来为他辩护。求婚人极力反对，而此时特勒马科斯再次占得主导。他重申自己的权力，称自己才是"家中掌权者"。他像自己已经做过一次的那样，尖锐地要求佩涅洛佩去关注她自己手头的事情。尽管挑战了母亲的权威，但这一次特勒马科斯是站在母亲的角度：

> 亲爱的母亲，没有哪个阿开奥斯人
> 比我更有权决定把这弓给谁或拒绝，
> 无论他们是统治崎岖的伊塔卡地方，
> 或是统治靠近牧马的埃利斯的各岛屿。
> 任何阿开奥斯人也不得阻挠反对我，
> 即使我把这弓永远赠这客人带回家……(21.344 – 349)

现在，佩涅洛佩、奥德修斯和特勒马科斯心有灵犀，用荷马的表述即 homophrosynē［共同信仰］。随后，特勒马科斯不顾求婚人的反对将弓递给奥德修斯。王权的未来由此得到了保障，奥德修斯连接起了过去和现在。他得到自己的弓，并重新宣布了自己对家庭的掌控权，现在算真正回家了。而特勒马科斯则最终明白了自己有能力继承父亲的衣钵，带着父亲的祝福，他高兴地登上了合法继承人之位。

结　语

《奥德赛》结束于祖父拉埃尔特斯、父亲奥德修斯和儿子特勒马科斯共同面对敌人这一幕。这些敌人也是祖父和父亲，他们前来为自己孩子悲惨的死亡报仇。毫无疑问，这些报仇心切的父亲内心的愤怒是被更深处的内疚点燃。难道不正是他们的冷漠，才使自己的孩子无休无止地剥削奥德修斯一家，从而招致了他们如今的悲痛？如果雅典娜没有调节，可以想见一定会有一场血战。然而她出面了，这场斗争也就落下帷幕。随着双方立下盟誓，奥德修斯终于实现了回家团聚的夙愿，因而可以认为，从今往后，奥德修斯的家安全了。

史诗到此结束。然而，这并不是奥德修斯旅程的最终结局。特瑞西阿斯已经预告过，奥德修斯也向佩涅洛佩讲述了尚未完成的旅程。他将再次独自旅行，走得很远，到达大陆深处，那里的人从未见过大海，不知道食用搀盐的食物，也从未见过船只，更没有见过"合用的船桨，那是船只飞行的翅膀"（11.125）。当有行路人与他相遇，称他的船桨是扬谷的大铲时，奥德修斯就要把船桨插进地里，随后向海神波塞冬敬献各种美好的祭品。

读者可以随意猜测这块土地位于何方、这次旅程将有多长，以及被植下的船桨对陆地居民而言有何意味等诸如此类的问题。但考虑到今晚的主题，那么目前的结局，而非那模糊的未来旅程，已经解译出了荷马史诗中对父亲和儿子的看法，或者更普遍些，对亲子问题的看法。我扪心自问：奥德修斯的船桨正是他男子气概的象征，代表了他的漫游历程，又如此合手美妙，既然如此，考虑到已经发生的一切，把它传给特勒马科斯不是才更能说明什么吗？当然不。为什么呢？

如果荷马史诗的 telos［目的］是一个完整的家，那么从今往后，家已经安全了。荷马由此想要揭示，要想维护一个家庭，父母必须非常警惕。他们必须留意自己的孩子，当然，他们尤其应该提防自己。如同奥德修斯所做的，父母必须停止强迫孩子去接受他们，更重要的是，必须停止强迫孩子去接受他们自己的希望、梦想和野心。父母可以继续活在孩子心中，但不能靠孩子活着。父母应该激励、指导孩子，教他们如何为人处世以及种种生活习俗，不断鼓励他们，并学会等待孩子自己长大——荷马从来就没有为奥德修斯的缺席开脱过——但父母不能将自己合用的船桨交到子女手里。父母的生命可以被取代，却不能被复制。从这个角度来说，为人父母者即使希望孩子像自己，也应当允许他们去打磨自己的船桨、掌握自己的航向。这确实是个艰难的教程，即便是奥德修斯也要小心翼翼地操作。

考虑到这一点，特勒马科斯的真正教育才刚刚开始。

埃斯库罗斯《波斯人》的政治理论解读

洛克伍德(Thornton Lockwood) 撰

张霄 译 董文鑫 校

埃斯库罗斯的《波斯人》将历史上最伟大的逆转之一改编为戏剧,即公元前480年希腊人在萨拉弥斯(Salamis)击败了波斯的陆军和薛西斯的海军。这部戏剧的入场歌罗列了"争城夺地"的军队,由波斯的长老和谏臣组成的歌队称,这些军队的命运是"发动那摧毁高墙的战争,驰骋戎马,毁灭城楼"(行104-105)。①相反,退场则描述了国王和歌队对"三层长桨的海船"的悲悼(行1075)——也就是说,雅典人的舰队,那"木制的城墙",

---

① 除非另外提及,本文括号中的编号为 Edith Hall 的 *Aeschylus Persians*(Oxford: Aris and Phillips, 2007)中的希腊文行数。我基本遵循 Alan Sommerstein 所译 *Persians, Seven against Thebt, Suppliants, Prometheus Bound*, Cambridge, MA: Harvard University Press, 2008),稍有修改。[译按]《波斯人》、《蛙》译文参考罗念生的中译本,上海:上海人民出版社,2007,略有改动。《乞援人》译文参考王焕生、张竹明,《古希腊肃剧喜剧全集》卷1,南京:译林出版社,2007。

在雅典的卫城遭到洗劫时反而保护了雅典。①在这样的开篇和结局之间，薛西斯一统亚洲和欧洲、波斯人和雅典人的双重企图得到了展现。通过在赫勒斯滂（Hellespont）海峡上架设桥梁令海洋转变为陆地，薛西斯试图贸然连接两块大陆，并将枷锁套在大海身上（行72）。而当诸神亲自将陆地变成汪洋（或者说融化了斯特律蒙河上的冰），淹死了从萨拉弥斯撤退的波斯的幸存士兵时，这一举动终归于徒劳（行409-505）。在薛西斯母亲的梦中，薛西斯为了使各方都变得更好（行189-196，参行50），同样天真地力图将两姊妹，即希腊民族和波斯民族统合为一——萨拉弥斯之战结束数年后，随着伊奥尼亚（Ionian）城邦在安纳托利亚的解放，雅典自身也面临着这样的霸权问题。

《波斯人》以坐落于苏萨城的波斯朝廷的视角描述了雅典对波斯的胜利。从这一角度来看，该剧始于对薛西斯远征希腊的乐观信心。但一位信使传达了波斯战败的可怕消息，同时还生动地描述了萨拉弥斯的战斗情形。这次战败极其可怕，致令波斯太后召唤出大流士的魂影，希望他为鲁莽的儿子提供来自父亲的忠告。薛西斯最终出现在剧末的舞台上时，已被完全击败，只剩空空如也的箭袋。整部戏以薛西斯和由波斯长老组成的歌队表演的 kommos［哀歌］结尾，或者说这是被延长了的仪式性哀悼的抒情歌（extended lyrical chant of ritual lamentation）。本剧作为四联剧的中间剧目上演，在公元前472年的城市酒神节上赢得了头奖，与雅典遭劫掠以及萨拉弥斯之战时隔八年。显然，这部戏剧创作并产生于

---

① 埃斯库罗斯似乎是让波斯信使（行348-349）暗示德尔斐神谕高深莫测的话，即宙斯将给雅典"一座木制的城墙，只有它将阻挡敌人"（希罗多德，《原史》，7.141）。希罗多德的引文，我基本遵循 David Grene 所译 *The History*（Chicago: University of Chicago Press, 1987）。［译按］希罗多德中译本参考王以铸译本，《原史》，北京：商务印书馆，2001，略有改动。

提洛同盟（创立于公元前477年）开始展现出霸权倾向时。早在公元前480年，忒米斯托克勒斯（Themistocles）便向安德罗斯（Andros）和帕罗斯（Paros）这些伊奥尼亚城邦索赔，并带兵围城，因为它们没有向先于提洛同盟产生的希腊同盟交钱（希罗多德，《原史》，8.111-12）。公元前479年夏天，希腊军队在米卡列（Mycale）击败波斯军队，促成了伊奥尼亚希腊城邦的解放，最终，他们组建了提洛同盟（同上，9.106）。随着公元前478年对拜占庭的成功围困，以及提洛同盟在公元前476年对爱昂（Eion）发动首次由雅典领导的战役，雅典从斯巴达手中控制了希腊的军队。公元前5世纪70年代早期或60年代晚期，优卑亚岛的卡里斯图城（Carystus）丧失了同盟成员身份，随后遭到围攻和劫掠。那克索斯（Naxos）试图脱离同盟，导致城邦被攻破，并降低了它在同盟中的主体地位。①

虽然《波斯人》上演的背景是雅典方兴未艾的霸权，但学者们对肃剧中关于帝国的政治教导产生了分歧。②其中一方将这部戏剧解读为对雅典战胜波斯的爱国的颂扬——这多少有些极端爱国主义或沙文主义。另一方则将《波斯人》解读为关于帝国主义的警世寓言，一种传统的开端，据此而言，"帝国的故事是一个以哀歌结尾

---

① 虽然无法确定发生在爱昂、卡里斯图、那克索斯的事件的确切年代，（修昔底德《伯罗奔尼撒战争史》1.98仅提供了一系列事件，而没有年代）但可以确定它们离公元前472年《波斯人》上演只有几年时间。

② 两种最著名的解释，其一为Thomas Harrison的《亚洲的空虚：埃斯库罗斯的〈波斯人〉和公元前五世纪的历史》（*Emptiness of Asia*: *Aeschylus*' "*Persians*" *and the History of the Fifth Century*, London: Duckworth, 2000），页103-115，它代表了爱国精神的阐释，而David Rosenbloom的《埃斯库罗斯：〈波斯人〉》（*Aeschylus*: *Persians*, London: Duckworth, 2006，页141-146）代表了肃剧的阐释。

的肃剧",①希罗多德和修昔底德都曾附和这一传统。肃剧双方的阐释都能得到证据的支持。埃斯库罗斯显然将萨拉弥斯之战表现成一次特别的雅典胜利,一次引起胜利者骄傲的胜利。但另一方面,很难想象受难的波斯人的呼告不会产生怜悯和恐惧以及对雅典霸权的担忧。

多数学者力图通过强调该剧的爱国要素或肃剧要素来打破这一僵局。相反,我想要证明《波斯人》的张力是有意为之。正如尤宾(Peter Euben)指出,肃剧不同于其他雅典的政治习俗(institutions),是由于其"理论性的"(theoretical)特征:肃剧

> 能使市民观众以某种普遍性反思他们的生活,这种普遍性否认他们政治行动者的身份。希腊人中,唯有雅典人拥有这一习俗,就其普遍地反思人的境况并拒绝成为党派的、程式的而言,肃剧的本质是理论性的。②

我视这种"反思"不同于政治行动者承担的对政策选择的思索,虽然这种"反思"明显与之相关。肃剧的观众被置于一个古怪的处境中,这就是,即便戏剧给予选项和行动让他们评价,他们也无需抉择。无疑,观众对肃剧中所含要素的反应与评价会影响他们的思考,例如,当他们身处集会,面临各种可供选择的支持或反对的政策抉择论争时。但从理论上引入一个反思的要素,甚至是"假装",这在政治行动者的实际思考中完全不存在。

---

① Rosenbloom, *Aeschylus: Persians*, 前揭, 页95。另见 J. Peter Euben, "The Battle of Salamis and the Origins of Political Theory", *Political Theory* 14 (1986), pp. 359 – 390, 及 Kurt A. Raaflaub, "Herodotus, Political Thought, and the Meaning of History", *Arethusa* 20 (1987), pp. 221 – 248。

② Euben, "The Battle of Salamis and the Origins of Political Theory", 前揭, p. 367。

我想运用尤宾对埃斯库罗斯的《波斯人》的见解,证明这部戏剧在理论上提供了有关霸权的两种对立观点,并拒绝在两者中做出裁定。更确切地说,《波斯人》将自己交由雅典观众,促使他们反思萨拉弥斯的胜利,并考虑其帝国政策的后果。埃斯库罗斯戏剧的"理论性"视角是复调的,且必然是开放式的结局。那些仅仅赞同剧中只有爱国要素或肃剧要素的阐释,没能认清这些要素并非相互排斥,而是在根本上共同产生了思想。

这一思想的目的无疑是政治的。虽然《波斯人》是部寓意丰富的戏剧,但我认为此剧引发的问题主要是政治的,它关心雅典在其新近成立的提洛同盟中的霸权应该走向何方。近几十年可以看到一些重要的学术反思讨论如何理解雅典肃剧中的政治,而我则依据戈德希尔(Goldhill)对《波斯人》的观点(更像阿提卡戏剧),将它视为——"与其说是关于 ta politika [政事] 的评论,不如说是它的一部分"。[1]但仍需确定在萨拉弥斯之战胜利后的十年间,《波斯人》以何种方式成为雅典 ta politika [政事] 的一部分。虽然初看之下雅典和波斯的政治系统全然不同,但它们都面临一个窘境,即是否追求所处地区内的霸权,如果追求,要追求哪种类型的霸权。

为支持这一主张,即《波斯人》代表了埃斯库罗斯的政治理论的应用,我论文的前两部分研究了戏剧中的各要素,我认为这部戏剧处于未解决的张力中。第一部分考查剧作爱国的一面,第二部分论证《波斯人》应被理解为一部引起恐惧和怜悯的肃剧,包括剧中

---

[1] Simon Goldhill, "Civic Ideology and the Problem of Difference: The Politics of Aeschylean Tragedy, Once Again", *Journal of Hellenic Studies*, 120 (2000), p. 35。D. M. Carter, *The Politics of Greek Tragedy*, Exeter: Bristol Phoenix, 2007, pp. 21 – 63 关于运用结构阐释雅典肃剧中的政治,有着绝佳的概述;A. F. Garvie 的《埃斯库罗斯的〈波斯人〉》(*Aeschylus Persae*, Oxford University Press, 2009, 页 xvi – xxii) 研究了《波斯人》中的这一问题。

主要人物薛西斯。在第三部分也即最后一部分中，我将我对《波斯人》的政治阐释与非政治的阐释作对比。三部分共同证实了一种观点，即要将埃斯库罗斯视作雅典霸权的政治理论家，并将他视作雅典的 didaskalos［教师］，尽管他还有其他非凡的技艺。

《波斯人》中的爱国要素

在《蛙》中，阿里斯托芬在冥府组织了一场欧里庇得斯和埃斯库罗斯之间的竞赛，这场竞赛关注谁是更值得颂扬的诗人，颂扬的标准包括谁让人们成为共同体更好的成员（行1008-1009）。埃斯库罗斯回答，在创作了《七雄攻忒拜》这部教导人们英勇作战的剧作后，"我创作了《波斯人》，它教导人们总是渴望战胜敌人，而我由此美化了这卓越的成就"（行1026-1027）。《蛙》上演于伯罗奔尼撒战争接近尾声的公元前404年，它哀叹了雅典军事与戏剧美德的衰败。在《蛙》的戏剧语境和政治语境中，埃斯库罗斯的祈愿流露出对早期雅典的怀恋。阿里斯托芬笔下的埃斯库罗斯似乎将军事美德的教诲理解为戏剧 didaskalos［教师］无需质疑的目标，但据我的阐释，创作了《波斯人》的埃斯库罗斯对军事美德有着复杂得多的理解，其中包含对军事美德的界限的认识。渴望击败敌人可能是军事美德的一部分，但这不会是它的全部，因为勇气可能同样要求与其敌人的共存。更普遍地说，真正的军事美德会辨别城邦是否应该或不应该寻求霸权。虽然对《波斯人》的爱国主义式解读可以解释阿里斯托芬在戏剧中过于简单的军事美德概念，但只有通过对《波斯人》的理论性解读才能领会更复杂的军事美德概念，这才是此剧意图提出的概念。只有在更广阔的质疑框架下，人们才能理解埃斯库罗斯在萨拉弥斯之战中赞美雅典军事美德的语境。

这部戏剧主要的赞颂对象可在波斯太后与波斯长老组成的歌队间的 13 行讨论中解析出来。①对话如下（行 231 – 245）：

> 阿托萨：但在目前，朋友们，我很想知道希腊在什么地方？
> 歌队：远着呢，远在那太阳西沉的地方。
> 阿托萨：你真以为我的孩儿想去夺取他们的都城吗？
> 歌队：是呀，好使全希腊都降服于国王。
> 阿托萨：他们有多少兵力可以保护他们的自由？
> 歌队：他们有那种军队，那曾在马拉松击败了波斯人的军队。
> 阿托萨：此外他们还有什么？他们家里堆积着丰富的财宝么？
> 歌队：他们的地下珍藏着银矿的泉源。
> 阿托萨：他们善于射箭吗？
> 歌队：不善于，但他们有短兵相接的戈矛和卫身的盾牌。
> 阿托萨：谁是他们的牧人，谁是他们军中的统帅？
> 歌队：他们不做臣民与奴隶。
> 阿托萨：他们怎能够抵御外邦的敌人？
> 歌队：他们尚且毁灭了大流士的精兵良将。
> 阿托萨：你这话叫那些兵士的父母听了是多么难堪啊！

这番对白强调了雅典的三个爱国的特征，这三个特征在肃剧的其他地方得到重复，即雅典在希腊城邦中的卓越、雅典军事美德的卓越，以及雅典人的自治在创造前两个特征中扮演的角色。关于第一个特征，戏剧告诉我们，波斯太后仅仅问起雅典，而歌队则暗示征服雅典在战略上是征服希腊本土的关键。虽然《波斯人》曾暗示

---

① 此观点由 Harrison 提出，*Emptiness of Asia: Aeschylus' "Persians" and the History of the Fifth Century*，前揭，pp. 55 – 60。

了公元前479年斯巴达在普拉提亚（Plataea）决定性的胜利,它结束了薛西斯的入侵（行816 – 820）,但观众从波斯人的角度思考也可以理解,波斯和希腊的战争被简化为萨拉弥斯之战和马拉松之战,即那些雅典将领和雅典军队起决定作用的战争（参行236、244、475）。埃斯库罗斯似乎复述了一个在希罗多德那里也能找到的故事,那时希罗多德笔下的信使和大流士王说到"铭记雅典"（memnēsth' Athēnōn,行824,参行285）。据希罗多德记载,萨迪斯（Sardis）毁灭后,大流士命令一个奴隶每天向他重复三遍"主人,铭记雅典人"（希罗多德,《原史》,5.105,参6.94）。《波斯人》暗示,萨拉弥斯的战败将让这位从埃及统辖至印度河的帝王,最终记住公元前5世纪早期的雅典这个基本无足轻重的城邦。

歌队称雅典人用矛和盾,而不用弓与标枪打仗,这展现了以其军事美德为傲的雅典人,以及最善投射的波斯军队。重装甲步兵的战斗需要勇气、纪律甚至社会地位,是社会地位使战士有能力支付自己盔甲的开销。相反,雅典人因为波斯士兵使用弓和标枪,便将他们视为缺乏勇气的战士（见行85、146 – 149）,而薛西斯正带着空无一箭的箭袋引人注目地走上舞台（行1020 – 1023）。在戏剧的其他地方,波斯人的军队与海战中的雅典人形成了反面对比：雅典三层划桨的战船有序地出现在第一缕晨光中,伴着"豪迈的信心"（eupsuchō[i] thrasei,行394）,带来良好的秩序与纪律（eutaktōs...kosmō [i],行399、400）,唱着赞歌或赞颂他们自由的歌曲。受到雅典人欺骗的波斯军队最初被刻画为在夜幕下"秩序井然"（oukakosmōs,行374）,但他们一旦在战斗中被希腊军队击败,就四散溃逃（akosmō [i],行422）。由贵族构成的波斯陆军在普绪塔勒阿（Psyttaleia）遭到屠戮,他们向在斯特律蒙河畔的整体撤退中幸存的军队也说了同样的事情（行479、481）。戏剧的入场歌将薛西斯的军队描述为不可战胜的——汹涌的人群并不会为险阻所困（行87 – 92）,但在 kommos

[哀歌] 响起之时，波斯人的军队则被刻画为在战争中不走运的一方（duspolemon，行1013）。

即便雅典人既非奴隶也不屈服于任何人，他们也有能力在马拉松击败大流士的军队，这种最终上演的爱国主题贯穿全剧，即雅典的自由与自治是他们战胜波斯军队的缘由。① 对波斯太后而言，雅典的自由是对秩序的妨碍；对雅典人而言，这是他们的力量之源。《波斯人》开篇，歌队称波斯军队力图给希腊套上"奴隶的枷锁"（行50），太后将薛西斯对希腊的远征描述为"狩猎"（thērasai，行233），仿佛希腊人是动物。② 波斯人的观点在太后的预兆之梦中得到了最为清晰的展示，她在战斗前夕描述了这个梦：

> 我在梦中看见两位穿得很漂亮的女郎，有一位穿着波斯的长袍，有一位穿着希腊的短服。她两人的身材比现在的人高大得多，而且美丽无瑕，简直是同宗的姊妹；她们的命运注定了一位生长在希腊，一位寄居在外邦。据我看来，这一对人彼此发生了争吵；我的儿子知道了这事，便出来劝阻她们，安慰她们；他用袢带系着她们的颈项，把她们驾在车前。有一位很高傲地带着鞿袢，听顺缰辔的牵引。那另一位却竭力反抗，双手拆散了驾马的车具。她脱离了辔头，用力拖着车子跑，把衡轭折成了两截。我的儿子从车上滚了下来，他的父亲大流士立在旁边怜恤他；他看见了父亲，撕毁了自己身上的衣袍。

---

① 剧中把自由（eleutheria）说成将瓦解波斯帝国之物，此时波斯的士兵将不再系上君主的羁缚（行591-595）。在埃斯库罗斯之后半个世纪写作的希罗多德同样声称，正是雅典从专制向民主的转变，使它的军事力量开始得到提升（希罗多德，《原史》，5.78）。

② 这一景象在被淹的波斯士兵遭屠杀的描述中得到反转，那些士兵像被网住的鱼一般遭到击打（行425）。

梦预示了戏剧剩余部分的叙事弧（narrative arc），但最重要的是它展现了波斯人自己对希腊与波斯的对立的理解。从太后的视角看，以两姐妹为代表的波斯和希腊民族需要服从和控制，以便消除她们内部的 stasis［争吵］（行 188）。薛西斯的目标是充当两个民族的"主人、牧人和统帅"（行 245），以便最终两个民族都能意识到她们固有的美和高贵天性。太后为此感到吃惊：一个没有主人、牧人或统帅的民族，怎能应对占优势地位的军事力量呢？

太后将自由描述成不守规矩的妹妹的特征，而雅典人却把自由描述为他们胜利的原因。① 当萨拉弥斯之战爆发，希腊舰队驶出并遇到波斯战舰时，他们呼喊道：

> 冲啊，希腊的儿子们！为了你们祖国的自由，为了你们妻子儿女的自由，为了你们父亲的神庙和祖先坟茔的自由！现在这一切都危如累卵！（行 404－405）

当太后提到，被击败的领袖薛西斯不会被要求负责任，即不会遭到城邦的审查时（ouch hupeuthunos polei，行 213），她再次强调了雅典人和波斯国王的不同，前者以民主方式要求他们的领袖负责任，而后者无须负责，还以砍头的威胁来"领导"他的海军统帅们（行 370－371）。②很难想象观众会感受不到萨拉弥斯之胜的极度自豪，他们中的许多人在八年前参加了这场战斗，在新近被薛西斯军队劫掠的卫城的阴影下见证了这些场景。

总之，《波斯人》既通过直接颂扬，也通过波斯人和雅典人的

---

① 正如柏拉图和亚里士多德提到，自由是民主的自治最典型的特征（《王制》8.557b－e,《政治学》6.2.1317a40－b16）。

② 不熟悉雅典的波斯太后几乎不知晓雅典有审查（euthuna）这一政治惯例。《波斯人》最终声称，薛西斯被宙斯这一"严厉的审查者"（euthunos barus）追究责任，这是神授的而非政治的责任。

对比，再三从爱国的方面颂扬了雅典。雅典在希腊诸城邦中的卓越，其军事美德及以民主自由为基础的自治，这些都以纯洁的、爱国的形式展现在《波斯人》中。任何一种对此剧的解释都不能无视或贬低这些爱国的要素。但是，作为历史改编成的戏剧而非对历史的重述，《波斯人》同时也将萨拉弥斯事件展示为一个警世寓言，一个关于霸权如何变为过度扩张的帝国的警世寓言。埃斯库罗斯通过同时保留军事胜利的两种要素，建立了有关政治的理论，这多少会刺激他的观众为了他们未来的行动方式，去思考萨拉弥斯之战的后果。

《波斯人》的肃剧功能

虽然《波斯人》有关帝国的警世教导与其关于雅典自治之优势的教导并行，但仍有很多人否认这部戏剧表现了任何这样的告诫。例如，克雷格（Craig）认为，《波斯人》只是一部名义上的肃剧，事实上它的作用更像凯歌（epinicion）或者胜利颂歌。①因此有必要证明，这部戏剧不仅展示了肃剧的形式，即它包含演员和歌队并安排了插曲和合唱歌，而且也必定起到了肃剧的作用。为肃剧确定一个明确的作用是一项西西弗斯式的工作，但无疑，肃剧的作用之一是在观众中创造恐惧和怜悯。正如蒙泰亚努（Munteanu）提到的，虽然不同的古典肃剧以不同的方式在观众中创造恐惧和怜悯，但无疑，肃剧的情感产物包含恐惧和怜悯。②将《波斯人》视作肃剧的关

---

① J. D. Craig, "The Interpretation of Aeschylus' *Persae*", *Classical Review* 38（1924）, pp. 98 – 101。

② Dana Munteanu, *Tragic Pathos: Pity and Fear in Greek Philosophy and Tragedy*, Cambrige: Cambridge University Press, 2012.

键在于，这部戏剧能否使雅典观众产生这些情感。学者们出于两个理由否认这部戏剧能创造怜悯与恐惧。首先，一些人认为《波斯人》作为对历史事件的描写，超出了肃剧的类型。①其次，一些人认为，戏剧的上演与它所描绘的事件在时间上接近，这会妨碍雅典观众感知或同情波斯人的痛苦。②

要回答第一个反对意见，即由于《波斯人》历史性的表现对象而怀疑它能否起到肃剧的作用，我将首先证明，虽然《波斯人》的表现对象是历史的而非神话的行动，这在现存肃剧中是独一无二的，但有充足的证据表明埃斯库罗斯的同时代人写过其他"历史肃剧"。埃斯库罗斯选择写作一部基于历史事件的肃剧，这是摹仿斐律尼科司（Phrynichus）创作于公元前476年的《腓尼基妇女》，它同样将海军在萨拉弥斯的战败改编为戏剧，在《波斯人》的开头几行埃斯库罗斯还影射了这部戏剧。更不光彩的是，大约公元前492年斐律尼科司还创作了《米利都的陷落》，它刻画了这座伊奥尼亚城的被围与毁灭。据希罗多德（6.21）记载，这部戏剧使观众在剧场放声大哭。雅典判处斐律尼科司以1000德拉马克的罚金，"因为这使他们记起了自己的灾祸"，并命令这部戏永不得再上演。③虽然"历史的"肃剧在现存文献中不常见，但将它们当作类似历史的文献而非文学作品是错误的。正如亚里士多德在《诗学》中指出的，虽然诗人是故事的创作者，

---

① Craig, "The Interpretation of Aeschylus' *Persae*", 以及 A. J. Podlecki, *The Political Background of Aeschylus Tragedy*, Ann Arbor: University of Michigan Press, 1966。

② 参 Harrison, *Emptiness of Asia: Aeschylus' "Persians" and the History of the Fifth Century*, 前揭, p. 51; Munteanu, *Tragic Pathos: Pity and Fear in Greek Philosophy and Tragedy*, 前揭, p. 163。

③ 详参 David Rosenbloom, "Shouting Fire in a Crowded Theater: Phrynichos's *Capture of Miletus* and the Politics of Fear in Early Attic Tragedy", *Philologus* 137 (1993), pp. 159 – 196。

但即便他的诗关涉真实的事件,他仍然是诗人,因为没有什么能妨碍真实的事件是符合或然性也是可能发生的,诗人从或然性中获取材料。(9.1451b29–33)①

毫无疑问,亚里士多德的《诗学》以索福克勒斯而非埃斯库罗斯的肃剧为模范,尽管如此,它将历史事件包含在肃剧诗人的(创作)范围内。这质疑了一种说法,即对历史事件的描绘会在原则上妨碍戏剧起到肃剧的作用。

第二种意见并不认同《波斯人》由于其历史的表现对象就不像肃剧那样发挥作用,将此戏剧首先看作"历史的"而非诗的这一想法在准确性上由此遭到质疑。虽然埃斯库罗斯在剧作中插入了真实的瞬间——或许最重要的是信使对萨拉弥斯之战的描述,但是,将它看作是历史性的作品还是低估了诗人在《波斯人》中蕴含的诗的虚构。诗人的雅典观众或城市酒神节的裁判(他们首次授奖给这部戏)都不曾怀疑这种虚构。想想以下三个埃斯库罗斯的诗的破格的实例。

首先,埃斯库罗斯将大流士描述为雅典智慧的声音,并将大流士的性格视作薛西斯的衬托。埃斯库罗斯让大流士批评自己的儿子,因为薛西斯在亚洲大陆和欧洲大陆间架设桥梁,并在希腊领土上挑起战事(行745–751)。但一个雅典的观众会清楚地知道,大流士在公元前513年亲征塞西亚(Scythia)期间,以及在公元前490年入侵阿提卡时,都做了包括在博斯布鲁斯架设桥梁在内同样的事(希罗多德4.89、6.102–4)。

第二个诗的破格的实例是,埃斯库罗斯对战争的刻画包括两个相等的部分,在萨拉弥斯海湾上的海军部分和普绪塔勒阿岛上的陆

---

① 我已在《亚里士多德论(所谓的)诗较之史的低劣》("Aristotle on the [Alleged] Inferiority of Poetry to History")一文中进一步讨论了这一问题,收于 *Reading Aristotle*, R. Polansky 和 W. Wians 编, Leiden: Brill, 2017。

军部分,信使曾多次向太后强调后者(行433 - 434、569、676、720、728)。陆地部分与海洋部分的对比,暗示了对雅典海军和重装甲步兵之力量的同等赞美,以及波斯贵族在普绪塔勒阿岛遭到屠杀之耻辱。不过,埃斯库罗斯对普绪塔勒阿岛上陆战的描述似乎夸大了它的重要性。①

第三,信使刻画了波斯不幸的撤退和残军在斯特律蒙河边的毁灭,这让埃斯库罗斯得以展示在薛西斯为赫勒斯滂架设桥梁这件事上,宇宙的或者说神意的逆转(行495以下):薛西斯的入侵始于对自然之力的羁缚和桥接,结束于自然之力对薛西斯败军的毁灭。然而,这一事件似乎是埃斯库罗斯的创造。②埃斯库罗斯在他"历史的"肃剧中运用了诗的破格,出于"历史的"理由排斥这种诗的破格是对戏剧真实的误解。

埃斯库罗斯有关诗的破格的清晰例证也指出了关于霸权和帝国的论断,这在我看来是他最具争议的论断之一。正如肯尼迪(Kennedy)所言,埃斯库罗斯将大流士和薛西斯并列,这确立了两者间的差别,前者是"一个志愿同盟的霸权领袖的好榜样",后者是过度扩张的帝国之面孔。③无疑,薛西斯的教训是关于快速扩张的警世寓言。但将大流士表现为一支多民族自愿组成的职业军队的领袖,却为埃斯库罗斯的观众提出了另一个理论性的问题,即如何分辨好的

---

① Barry Strauss, *The Battle of Salamis*, New York: Simon and Schuster, 2005, pp. 193 - 195,是历史学家所知的在普绪塔勒阿交战的文献。希罗多德仅用一段讲到这一事件。

② 详参 Bruce Lincoln, "Death by Water: Strange Events at the Strymon [*Persae* 492 - 507] and the Categorical Opposition of East and West", *Classical Philology* 95 (2000), pp. 12 - 20。

③ Rebbcca F. Kennedy, "A Tale of Two Kings: Competing Aspects of Power in Aeschylus' *Persians*", *Ramus* 42 (2013), p. 70, 79.

霸权和坏的霸权。这出戏中大流士的"柔和化"（softening）一定令观众中的 marathōnomachoi［马拉松老兵］吃惊不已。然而，与我对此剧的"理论性"本质的说法一致，埃斯库罗斯并未支持或反对任何形式的霸权，他只是为他的观众提供了反思的选项。

回答第二个反对意见，即因为《波斯人》的上演与其所刻画事件的接近，从而质疑此剧能对雅典观众起到肃剧所起的作用。我认为此剧描述了历史事件的普遍化，此种方式使任何观众都能体验到对戏剧表现对象的恐惧和怜悯。恐惧与怜悯当然是贯穿《波斯人》的主题，但与我的论证最相关的是，在信使宣布薛西斯军队的命运之前歌队和波斯太后感到的恐惧和忧虑，以及歌队和薛西斯在戏剧的 kommos［哀歌］中表达的怜悯与悲痛。埃斯库罗斯在公元前472年的胜利表明他遇到了挑战，这挑战让他的观众得以从戏剧中波斯人的困境里看到他们自己。观众需要为以往的军队（departed army）的前途感到恐惧，正如他们会为战争中的己方士兵感到恐惧那样；他们需要因以往军队的命运而感到怜悯，正如他们会为己方以往的军队的毁灭感到怜悯那样。我认为，埃斯库罗斯一方面通过强调希腊人与波斯人的共性，另一方面通过将薛西斯塑造成一个更令人同情的角色，实现了这一目标。

不可否认，戏剧不时地将波斯人表现为在语言使用、社会制度、衣着甚至公开的悲悼活动方面的"他者"，这使得对希腊人和波斯人共性的展现变得复杂。①然而，在复述太后的梦时（上文已有分析），埃斯库罗斯以两姐妹代表希腊民族和波斯民族，并将两者间的战争

---

① Edith Hall, *Inventing the Barbarian: Greek Self-Definition through Tragedy*, Oxford: Clarendon, 1978, pp. 76 - 78 是对这一立场的经典表述；Erich Gruen, *Rethinking the Other in Antiquity*, Princeton: Princeton University Press, pp. 11 - 12 谨慎地反对过度强调这一点。

刻画为 stasis［内乱］或者说共同体内部战争，以此强调了两者的共性。①这一段暗示希腊人与波斯人的差异是由地理位置和教育导致的，而非先天的或本性的差异。两姐妹经历的不同制度给予了她们不同的气质，特别在对待权威方面。薛西斯认为两姐妹可以绑在同一驾战车上，这是错误的。但两姐妹的差异并不包括她们的共性甚至其本性上的相似——只有人造的衣服才能让太后一眼就辨别她们（行 183 – 184）。

《波斯人》同样诉诸恐惧的普遍性，这是儿子、伴侣、父亲外出打仗时，其至亲所体会到的恐惧。入场歌和第一支歌多次谈及恐惧和随之而来的波斯军人的父母和妻子的悲悼（行 10 – 15、63、121 – 25）。②更引人注目的是，埃斯库罗斯把对雅典海军胜利的描绘置于波斯的皇城苏萨，这一设置减弱了雅典人的喜悦，强调了波斯人的苦难。甚至在得知失败之前，埃斯库罗斯就让歌队向波斯人宣告：

> 婚床上滴满了眼泪，为的是思念良人；这些波斯妇人离开了她们暴烈的夫君，在想念中，在悲痛中愈觉孤单（monozux）。（行 132 – 137）

加加林（Gagarin）指出：

> 孤单的妇女（alone in the yoke）的画面，强化了波斯国内

---

① 在入场歌（行 76 – 78）中，埃斯库罗斯也让歌队暗示了这一传统，即波斯人将他们的血统追溯到希腊英雄珀耳修斯（希罗多德，《原史》，7.61、7.150）。

② Ippokratis Kantzios, "The Politics of Fear in Aeschylus' *Persians*", *Classical World* 98 (2004), pp. 3 – 19，他指出，意指恐惧、忧虑、威胁、惊恐的词（如 phrontis、tarbos、deos、phobos、tromos）在《波斯人》中出现的频率，几乎是埃斯库罗斯其余现存作品中的两倍。

家庭的不幸之感，这与力图羁缚（attempt to yoke）希腊的去国远征直接相关，因为羁缚希腊首先要羁缚（first yoke）赫勒斯滂海峡。①

埃斯库罗斯展示了雅典面临的政治问题，例如雅典是否应增强它对新近解放的小亚细亚的伊奥尼亚城邦的控制，这同样是个家庭问题。军事扩张，无论其结果多么光荣，总是造成家庭的损失，这一点埃斯库罗斯本人相当了解，他的兄弟就死于雅典人的那场胜利的马拉松战争（希罗多德，《原史》，6.114）。

除了强调希腊人与外邦人的共性及战时苦难的普遍性，埃斯库罗斯还将本剧中的主要角色薛西斯转变为一个令人怜悯的角色。正如埃斯库罗斯的诗的破格重塑了入侵马拉松的大流士，把他变成了明智的父亲这一人物类型，诗的破格也重塑了洗劫雅典并毁灭卫城神庙的薛西斯，把他变成了试图在父亲成就的阴影下获得成功的儿子的人物类型，缺乏经验又鲁莽。薛西斯的缺乏经验在剧中多次被强调。例如，从太后之梦的角度来看，他对统治的渴望源自他对希腊人和波斯人 stasis［内乱］的天真回应，而非剥削他人（行187-188）。剧作仅在两处因为战略失误批评了薛西斯：他没能意识到忒米斯托克勒斯在战斗前夕的欺骗，以及他错误地将波斯贵族安置在普绪塔勒阿岛上（行361、454，参行550-53）。这虽是失败的决策，却也并非狂肆或邪恶君主的标志。②

---

① Michael Gagarin, *Aeschylean Drama*, Berkeley: University of California Press, 1976, p.38。［译按］希腊文 monozux 同时具有多种含义："单独驾车的；没配偶的，单身的；（丈夫出征的）孤单的（妇女）"，故加林有此解释。
② 虽然《波斯人》两次提及狂肆（行808、821），参 Garvie, *Aeschylus Persae*, p.xxxii，但他令人信服地证明，将戏剧仅仅解读为在谴责过度狂肆，这未免过于简单化了。

通过将薛西斯的失败归咎于他的鲁莽（thourios 或 thrasus）性格，埃斯库罗斯也将他塑造成令人怜悯的角色。的确，埃斯库罗斯充分运用了希腊语词的含混性，它们可以同时具有正面和反面的含义（如勇敢与鲁莽）。歌队首先将薛西斯正面地塑造成统治人口稠密的亚洲的 thourios archon［英勇的领袖］（行74），但随后在大流士招魂之时，太后两次提到 thourios Xerxes［暴烈的薛西斯］（行718、744）。太后和大流士都将薛西斯在赫勒斯滂架设桥梁的决定归咎于他的年轻（行754、782）或他一时缺乏理智（行751，参行726、749）。薛西斯从希腊撤退后留下的军队，也是随后将在普拉提亚遭到毁灭的军队，被刻画为狂肆的和不敬神的（行807-812）。大流士将军队和他儿子区别对待，因不同的过失责备他们。针对劫掠诸神圣像的军队，"因为他们犯下的罪恶（kakōs drasantes），他们要受到与之相应的惩罚（paschousi…kakōn）"。这与对薛西斯的裁定截然不同。在大流士对太后最后的呼告中，他说：

> 天帝宙斯惯于惩戒那些暴戾的人，他的刑罚是很重的啊！因此你们得用合理的劝告去警戒我的儿子，叫他小心谨慎，不要那样暴躁（huperkopō[i] thrasei），免得再犯天怒。（行827-831）

大流士相信，如果薛西斯节制他的鲁莽，sōphrosunē［审慎］便触手可及。在太后的梦中，她预言大流士会为儿子感到怜悯（行197），而最后一幕上演了这种怜悯。埃斯库罗斯通过强调强大的父亲与悲剧性地试图模仿父亲功业的儿子之间的动力，将薛西斯塑造成了令人怜悯的角色。而他源于缺乏经验和鲁莽的错误，使他的角色——虽然未必是历史上的人物——成了可以与观众产生共鸣的人。

埃斯库罗斯首先是通过强调雅典与其敌人共同的人性，其次通过刻画戏剧"主人公"的错误，将他视作一个在本质上惹人怜悯的而非令人憎恶的角色，由此消除了雅典人对敌人难以产生的同情。诗人带有历史细节的破格，在其政治理论思想的中心引入了一种含混性，而这种政治理论思想的确像是根植在对政治的戏剧化过程中。政治，如同历史，关心高度具体与复杂语境中的具体判断。没有哪个国家会简简单单地"开战"。不如说，特定的政治机构会处理战略、战术、政治甚至传记问题，并选择与特定的敌人开战。相反，埃斯库罗斯的戏剧常常使用历史参照物——不仅包括《波斯人》中的萨拉弥斯之战，还有《和善女神》中战神山上的祈祷或《乞援人》中首次得到证实的对 dēmokratia［民主制］的呼告。但埃斯库罗斯在他完美的肃剧艺术中以诗的方式重塑了这些历史细节。埃斯库罗斯的政治理论思想使存在于历史性的和诗性的或说普遍性之间的含混发挥了作用。一些雅典人相信，雅典城邦自治带来的军事与政治美德，能让雅典与"东方的"或"波斯"皇室的帝国主义截然不同，但通过《波斯人》的视角，他们不得不去质疑民主的军事美德与帝国的军事美德间的距离。

《波斯人》中埃斯库罗斯理论思想的政治本质

《波斯人》中，埃斯库罗斯将历史上波斯海军和陆军的毁灭，转化成了一场关于父亲和儿子的家庭肃剧，从波斯人的视角看，这场肃剧还涉及他们旁系的姐妹或宗族，他们有父亲般的责任去约束和指导他们。前者是个具体的事件，而后者则是关于损失和痛苦的普适性故事。一个坐着战车进入戏剧舞台的太后，变成了一个担忧儿子战场存亡的母亲。一个入侵阿提卡并力图使雅典因不守规矩而付出代价的国王，变成了一个怜悯儿子并给予儿子建议的睿智的父亲。一个神样的征服者，变成了一个缺乏经验又鲁莽的儿子，因轻率没能比肩父亲的功业。儿子的军事征服让恐惧闯入了他父母、他手下士兵的父母和家人的心，以及他敌人的父母和家人的心。同时，征服者的陆军和海军被自治的海员和战士击败，那些士兵以自身之力阻止了波斯人进军希腊。雅典陆军和海军将征服者——那个在河上架设桥梁的独裁者衣衫褴褛的残破之身——送回老家，送到他母亲那里。这部戏剧同时将恐惧和怜悯的肃剧情感，与对雅典人的骄傲并爱国主义的呼告结合在一起。

可以理解，如哈里森（Harrison）和罗森布鲁姆（Rosenbloom）这样的学者，虽然在戏剧对待帝国的态度方面分别持互相排斥的爱国性和肃剧性解读，却都能找到充分的证据支撑他们的论点。为波斯人苦难而作的恐惧和怜悯的祈祷是戏剧中的中心要素；但雅典人庆祝他们在萨拉弥斯之战的胜利同样是戏剧中的中心要素。正如我在论文开头指出的，我的论文是对尤宾观点的运用，即肃剧是理论性的，因肃剧能让其观众"以一种普遍性来反思他们作为政治行动者的能力"。[①]虽然一个肃剧可能有无数种方式具有"理论性"，但我是在《波斯人》拒绝消除这种张力的层面上，称其为理论性的。此剧给予了观众或读者讨论、批评、思考关于各种相互抵触的要素（如何）平衡的空间，这些要素都是作品所要处理的。就《波斯人》而言，程序性的结论根本上与理论性的反思相对立。而现代学者在埃斯库罗斯《波斯人》中寻找结论的渴望，似乎也与埃斯库罗斯现存肃剧中的内在矛盾的结论相冲突。

不妨考虑一下在埃斯库罗斯的《乞援人》中被我看作与此剧平行的理论性时刻（parallel theoretical moment）。《乞援人》讲述了达那奥斯（Danaus）和他的五十个女儿的故事，他们逃离了埃及，逃离了强迫女儿们结婚的叔叔埃古普托斯（Aegyptus）和叔叔的五十

[①] Euben, "The Battle of Salamis and the Origins of Political Theory"，前揭，p. 367。

个儿子，并在他们祖先的家园伊娥，作为乞援人寻求庇护。剧本包括一段现存最早的两处对 dēmokratia［民主制］术语的召唤（evocation）。①伊娥的国王佩拉斯戈斯（Pelasgus）召集人们参加集会，商讨来自达奈德女人们的乞援。达那奥斯与女儿们组成的歌队报告了结果（行 600–605、行 609–614）：

> 达那奥斯：
> 人民（dēmou）已进行表决，作出了决议。
> 歌队长：
> 父亲，祝你幸运，最可亲的信使，
> 请详细告诉我们，决议怎样作出，
> 人民的掌握权力之手（dēmou kratousa）倾向于什么②？
> 达那奥斯：
> 阿尔戈斯人完全一致地作出决定……
> 我们有定居（metoikein）在这块土地上的权利，
> 不会被强行带走，不受他人侵犯，
> 无论本地居民或外邦人都不得违反。
> 如果有人施用暴力，当地农人中
> 却有人不愿闻讯前来帮助我们，
> 那他便会丧失名誉，遭到放逐。③

这种对弱者进行民主保护的爱国辩护，需要与民主行动的结果

---

① 见 V. Ehrenberg, "Origins of Democracy", *Historia* 1 (1950), p. 522。

② 在下一首合唱歌中，埃斯库罗斯让歌队宣称："愿人民认真维护正常的荣誉秩序，巩固城邦（to damion, to ptolin kratunei），关心公益，明智地治理。"（《乞援人》，行 698–700）

③ 参 Sommerstein, *Persians, Seven against Thebt, Suppliants, Prometheus Bound*，前揭。

保持平衡：阿尔戈斯人对达那奥斯的保护导致了与埃古普托斯之子的战争、显而易见的死亡和曾在集会上为达那奥斯辩护的国王佩拉斯戈斯的倒台。《乞援人》正如《波斯人》那样呈现了关于民主的复杂并具有复调式的观点，即同时保留了赞成和反对民主的要素。我对《乞援人》中平行的理论性时刻的简要研究表明，我归因于《波斯人》的那类理论主张，在埃斯库罗斯现存的文字中并非没有先例。

如果认为《波斯人》更多的是保留了爱国主义和帝国的肃剧两方面之间的张力，而不是抬高某一方的张力以超越另一方，那么，必然还会存在关于这部戏剧如何包含了双方要素间相互矛盾的阐释。我已经论证了，《波斯人》把对军事美德的赞誉与对帝国过度扩张的警告并置，埃斯库罗斯借此把这些要素留在张力中，以激发观众的思考。①戏剧因此引发了对如何教育并创造一个尚武社会同时避免其隐患的思考。②据这种解读，埃斯库罗斯的《波斯人》是一部深刻的政治剧——剧作激发雅典的观众去观照和评估他们的现实处境，以及他们自己可能（获得）的未来。

相反，一些学者虽然保留了戏剧中爱国要素与肃剧要素间的张力，却将《波斯人》解读为对宇宙力量的非政治的表达，由此达到其解读目的。例如，格伦（Gruen）将这部剧作解读为宇宙的肃剧，

---

① 虽然我的观点得益于尤宾的《萨拉弥斯之战与政治理论的起源》（"The Battle of Salamis and the Origins of Political Theory"，前揭）和 Simon Goldhill 文章中的洞见（"Battle Narrative and Politics in Aeschylus' *Persae*"，*Journal of Hellenic Studies*，108 [1988]，pp. 189 – 193），即肃剧提供了公民空间中的政治理论化质疑这种习俗，但两者都未详细解释《波斯人》如何完成其理论化的过程。

② Kennedy，"A Tale of Two Kings: Competing Aspects of Power in Aeschylus' *Persians*"，前揭，p. 65，78 – 78，他正确地指出，《波斯人》甚至提出了是否所有形式的帝国都同样存在问题这一问题。

其中"希腊军队不过是诸神谋划中的棋子，带给凡人深刻的教训"。①我称格伦对此剧的解读是"非政治的"，因为在根本上，这些棋子——自治城邦的成员或苏萨皇宫的成员——的政治特征与戏剧的结果毫不相关。与格伦相反，加加林用这部剧作来阐明"普遍的规则，即无论什么成长得太庞大，也终将衰败"。②我称加加林对此剧的解读也是"非政治的"，因为它也从宇宙层面上以对立面的某种共存③寻找对此剧的解答，这种解答与人类行动和具体的人类行动者相距甚远。加加林笔下的埃斯库罗斯更像一个道教圣徒般的di-daskalos［教师］，而非阿里斯托芬笔下好公民的塑造者。无疑，埃斯库罗斯的剧作中存在宇宙力量的作用，而加加林以此现象为导向，给出了特别丰富的阐释。但当一种对埃斯库罗斯剧作的阐释忽视了其城邦民的甚至实践性的目的，更不用说忽略了剧作中"值得怀疑的"和复调式的人物，例如其中波斯长老、太后以及活着和被复活的国王都讲了话，那似乎就大大缺失了某种东西。

埃斯库罗斯的《波斯人》为其观众和读者提供了关于行动的意见，这些行动处于张力中，因此需要审慎对待。这些行动似乎无可避免是政治性的，因为它们涉及雅典城邦需要面对的选择。我对此剧的解读的优点在于，既保留了其政治要素的意义，也保留了怀疑要素的意义。我认为，《波斯人》有些类似柏拉图的对话，会使仔细观看或者仔细阅读的人产生困惑，这种困惑对产生困惑的疑问而言是理论性的。埃斯库罗斯其他的肃剧是否在同一层面上，以及是否以相似的方式创造了这种意义上的困境，是一个开放性问题，与对每部剧作的研究相关。但是，对于《波斯人》描绘的政治现象相互

---

① Gruen, *Rethinking the Other in Antiquity*, 前揭, p. 19。
② Gagarin, *Aeschylean Drama*, 前揭, p. 51。
③ 加加林把这种对立比作赫拉克勒斯的悖论，同上，页54。

矛盾的观点，和肃剧最终缺乏对军事美德优缺点的定论，两者之间的相互作用似乎揭示了这部肃剧之所以具有永久影响力的核心。阿里斯托芬说埃斯库罗斯是让其城邦公民变得更好的 didaskalos［教师］，在这一点上他是正确的。但阿里斯托芬暗示，欧里庇得斯仅仅通过引入批判性反思帮助人们思考（《蛙》，行 971–975），在这一点上他又是错误的。①

---

① 本论文更早的版本在 2012 年 10 月递交给了政治理论学会，它是 Jill Frank 组织的专题工作小组的工作——"戏剧的政治，政治的戏剧：上演的古代政治思想"的一部分。从专题小组成员，包括 Jill、Arlene Saxonhouse、Steve Salkever、Joel Schlosser、Jeff Miller 以及 David McIvor 那里，我得到了出色的反馈，他们对本论文的系列修改稿给出了评论。2013 年 5 月，在东北政治科学学会会议上，本文收到了来自专题小组成员 Stephanie Nelson、Jill Gordon、Liz Markovits 以及 Eleni Panagiotarakou 的进一步反馈。我要特别感谢 *Interpretation* 的编辑和无名审稿人，他们敏锐的提问和质疑大大改善了原稿。

拉维妮娅的变形记
——《泰特斯·安德洛尼克斯》中的暴力与书写

吴亚蓉 撰

长久以来,《泰特斯·安德洛尼克斯》(以下简称《泰特斯》)都不受批评家的喜爱,甚至在所有莎剧中收获了最多的恶评。同时代的本·琼生(Ben Jonson)在为其剧作《巴托罗缪市集》(*Bartholomew Fair*)所作的序言中提到《泰特斯》,抱怨它喧闹过时,似乎不该在舞台上有那么长久的生命力;①剧作家拉文斯克洛夫特(Edward Ravenscroft)1686 年将《泰特斯》改编后搬上舞台,并在《告读者》一文中斥其为"一堆垃圾";②到了 20 世纪,艾略特(T. S. Eliot)仍认为这部剧"是最愚蠢、最平庸的剧作之一,让人不敢

---

① Ben Jonson, *Bartholomew Fair*, ed. Eugene Waith, New Haven: Yale UP, 1963, p. 31.

② Edward Ravenscroft, *Titus Andronicus or the Rape of Lavinia. Acted at the Theatre Royall, a Tragedy, Alter'd from Mr. Shakespears Works*, London, 1687, p. A2.

相信是莎士比亚所写"。①批评家们为这部"失败的"剧作找寻了多种理由，要么根本否定它出自莎士比亚之手，要么认可它是莎士比亚与皮尔（George Peele）的协同之作，②而且是初出茅庐的剧作家技艺不精的表现，展现了他为迎合当时流行舞台的复仇剧而一味追求血腥暴力的恶趣味。

《泰特斯》整部剧的确是一场暴力的狂欢，从开场的长子献祭，到拉维妮娅被强暴并被割掉舌头和双手，到泰特斯两个儿子的头颅被呈上舞台，再到最后宴席上令人作呕的"馅饼"和大规模死亡，剧中血肉横飞、尸体横陈。有学者统计，

> 剧中有14场谋杀，其中9场发生在舞台上，6次肢解，1次强暴，1次活埋，1次发疯，1次吃人——每场戏平均有5.2次暴行，每97行就发生一次。③

但与如此残暴的场面形成巨大张力的却是剧中随处可见的用典、恰当的拉丁文引用、华丽的修辞以及繁复的比喻，使得这部血腥的剧作显得更加怪异和荒诞。拉维妮娅则是这一张力的集中体现。

泰特斯当仁不让地是剧中主角，整部剧围绕着他经受的巨大痛苦展开，并以他的复仇为结束，但经受了强暴与肢解的拉维妮娅让人难

---

① T. S. Eliot, *Selected Essays: New Edition*, New York: Harcourt, Brace &World, Inc. 1932, p. 67.

② 关于《泰特斯》作者权问题的争论一直延续到20世纪。对这一问题的梳理可参 Philip C. Kolin, ed. *Titus Andronicus: Critical Essays*, London: Routledge, 1995，如其中的两篇文章：Philip C. Kolin, "*Titus Andronicus* and the Critical Legacy." pp. 3-19, 以及 Hereward T. Price. "The Authorship of *Titus Andronicus*," pp. 75-97。

③ S. Clark Hulse, "Wresting the Alphabet: Oratory and Action in *Titus Andronicus*," *Criticism* 21.2 (1979), p. 106.

以忽视，失声的她在剧中发出了振聋发聩的声响，控诉着恶徒对她实施的暴力。她有着多重象征意义，有学者认为"她'受难的'和'被肢解'的身体象征着悲剧所展现的堕落世界"；①她与古罗马创建者埃涅阿斯（Aeneas）的妻子拉维妮娅重名，因而也被当作"罗马的女性化身，她个人的命运就是罗马的命运"，②是"莎士比亚笔下罗马文化分崩离析的极端体现"。③除此之外，她身上还凝聚着好几位古典时代被侮辱与被损害的女性形象：菲罗墨拉（Philomela）的故事是恶徒作恶的模板；鲁克丽丝（Lucrece）的受辱和她的遭遇类似；小路歇斯（Young Lucius）把她比做发狂的赫卡柏（Hecuba）；泰特斯最后还将李维（Livy）《罗马史》中维琪涅斯（Virginius）杀害女儿维琪妮娅（Virginia）的故事当做"效仿的成例"（5.4.33）。④实际上，除了这些显白的对照与指涉，剧中还能找出拉维妮娅与古典文本另一处——尤其是与《变形记》——更深切、更隐微的关联，例如拉维妮娅遭遇暴力后在隐喻意义上变形成了一棵树，这一"人-树"意象是古典文本中，以及深谙古典的早期现代诗人和剧作家笔下经常出现的主题。

---

① A. C. Hamilton, "*Titus Andronicus*: The Form of Shakespearian Tragedy," *Shakespeare Quarterly* 14.3 (1963), p. 204.

② David Willbern, "Rape and Revenge in *Titus Andronicus*," *English Literary Renaissance* 8.2 (1978), *p.* 163.

③ Heather James, *Shakespeare's Troy: Drama, Politics, and the Translation of Empire*, Cambridge: Cambridge UP, 1997, p. 44.

④ 译文引自朱生豪译本。参见莎士比亚，《莎士比亚全集》，朱生豪译。北京：人民文学出版社，1994。对照 *The Riverside Shakespeare*，该书标出了场次、幕次及行数。参见 William Shakespeare, *The Riverside Shakespeare*, Boston: Houghton Mifflin, 1997。

一 "把她修剪成你所看见的样子"

在莎士比亚的群芳谱中，除了拉维妮娅，恐怕再也找不出哪个女性角色像她一样集齐了所有不幸。她一出场便是阴郁痛苦的，哀悼着战死的兄弟们；接着在新王的加冕仪式上，她像物什一样被人争夺；战争中幸存的几个兄弟为了维护她早先订立的婚约，不惜违抗父命，一个哥哥甚至命丧当场。她如愿和爱人成婚，不成想，悲惨命运才刚开始：她目睹丈夫被杀，自己则被两个恶徒强暴，后又被割掉舌头、砍掉双手。最后，父亲在宴席上亲手将她杀死，以求让她从痛苦和耻辱中解脱。

她短暂的一生几乎汇集了一个人的身体所能经受的最大限度的暴力：强暴、割舌、肢解、杀害。但不同于《李尔王》中直接呈现葛罗斯特（Gloucester）被弄瞎双眼的血腥场面，《泰特斯》中的拉维妮娅被两个恶徒拖到森林深处之后，直接上演了昆塔斯（Quintus）和马歇斯（Martius）这对兄弟受艾伦（Aaron）诓骗，依次落入陷阱的戏份，悲惨之中不免有些滑稽，让人暂时忘了拉维妮娅正在遭受的暴力。等她在第二幕第四场再次登场，只见舞台提示表明了暴力的结果："拉维妮娅已遭奸污，两手及舌均被割去。"

这一幕篇幅极短，却最能展现这部剧极致暴力与修辞美学之间的张力。拉维妮娅身体受辱后，还得沉默着忍受狄米特律斯（Demetrius）和契伦（Chiron）对她进行口头的羞辱嘲弄，他们讥笑她没有办法说出凶手的名字，甚至无法自杀。两人下场后，玛克斯（Marcus）登台，他第一时间目睹了拉维妮娅的惨状。有违常理的是，玛克斯没有上前进行任何施救，他忘了该如何行动，只执迷于华丽的修辞。剧情在这里似乎陷入了静止。他惊呼：

哪一只凶狠无情的毒手砍去了（lopped and hewed）你身体

上的那双秀枝（branches），那一对可爱的装饰品，它们的柔荫的环抱（circling shadows），是君王们所追求的温柔仙境？……啊！要是那恶魔曾经看见这双百合花一样的纤手像颤动的白杨叶（aspen leaves）般弹弄着琵琶，使那一根根丝弦乐于和它们亲吻，他一定不忍伤害它们……（2.4.16 – 46）

在这段未完全引用的大段独白中，玛克斯将拉维妮娅比做菲罗墨拉、比做弹琴的俄耳甫斯（Orpheus），她的双手是"秀枝""百合花""白杨叶"，她口中的血流是"泛着泡沫的泉水"，她绯红的脸是"迎着浮云的太阳"。这一段40余行（2.4.11 – 57）的独白最常为人诟病，因为它繁复冗长，似乎一味耽于病态的审美，与眼前呈现的恐怖景象如此格格不入。然而，在玛克斯一系列的比喻和对古典文本的指涉中，惊心动魄的暴力现场展现在我们面前。

拉维妮娅原本可爱的双手环抱起来，像树叶聚合起荫凉能够给人慰藉，弹琴的手指则像沙沙作响的白杨叶片。玛克斯却连用两个与园艺相关的动词 lopped and hewed，再现了恶徒实施暴力的现场：她的双手被他们像修剪树枝一样地砍掉，连同失去舌头的口腔，"血从三处同时奔涌"（2.4.30）。经受暴力摧折后的拉维妮娅，像一棵繁茂的树被砍掉枝叶，只剩下光秃秃的树干。她已经失去作为人的鲜活，在玛克斯的比喻中经历了痛苦的变形，幻化成一棵树。

导演泰莫（Julie Taymor）在将这部剧搬上荧幕时，也注意到了"人－树"的意象，电影《泰特斯》（1999）充分具象化了拉维妮娅的变形。影片的这一幕中，拉维妮娅置身于满目枯树的荒野，她一袭血染的白裙站在一个树桩上，残肢中被两个恶徒塞满了枯树枝，随着她因痛苦而扭曲的身体在空中比划。此刻她和树融为一体。导演可能也觉得玛克斯的独白太过冗长而将其大幅削减，却唯独保留了这个树的比喻。

事实上，并不只有玛克斯将她比作树，艾伦在向路歇斯（Lucius）供认罪状时也说：

> 艾伦：也是他们割去你妹妹的舌头、奸污了她的身体，还把她的两手砍下，把她修剪成（trimmed）像你所看见的那样子。
>
> 路歇斯：啊，可恨的恶汉！你还说什么修剪（trimming）哪？
>
> 艾伦：是啊，洗了，砍了，修剪了（trimmed）！干这事的人大大修整了一番，好不畅心（trim sport）。(5.1.93–98)

被砍掉双手的拉维妮娅在恶人看来不过是一棵被修剪枝叶的树，艾伦甚至玩弄起 trim 的双关意，认为这是个好玩的把戏，彰显了他令人发指的邪恶。

被"修剪"之后的拉维妮娅只能挥动断臂来表达痛苦。泰特斯想要破译她每一个动作的含义，"或是把你的断臂向天高举，或是眨一眨眼，点一点头，屈膝下跪，或者作出任何的符号，我都要竭力探究出它的意义"（3.2.42）。她口衔木杖在沙土上写下两个恶徒的名字时，也以断臂助力。在泰特斯向那两人复仇时，拉维妮娅则用断臂端来盆，接住他们罪恶的血（5.2.186）。剧中数次出现指代"断臂"的 stump 一词，在《牛津英语辞典》中（OED），它首要的意思是"截肢后残余的部分"，也指树木被砍掉枝叶留下的树桩（stump, n.1.）。①它的多重词义也将拉维妮娅和树的变形联系了起来。

变形为树的拉维妮娅还与她周遭的世界极为相衬。她在树林中遭遇不幸，这部剧中的森林不再是《皆大欢喜》中的阿登森林，有着消弭一切愁怨的神奇力量。这里是罪恶的渊薮，是恶徒杀人和行

---

① "stump, n.1." *OED Online*, Oxford UP, June 2020, www.oed.com/view/Entry/192144. Accessed 6 June 2020.

淫之所。艾伦说"树林是冷酷无情,不闻不见的"(2.1.135);泰特斯后来终于明白拉维妮娅"在冷酷广大而幽暗的树林里,遭到了强徒的暴力"(4.1.55);目睹惨剧的玛克斯也不禁提出神正论的问题:"大自然为什么要设下这样一个罪恶的陷阱(so foul a den)?难道天神们也是喜欢悲剧的吗?"(4.1.60-61)森林中生长着的树木也不再是蓬勃生命力的象征,它是艾伦埋藏金子的地方,艾伦以此成功陷害了泰特斯的两个儿子;实施诡计的塔摩拉说这森林是"荒凉可憎的幽谷",而且"虽然是夏天,这些树林却是萧条而枯瘦的",并谎称巴西安纳斯和拉维妮娅要将她"缚在一株阴森的杉树上"(2.3.92-107);抓获艾伦的路歇斯也打算将恶人"吊死在这株树上"(5.1.47)。在这部剧中,树和艾伦的阴谋诡计、塔摩拉的谎言、拉维妮娅遭受的暴力、杀人的绞刑架等等联系在一起,它完全成了罪恶和死亡的象征。

倘若如泰特斯的悲叹,"罗马只是一大片猛虎出没的荒野"(3.1.55),那么拉维妮娅一开始是这片森林中无处逃遁、受豺狼扑食的小鹿,在经受过强暴和肢解后,她则变形成了一棵任人修剪、枝桠间流着血的树。详细探询"人-树"这一变形背后的意涵及其与古典文本的联系,可以帮助我们更深切地理解拉维妮娅所受的痛苦,洞悉剧中极致暴力与修辞美学的张力,也是厘清莎士比亚与古典文本,尤其是与《变形记》之间联系的路径之一。

二 "人–树"的多重意涵

莎士比亚对一切掉书袋的做法都避而远之,但有一位作家对他影响至深,有一本书贯穿了他的许多部剧作,即奥维德(Ovid)及其《变形记》(*Metamorphoses*)。①正如米尔斯(Francis Meres)在《智慧的宝库》(*Palladis Tamia*)一书中所言:"奥维德风雅机智的灵魂,活在语言甜美流畅的莎士比亚身上。"②而《变形记》在《泰特斯》中尤为重要,因为从许多方面来看,这部剧并不是塞涅卡式的,无论塞涅卡的[复仇剧]模式有多重要,奥维德对它的影响更为直接。③《变形记》中讲述了许多人变成花草树木、昆虫鸟兽的故事。同样,莎士比亚对变形的话题一直也有着极大的兴趣,"范围涵盖了从身体到心理的变形,从实际的到假装的变形,从字面意义到比喻意义的变形,等等"。④像拉维妮娅这样从人到树的变形,也是奥

---

① 莎士比亚可能在少年时代的课堂上学习过《变形记》的拉丁文,当时也有 1567 年由戈尔丁(Arthur Golding)翻译的英文译本。关于莎士比亚与奥维德的研究,可参考另一些文章和专著,如 Gordon Bradon, "Ovid and Shakespeare," *A Companion to Ovid*, ed. Peter E. Knox. Malden, MA: Wiley – Blackwell, 2009, pp. 443 – 454; Jonathan Bate, *Shakespeare and Ovid*, Oxford: Oxford UP, 1994; Anthony Brian Taylor, ed. *Shakespeare's Ovid: The Metamorphoses in the Plays and Poems*, Cambridge: Cambridge UP, 2006。

② Francis Meres, *Palladis Tamia. Wits Treasury Being the Second Part of Wits Common Wealth*, London, 1598, p. 281verso. 原文为 "the sweete wittie soule of Ovid lives in mellifluous & honey – tongued Shakespeare",关于这部剧的作者权问题,米尔斯在《智慧的宝库》中第一次公开将其归于莎士比亚。

③ Eugene M. Waith, "The Metamorphoses of Violence in *Titus Andronicus*," *Shakespeare Survey* 10 (1957), p. 40.

④ Sean Keilen. "Shakespeare and Ovid," *A Handbook to the Reception of Ovid*, ed. John F. Miller and Carole E. Newlands. Malden, MA: Wiley – Blackwell, 2014, p. 233.

维德笔下屡次出现的主题，《变形记》中可以找出多处详细的记述。

和拉维妮娅的遭遇一样，"人－树"的变形在奥维德笔下一开始就与强暴或抵抗强暴联系在一起。他在勾勒完人类四个时代的变迁后，便开始讲述太阳神和达芙妮（Daphne）的故事（1.452－567）。①爱上达芙妮的太阳神像玛克斯一样，对她的身体部位一一夸饰："他望着她披散在肩头的长发……他望着她的眼睛，像闪灿的明星；他望着她的嘴唇；光是看是不能令人满足的。他赞叹着她的手指、手、腕和袒露到肩的臂膊。"②受太阳神追赶的达芙妮却不堪其扰，实在无处躲藏的她向父亲河神祈求摧毁自己的美貌，只见先前受到赞叹的每个身体部位开始变形："头发变成了树叶，两臂变成了枝干。她的脚不久前还在飞跑，如今变成了不动弹的树根……她的头变成了茂密的树梢。"（同上，页12）达芙妮自愿放弃作为人的存在，变成月桂树让她免于性的强迫。为了仍旧占有她，太阳神将她的枝叶当做凯旋和诗歌的象征。不唯《变形记》，古典神话里还有好些变成树的故事都与强暴相关。如阿坎图斯（Acanthus）为奋力逃脱日神的求爱，抓破了他的脸，因而被他变成了叶子带刺的爵床树（acanthus）；被潘神（Pan）追求的庇提斯（Pitys）变成一棵松树（pine tree）；被冥王劫持到地府的琉刻（Leuce）忧郁而终，被他变成白杨树（white poplar）。

在分析奥维德《变形记》中遭到强暴的女性角色时，科伦（Curran）就以达芙妮为例，敏锐地洞察到，从人堕落到非人的状态正是被强暴者丧失自我最真实的历程。

---

① 《变形记》的译文引自杨周翰的译本，参见奥维德，《变形记》，杨周翰译，上海：上海人民出版社，1984。并在每则故事后根据英文版标出卷数和行数（Ovid, *Metamorphoses, with an English Translation by Frank Justus Miller*, Cambridge: Harvard UP, 1916）。

② 奥维德，《变形记》，杨周翰译，前揭，页10。

> 她们先从人变成了施暴者眼中的性对象，而后又堕落成单纯的客体……遭到强暴的女性身体上的变形不过是她们被物化的外在表征。①

拉维妮娅也曾像达佛涅一样在林中奔跑，试图躲避施暴者的追赶。玛克斯叫住她："这是谁，跑得这么快？"（2.4.11）他后又告诉泰特斯等人，"我看见她在林子里仓皇奔走，正像现在这样子，想要把自己躲藏起来，就像一头鹿受到了不治的重伤一样"（3.1.88-89）。但比达佛涅更为不幸的是，她没有在逃跑中幻化成树而躲避噩运，反而是在经受了更残酷的摧残后变形成了流着血的树，堕入了非人的状态。玛克斯安抚她："不要退后，因为我们将要陪着你悲伤；唉！要是我们的悲伤能够减轻你的痛苦就好了！"（2.4.56-57）。经受了极致暴力的拉维妮娅当然比达佛涅更有理由悲伤和痛苦，然而除了和强暴的联系，《变形记》中另一类人变成树的故事则与极致的悲痛，甚至和自杀相关。

赫利阿得斯（Heliades）姐妹因兄弟法厄同（Phaeton）的意外死亡悲痛不已，②一连数月捶胸顿足、呼天抢地，最终变成了杨树（2.346-355）。母亲试图剥去她们身上的树皮，折去长出的枝桠，却发现折断的地方流出血来。同样因悲伤过度而变成树的还有库帕里索斯（Cyparissus），他因误杀心爱的鹿，痛苦到想要自杀，日神将他变成柏树（cypress），此树后来成了哀悼的象征（10.106-147）。奥维德在其他著作，如《女杰书简》（Heroides）中还提到过菲丽斯（Phyllis）因丈夫打仗未归而绝望自杀，最终被天神变成杏

---

① Leo C. Curran, "Rape and Rape Victims in the *Metamorphoses*," *Arethusa* 11.1/2 (1978), p. 229.

② Heliades，"意为赫利俄斯的女儿们"，关于她们姐妹的人数，有2人、5人和7人等不同的说法。

树的故事。

正如赫利阿得斯、库帕里索斯以及菲丽斯的遭遇所表明的，奥维德经常将超过限度的悲痛，甚至将悲痛所引发的自杀与"人－树"的变形联系起来。《泰特斯》中除了侧面表现拉维妮娅的悲痛，更数次暗示她应该自杀。契伦说，"要是我处于她的地位，我一定上吊了"，狄米特律斯讥笑她，"那还要看你有没有手可以帮助你在绳上打结"（2.4.10）。将拉维妮娅比做鲁克丽丝使得这一联系更加明晰。①艾伦说"巴西安纳斯的爱妻，是比鲁克丽丝更为贞洁的"（2.1.115）；泰特斯询问她："是不是萨特尼纳斯效法往昔的塔昆，偷偷地跑出了自己的营帐，在鲁克丽丝的床上干那罪恶的行为？"（4.1.64-5）玛克斯也声称要像勃鲁图斯为鲁克丽丝的受害复仇一样，向哥特人报复。除了通过这种类比暗示拉维妮娅要想从耻辱中解脱，应效仿鲁克丽丝自杀，泰特斯更明确地教授她如何执行："或者你可以用你的牙齿咬起一柄小刀来，对准你的心口划一个洞。"（3.2.16-17）玛克斯连忙劝阻说："不要教她下这样无情的毒手，摧残她娇嫩的生命。"（3.2.21-22）拉维妮娅可能因为力有不逮，最终由父亲泰特斯以维琪涅斯杀死女儿维琪妮娅为"一个可以仿效的成例，一个活生生的榜样"（5.3.44），亲手将她杀死。但她戴上面纱从容赴死，可以说全程也参与了对自己的戕害。她这一自杀的命运早已经暗含在她"人－树"的变形中。

达芙妮等被损害的女性变成树是为了逃避强暴；赫利阿得斯、菲丽斯等人变成树是因为过度悲伤，有的乃至绝望自杀；奥维德笔下还有些人则因为对树不敬，受到残酷的惩罚。《变形记》中的德律

---

① 这位被塔昆（Tarquin）奸污后自杀的贞女成了推翻罗马王政的导火索，她的故事让莎士比亚印象深刻，促使他写下长诗《鲁克丽丝受辱记》（*The Rape of Lucrece*）。

奥佩（Dryope）来到河边见到一片开花的罗陀树，便采摘下几朵花儿，谁知伤害到了幻化成树的仙女罗提斯（Lotis），自己也被罚变成一株罗陀树，动弹不得（9.324-393）。厄律西克同（Erysichthon）因为傲慢和不敬神，故意用斧头砍倒五谷女神刻瑞斯（Ceres）的神树（8.739-878），只见这棵橡树"抖动起来，发出低沉的呻吟，同时树叶和橡果也变得苍白了，修长的树枝也黯然失色。当不敬的斧头砍进树身时，树皮裂开，流出鲜血"，①树中住着的生灵死前愤恨地对他下了诅咒。被触怒的刻瑞斯命饥饿女神去折磨他，让他永远无法餍足，最终竟然"用自己的身体来喂养自己"（同上，页121）。

如果说拉维妮娅在遭到强暴、经历悲痛之后变形成了树，那些对这棵神圣的"人-树"痛下毒手的人命运又如何呢？

艾伦最先将拉维妮娅与菲罗墨拉等同，预见到"他的菲罗墨拉必须失去她的舌头"（2.3.43）。他是拉维妮娅噩运的策划人，是契伦与狄米特律斯的邪恶导师。待到路歇斯将他抓获，准备将他吊死在树上时，他毫无愧悔，不但戏谑地说拉维妮娅像一棵树被人"修剪"，更发表了一通骇人的、反英雄式的恶的宣言。他"只悔恨自己不再多犯下一千件的罪恶，现在我还在咒诅着命运不给我更多的机会哩"（5.1.126-127），他细数着自己的"丰功伟绩"：杀人、放火、强奸、诬陷。最令人惊悚的是：

> 我常常从坟墓中间掘起死人的骸骨来，把它们直挺挺地竖立在它们亲友的门前，当他们的哀伤早已冷淡下去的时候；在尸皮上我用刀子刻下一行字句，就像那是一片树皮一样，"虽然我死了，愿你们的悲哀永不消灭"。（5.1.137-142）

艾伦再一次把人看做毫无生机、可任意折磨的树。拉维妮娅的

---

① 奥维德，《变形记》，前揭，页118。

肢体在他看来是树枝，死人的皮肤也不过是树皮，他会刻上最恶毒的字眼。听完他可怕的供述，路歇斯改变了主意，"把他干干脆脆地吊死，未免太便宜他了"（5.1.147 – 148），根据《变形记》中给我们的提示，德律奥佩和厄律西克同的结局才是他应得的报应。

果然，路歇斯在剧末给他下了最后的判决：

> 把他齐胸埋在泥土里，让他活活饿死；尽他站在那儿叫骂哭喊，不准给他一点食物；谁要是怜悯他救济他，也要受死刑的处分。这是我们的判决，剩几个人在这儿替他掘下泥坑，放他进去。(5.3.181 – 185)

将他齐胸埋进一个坑中，再填上土令他动弹不得，这不免让人联想起种树的动作。① 可以说，他像德律奥佩那样，被强行变成了一棵树；他又是另一个偏执、傲慢和不敬的厄律西克同，同他一样，艾伦肆意折磨"人－树"这一神圣的生灵，下场也是活活饿死。

除了奥维德这样的古典作家提到"人－树"的变形，与莎士比亚同时代的许多剧作家和诗人笔下，也有许多流着血的树诉说着自己变形的经历。福克斯（Cora Fox）对此做了梳理：斯宾塞（Edmund Spencer）《仙后》（*Faerie Queene*）中的弗拉杜比奥（Fladubio）（1.2.30 – 45）；阿里奥斯托（Ludovico Ariosto）《疯狂的罗兰》（*Orlando Furioso*）中的艾斯多弗（Astolfo）；塔索（Torquato Tasso）《被解放的耶路撒冷》（*Gerusamemme Liberata*）中主人公的昔日爱人；②

---

① Tzachi Zamir, "Wooden Subjects," *New Literary History* 39.2 (2008), p. 285.

② Cora Fox, *Ovid and the Politics of Emotion in Elizabethan England*, New York: Palgrave Macmillan, 2009, p. 50.

但丁（Dante）《神曲》（*Divine Comedy*）第13章，"自杀者丛林"中的维涅（Vigne）等等。可见，自古典时代以降，"人－树"的意象就是文学作品中时常出现的主题，奥维德笔下"人－树"变形的一系列意涵，都可以在这些差不多同时代的文本中找到对应。

可以说，《泰特斯》中将拉维妮娅比作树尤其恰当。在变形为树的拉维妮娅身上，集合了"人－树"之变形所包含的强暴、悲痛、自杀、惩罚等等一系列的意涵。莎士比亚让拉维妮娅不仅成了菲罗墨拉，还借用"人－树"的意象，让她成了因逃避强暴而变成树的达佛涅、阿坎图斯、庇提斯等受侮辱与受损害的女性，成了因悲伤过度（乃至自杀）而变成树的赫利阿得斯、库帕里索斯等人，而伤害树的恶徒则成了德律奥佩和厄律西克同。

三 "要是你的断臂还会握笔"

《变形记》在《泰特斯》中的特别地位在于，它不仅是剧作经常指涉的潜文本，更以实体书的形式出现，是不可或缺的舞台道具。本文题目中的"变形记"可以打上双引号，它展现了拉维妮娅痛苦的异化过程，我们眼见一个鲜活的少女如何变成了失声、僵硬、任人修剪的树，在她的变形中见证了极致的暴力，并在各种人－树变形的典故中读出了强暴、悲痛、自杀、惩罚等多重意涵；但这三个字也可以打上书名号，突出《变形记》这本书如何作为发声的媒介，成了拉维妮娅揭露强暴事实的口，书写悲惨遭遇的手。

拉维妮娅与文本及书写的关系，最开始由两个恶徒提了出来。他们在砍掉她的双手后嘲讽她"要是你的断臂还会握笔，把你心里的话写了出来吧"（Write down thy mind, bewray thy meaning so, / And if thy stumps will let thee play the scribe）（2.4.3-4），认为她恐怕只能"鬼画符些什么记号吧"（2.4.5）。①有趣的是，以菲罗墨拉的故事为作恶模板的他们，并没有让拉维妮娅像她的前辈一样用织毯讲述自己的遭遇，而是用了 scribe 和 scrowl 两个与"书写"相关的词来揶揄她失去了双手。古典文本中的女性如何发声？如何表现出她们的自主性？纺织是重要的途径之一。菲罗墨拉、佩涅洛佩（Penelope）、阿拉克尼（Arachne）以及命运三女神等等都在织物上彰显她们女性的主体性（agency）。不同于古典女性的是，拉维妮娅的手和"书写"联系在一起，"女性的学识替代了菲罗墨拉的织毯，正如在文艺复兴时期的教育学文本中，贵族女性对教育的追求被比做纺织和刺绣等活动"。②拉维妮娅的学识有着属于莎士比亚时代女性教育的印记。

泰特斯和玛克斯在见到拉维妮娅追着小路歇斯时也肯定了她的学识。泰特斯安慰惊慌的孙儿不要害怕看似发狂的姑姑："孩子，她曾经比一个母亲教导她的儿子还要用心地读给你听那些美妙的诗歌和名人的演说哩。"（4.1.12–14）见拉维妮娅要翻看小路歇斯的书，泰特斯认为那些书远远低于她的阅读水平，"可是这些是小孩子念的书，你是要读高深一点儿的书的；来，到我的书斋里去拣选吧。读书可以帮助你忘记你的悲哀。"（4.1.33–37）在看到拉维妮娅急切地要读小路歇斯的母亲留给他的《变形记》时，玛克斯又猜测"也许她眷念去世者，特意选择了它"（4.1.45–46）。

---

① 这句话为笔者自译。原文为 see how with signs and tokens she can scrowl，朱生豪译为"瞧，她还会做手势呢"。scrowl 即 scrawl，意为"潦草地写"，因此笔者将这句直译为"看她能鬼画符些什么记号吧"。

② C. K. Preedy, "'Women's Weapons': Education and Female Revenge on the Early Modern Stage," *Revenge and Gender in Classical, Medieval and Renaissance Literature*, ed. Lesel Dawson and Fiona McHardy. Edinburgh: Edinburgh UP, 2018, p. 187.

可惜他们只知拉维妮娅想要读书，却没有读懂她深刻的意图。在他们看来，读书要么能使人暂时忘却痛苦，要么让人怀念故人的深情厚谊。正如福西特（Fawcett）所言：

> 这些可能的解读歪曲了事实：文学及文本解读是指控强暴事实的必需品——是公开指控罪犯，说出他们名字的方式。①

拉维妮娅并未理会他们的误解，坚持用颤抖的断臂翻到了《变形记》中菲罗墨拉的故事，所有人这才知道了她的真实遭遇。

玛克斯赶忙教她如何在沙地上写下行凶者的名字，他"以口衔杖，以足拨动，使于沙上写字"（4.1. stage direction），拉维妮娅并未完全听从他的指导，而是"衔杖口中，以断臂（stump）拨杖成字"，这正反击了恶徒的挪揄："要是你的断臂还会握笔。"她在沙土上写下"强奸（stumprum）—契伦—狄米特律斯"（4.1.79）。遭受暴力前的拉维妮娅一直都是顺从和缄默的，茫然应对着生命中的一切变故：面对国王两兄弟的抢夺，未见她有所表态；在森林中面对威胁，她只知徒劳地咒骂和恳求；甚至在央求塔摩拉时，耻辱也让她说不出"强奸"两字。拉维妮娅的双手和舌头尚在时形同虚设，吊诡的是，反而是在失去它们以后，她才变得勇敢、主动以及反叛。此刻的她大胆写下"强奸"两字，直接公布了恶人的罪行。

艾伦及两个恶徒对《变形记》中菲罗墨拉故事的熟知让他们有了作恶的模板，前文分析的"人－树"变形也是《变形记》给出的恶的教诲之一。许多学者在分析《泰特斯》与《变形记》之间的关系时认为，"《变形记》不仅启发了《泰特斯》中的罗马人和哥特人去强暴、肢解、谋杀、吃人，还为他们实施这些可怕的罪行提供了

---

① Mary Laughlin Fawcett, "Arms/Words/Tears: Language and the Body in *Titus Andronicus*," *ELH* 50.2 (1983), p. 274.

实际的指导"。①这一点的确令人绝望，因为这部剧是所有莎剧中对古典文本指涉最多，借用典故最丰富，直接引用的拉丁语最深刻的剧作之一，然而呈现在我们面前的却也是最血腥暴力、最令人生理不适的一部剧。韦斯特（G. S. West）甚至将这种对文本的误用上升到对整个罗马传统的反思，"以罗马教育为代表的罗马传统遭到了扭曲，它成了教导恶行的导师和辩护人"。②对古典知识的掌握只教会了恶人如何作恶。另一个深谙《变形记》的玛克斯也并没有从古典文本中增益多少智慧，"他的古典知识只沦为了他装饰悲叹的修辞手法"。③但作为道具出现的《变形记》是这部剧最大的创举，拉维妮娅翻动的这本书不再只是恶徒作恶的蓝本，或是玛克斯掉书袋的宝库，古典知识成了失语的拉维妮娅揭露罪恶、实施复仇的工具，她断臂中的木杖成了她控诉的笔。

在此之前，经受摧折的拉维妮娅是一棵被砍掉枝叶的树，集合了《变形记》中所有"人－树"的悲惨意涵，这是她不幸的"变形记"；但与此同时，她又利用《变形记》这一古典文本来让自己发声。她不再是艾伦等人任意"修剪"的对象，不是一幅"悲伤的地图"（map of woe）（3.2.12），等待着泰特斯去"探究出它的意义，用耐心的学习寻求一个确当的解释"（3.2.44–45）。④更加特别的是，自从拉维妮娅发声和书写之后，她甚至反转了角色，给从前指导她、怜悯她的男性角色上了一课，教会了他们如何用

---

① Sean Keilen, "Shakespeare and Ovid," p. 238.
② G. S. West, "Going by the Book: Classical Allusions in Shakespeare's *Titus Andronicus*," *Studies in Philology* 79. 1 (1982), p. 65.
③ C. K. Preedy, "'Women's Weapons': Education and Female Revenge on the Early Modern Stage," p. 186.
④ 原文为：But I of thee will wrest an alphabet/ And by still practice learn to know thy meaning. 这句话再次将拉维妮娅与书写和文本联系了起来。

书写去复仇。此前的泰特斯只知用"眼泪浇熄大地的干渴"（3.1.14），但在见到拉维妮娅做出的榜样后，他才知如何复仇。他决心"要去拿一片铜箔，用钢铁的尖镞把这两个名字刻在上面藏起来"（4.1.102-3），用一种比沙土更加能持久保存的方式来记录罪恶。他又将写着贺拉斯诗句的纸卷随着武器一起送给那两个恶徒，暗示自己已经知道了他们的暴行。复仇心切的泰特斯还在箭头的顶端系上书札，要将一封封的请愿书射给各路神明，请求他们主持公道。最后他甚至用血来书写，"我已经把我所预备做的事情血淋淋地写了下来；凡是在这儿写下的，我都要把它们全部实行"（5.2.13-15）。先前沉湎于修辞美学中的玛克斯再也不能超然，拉维妮娅的书写甚至比她的惨状更具有激励人心的力量。"我知道写在这地上的这几个字，可以在最驯良的心中激起一场叛乱，使柔弱的婴孩发出不平的呼声"（4.1.85-87），他号召大家一同下跪、誓死复仇。

可见，拉维妮娅指出《变形记》中菲罗墨拉的故事，并在沙土上书写的情节在剧中具有转折性的意义：从这一幕之后，受迫害者（泰特斯一家）成了复仇者；迫害者（艾伦、塔摩拉及其儿子）成了复仇对象。双方的命运发生了逆转，整部剧也因此才能称为"复仇剧"。"拉维妮娅用自己对奥维德的注解对抗了艾伦对古典文本的解读"。① 她积极地去书写、去解释古典文本，从而参与了最终的复仇计划。那只用来书写的断臂最终端来了盆，接住两个恶徒罪恶的血。可以说，她是整部剧中唯一善加利用《变形记》的人。

正如韦伯（William Weber）所说：

---

① C. K. Preedy, "'Women's Weapons': Education and Female Revenge on the Early Modern Stage," p. 185.

对莎士比亚而言,典故不仅仅是装饰:它们给出了强有力的、复杂的意义来源,也要求读者给出同样积极的、有活力的解读。①

艾伦和两个恶徒邪恶地解读《变形记》中的故事,通过暴力让拉维妮娅成了更加悲惨的菲罗墨拉。剧作家总是用比较级来说明剧中暴行的残暴程度如何大大超越了奥维德的原版。玛克斯说两个暴徒是"更邪恶的忒柔斯"(2.4.41),因为他们不仅割去拉维利娅的舌头,更砍去双手,这是模板中没有的情节,因而拉维妮娅"比菲罗墨拉更悲惨"(5.2.198),泰特斯因而也要"比普洛克涅更残忍"(5.2.199)地复仇。

莎士比亚本人何尝不是一个"更邪恶的忒柔斯"?在表现暴力和痛苦方面,莎士比亚比奥维德走得更远,也更加极端,为包括"人－树"在内的典故注入了更多活力。从另一方面来看,初出茅庐的莎士比亚也同拉维妮娅一样,是一位优秀的古典文本的阅读者和阐释者。在讲述他自己的戏剧故事时,古典文本也成了莎士比亚发声的重要道具,对古典文本的指涉与借用贯穿了他整个创作生涯。

作者单位:浙江大学外国语言文学与国际交流学院

---

① William W. Weber, "'Worse than Philomel': Violence, Revenge, and Meta-Allusion in *Titus Andronicus*," *Studies in Philology* 112.4 (2015), p.714.

思想史发微

历史作为慰藉
——伊瑟林的历史哲学

索默尔（Andreas Urs Sommer） 著
刘齐生 译

前面的话

没有人研究过伊瑟林（Isaak Iselin）的历史哲学。哲学史辞典间或提及这位巴塞尔启蒙哲人，却从没有为他专设条目。专业的哲学纲要，即所谓的"哲学大全"，也没有关于伊瑟林的片言只语。这么看来，好像只有偏爱基督教古董的人才会把玩伊瑟林的著作，否则就需要解释，为什么要从文史故纸堆里翻出这么一个好像被看走了眼的天才，为什么要将他包装起来拿到文艺副刊上显摆。

我将告诉大家为什么要研究伊瑟林。我想邀请读者一起研读这部重要的历史哲学著作——《人类史》（*Geschichte der Menschheit*），一起发现人文史中尚不为人知的半亩方田，一起领略早期的"思辨－普遍历史哲学"（spekulativ－universalistische Geschichtsphilosophie）

及其独特的宗教视角。唯有精读文本，我们才不会执迷于以创新为时髦、以进步为标榜的法国启蒙哲学，才有可能了解历史哲学本应具有的指向世界和此在世功能，而伊瑟林的新历史哲学一直致力于此。并且，它还填补了传统宗教的普适性学说与影响力减弱的形而上学大体系之间的空隙。唯有精读文本，我们才不会死盯着启蒙历史哲学争论不休的所谓现代性问题，才能发现教牧动机（das pastorale Motiv）中的隐秘驱动力——这是一个新的视角，它以基督教的宗教性与历史哲学之间的交互关系为基础，但它又是一直存在于欧洲精神世界中的视角。让我们一起翻阅那些古旧的、早已无人识读的文本，并像本书一样记录下阅后的体会。

只有当我们开始思考教牧动机时，才有望跨越简单且常常缺少历史材料的针对基督教传统思辨的讨论，为新时代的合法性找到落脚点。只有当我们可以确证哲学和世俗科学各自的任务时（这些任务在当时一直专属于宗教），诸如人的自我确证和神学的绝对主义等事物方能成为有意义的谈话主题和内容。遗憾的是，那些当权的哲学传统掌管者都怀着建立体系的狂热，却无意夯实基础。

一般来说，怀着哲学兴趣接近古代文本的人，会偏爱顶峰时期的浪漫主义，能入眼的也往往是被相关哲学纲要捧得很高的著作家。在历史哲学领域，通常的做法都是直接从德意志观念论开始盘点，一般会列举18世纪的著名作家赫尔德、莱辛和康德，或许还可以算上维柯和伏尔泰。相对于这些人的作品，伊瑟林的《人类史》尽管在当时发行量巨大，甚至远超除伏尔泰外的其他著名作家，却不在被人膜拜的作家之列。为此，我奉劝诸君，不要只观摩阿尔卑斯高山上供人攀爬的索道，也应探视那些旁支小径，如此，才会关注虽未成规范却具划时代意义的范本。那些已经形成定规的思想，完全可以放待来日再行评判。

要想深刻理解18世纪中兴起的思辨-普遍历史哲学，就离不开伊瑟林，所以，很有必要将他作为固定的点填补到尚有很多空白的思想地图上。伊瑟林时代新创的历史哲学是经院外的学说，并未在信奉沃尔夫主义的哲学教授口中传播，而是通过一种近似于"存在哲学"写作方式的随笔形式为人所知。长期以来，这些随笔被笼统地冠以"康德之前的德意志通俗哲学"（deutsche Popularphilosophie vor Kant）之名。人们并不知道，其实所谓的"通俗哲学"，恰恰反映了哲学应有的文学化旨趣（哲学的文学性在德意志文化圈如此迟滞实在令人诧异），因其能为更广泛的读者所接受，也因其视界更为宽广、创新潜力更为巨大。

伊瑟林将本来研究人的史学视为哲学研究的对象，视为个体的和集体的生发意义的手段，以及指向此在的手段。这对于正统的沃尔夫主义（Wolffianismus）来说，实在是离经叛道。要解释他何以这样转向历史性和现实偶然性，需要在一场危机中寻找原因，那场危机也是启蒙自身的根本合法性危机。首先可见的蛛丝马迹可以追溯至有关卢梭《论科学和文艺》（1750 年）的纷争。思辨-普遍历史哲学就在回应这一纷争的过程中渐渐成形。思辨-普遍历史哲学不仅要证明普遍道德在现实中得到改善，也要对尚未发生的未来提供证明，即被历史塑造的人在尘世未来的存在如何得以改善。同时，伊瑟林的历史哲学不仅要回答普遍意义上的"人从哪里来，到哪里去？"的问题，还要回答每个人的"我从哪里来，到哪里去？"的问题。每个人都会将自己理解为在他自己超验意义连续体生命中的要素，而并不需要将传统的宗教（或者形而上学）作为论证的依据。

对于早期思辨-普遍历史哲学的创新性，无论如何评价也不算太高，但人们一定还会惊叹伊瑟林如何将这一思想编织在历史叙事中，引导人们去领悟宗教世界观地平线外的世界。作为文学散文的虚构，历史哲学已经产生了巨大的效应——但虚构一旦成为主义，就会产生问题。当然，这一问题在后来孔多塞（Condorcet）、黑格尔的影响下才出现。

以上简短的介绍旨在澄清事实，即本书并非只是把玩古董，而是本着勾勒人文史图景的目标，遵循历史哲学的认知旨趣而作。尽管本文只是做了简单的文本诠释工作，但相信读者已经认识到伊瑟林值得研究。这一工作还可能已经让读者有了更大的期待，即启蒙规划作为生发意义的运动所给予的想象空间，至少对其方法加以质疑是恰当的。

一　导言

> 或许这是一个讨人欢心的梦，然而它的确是如此令人慰藉，以至于我难以与它离舍。我赞同，善的结果因其自身而永恒……
>
> 恶，我相信不会长久，因为它只存在于现实和秩序的缺陷中，所以会自然消亡。（《人类史》第二册，页381）

伊瑟林（1728—1782）生于没落的市民望族，同18世纪下半叶的"通俗哲人"一样，伊瑟林最终无法专事科学和写作。他在家乡巴塞尔大学和新成立的哥廷根大学完成文艺和法律的学习后，梦想着在那里谋上个教职，但事与愿违，在巴塞尔大学掷色子遴选教授时他没被选上，去大学教书的想法从此落空。然而，上帝在关上一扇门时往往开启另外一扇窗，我们这位年轻的法学博士于1756年被擢升为巴塞尔市政厅书记员，成为城中两个最高职位的公务员之一。尽管伊瑟林不乐意搞行政，但这碗饭他还是吃了一辈子。任上他提出很多改革建议，包括改革教育、改革巴塞尔大学、改良政治，但大部分想法都没能实现。在家乡，除了热衷慈善项目，他还是"赫尔维齐社"（Helvetische Gesellschaft）的共建者和尼古拉（Friedrich

Nicolai)"普通德语图书"(Allgemeine Deutsche Bibliothek)的评论员,而他最为人知的是丰硕的散文作品。

> 他是瑞士唯一一个集启蒙运动各种优劣于一身的人,但同时也是一个有独特品质的人。只要接触过他的作品,就难忘其人。①

从著作的封面上看,伊瑟林于1764年便在法兰克福和莱比锡出版了《关于人类历史的哲学断想》(*Philosophishe Mutmassungen über die Geschichte der Menschheit*),该书同时在巴塞尔匿名出版。而在奥地利,该书却被禁止出版,直至1782年才解禁。据史料记载,伊瑟林在18世纪50年代初开始写作此书。该书一方面让他在欧洲获得了启蒙家的声誉,另一方面又引得他被贴上"天真进步痴心汉"的标签。1768年,伊瑟林把书名改为《人类史》,新的书名表明伊瑟林对自己的思想更加自信,已经可以毫无忌惮地署上真姓大名,"《人类史》也成为具有非凡影响力的德语历史哲学典籍"。②

伊瑟林的著作分上下两册,全八卷,每卷又分成不同章节。第一卷主要以庖丁解牛之法揭示人类的本质,接下来几卷则阐述人类自开天辟地以来的历史发展脉络。著作涉及世界各民族的历史及其相互关系。该著作并非综合性的人类历史导论,而是着重描绘人类历史发展轨迹,建构人类太初与现今状态间的关系。著作较少描述事件,多着墨文化历史,即所谓广义上的道德史。

伊瑟林的人类史在写作方法上也有别于传统史学写作。他抛弃了巴塞尔大学教授的方法,在思想上也完全背离了历史学家和宗教

---

① Paul Wernle, *Der schweizerische Protestantismus im XVIII. Jahrhundert*, Bd. 2, Tübingen 1924, S. 179.

② Im Hof, *Isaak Iselin und die Spätaufklärung*, S. 96.

学家贝克(Jakob Christoph Beck,1711—1785)等一众老师。他的写作方法也与不同于他那些在哥廷根的教授同事们采用的写作范式,如声名显赫的教会历史学家冯·莫斯海姆(Johann Lorenz von Mosheim,1763—1755),以及在"历史进程杂志社"(in historicis)工作的法学家施茂斯(Johann Jakob Schmauß,1693—1757)。伊瑟林也无意继续发展波林布洛克(Henry St John, Viscount Bolingbrokes,1678—1751)以政治为中心的"样本史学"(exempla-Historie)。

二 人类的心理学基础

孩提时,人沉溺于脆弱且又单纯而珍贵的快乐,处于惬意、无欲的状态,无须费力争得他人的尊敬和崇拜。但随着能力的增长,人的情感和欲望被激活,且禀赋越强之青年人,越易堕入胡作非为,幻想灼烧着他的感官,将其置于外在表现的危险之中,倘若理性尚能让其悬崖勒马,并为其指明方向,那么此人终将获得幸福。

每一个体所成就的幸福,难道不是全民族幸福的一部分?(《人类史》第一卷,页XXXIII)

伊姆·霍夫(Ulrich Im Hof)喜欢赋予他笔下人物伊瑟林以先驱的角色,他认为伊瑟林属于"那个时代做出了重大发现的一群人中的一个,他们发现了人的灵魂"(同上,页207)。伊瑟林的心理学"既不是对现有各种体系进行简单拼凑,也不是重复普遍的沃尔夫主义","伊瑟林体系中的一切都是亲身的经历、亲身的观察、亲自的推断和研究"(同上)。即使不依靠伊姆·霍夫的解读,我们也能通过阅读伊瑟林原著的第一卷《人类心理学观察》(*Psychologische Betrachtung des Menschen*),来了解原汁原味的伊瑟林思想。伊瑟林思想的特别之处在于其概念工具系统的不清晰性,这完全是非沃尔夫主义的、另类的。伊瑟林的人类心理学的阐释目的非常明确,就是要奠定历史哲学以人为对象的认识基础。按照伊瑟林的说法,"谁若试图利用现有的历史素材,必先得从哲学中认识其面对的对象"(页3)。何物创造了人之状态并不能从历史中推导而出,而应由哲学导向的心理学来予以求证。这意味着,人不应该仅仅是他的历史,人的历史还需要历史人类学去阐释。

对伊瑟林来说,历史哲学研究的出发点是"人的灵魂",或者说是"人的意识",即"各种驱使人行动的力量"(页4)。伊瑟林在书中首先阐述了"感官、想象力、记忆力、预见力和创造力"(页5-7),他旨在通过"观察、经验、感性批判、玩笑、精神、美好的精神"(页8)来持续提升"理解力、判断力和理性"(页10)。其后,伊瑟林阐述了"共同的、健康的理性",以及"愚蠢"和"智慧"(页12-16),目的是为了从已达至的高点再回身俯瞰人的最初感官之所感,如"惬意和不适""兴致勃勃""索然乏味""痛苦""细微的欢愉和不快",以及"真实的欢愉""偏好"和"厌恶""贪婪""情感活动""欲望"和"激情"(页19-31)等人类体验。虽然伊瑟林的著作并没有明确阐述这些情感之间的相互作用,但我们依然可以认为,"理性"在伊瑟林的概念体系中占主导地位。伊瑟林在章节标题"人类行为的驱动之轮"下的一段话,很容易让人联想到与此相关的柏拉图著名的三段论:

> 人为三重法则所制:感官激活人的内在本能和欲望,致其心生涟漪;想象点燃情感和激情之熊熊烈火;理性为意志指明方向,促人做出冷静决定。(页33)

在我们看来,伊瑟林的人类学图式与鲍姆伽登(Alexander Gottlieb Baumgarten)在《形而上学》以及沃尔夫(Christian Wolff)在

《德意志形而上学》（*Deutsche Metaphysik*）中试图表述的意义相差并不大，但伊瑟林的贡献在于，他将个人的发展与群体的发展相提并论：

> 单一个体的人的历史都描绘着这一个体的特性、关系和变化，而这些特性、关系和变化使个体的状况和生活别具一格。哲学从此中得出易死者之幸运或不幸的基本规律；哲学从此中得出帮助人们找到通向真理和道德之路的规则。
>
> 人都会在完善的抑或不完善的社会中合而为一，这一普遍现象表明，要么自然的驱动力，要么高一级的理性，抑或两者皆而有之，推动着人在社会生活中寻找更高的幸福。
>
> 每一个社会的历史、每一个民族的历史都使我们豁然，知其在多大程度上、通过什么方式接近了其重要的终极目标，或者什么样的因素致使其偏离目标。从众多民族的命运中可以看出，文明状态和乡民规约形成了什么样的民族优点，又造成了什么样的民族缺陷。因此，人类的历史本质就包括了每个个体和全民族的一切。（页 XXIX）

按照伊瑟林的看法，个体从开始时的感官物逐渐上升至更高级的理性生命——"但不管人的能力达到多高的程度，灵魂总是建立在无能力或弱能力的基础上，并逐渐发展，然后缓慢地提升到一个难以觉察的完善度"（页3）。伊瑟林并不认为个体可以通过与世隔绝的修炼完善自我，这与当时占主导地位的认识有本质的差异（斯巴尔丁1748年在《人之使命》一书中就详述了个体的自我完善问题）（页33）。在伊瑟林看来，个体的自我完善始终与其生活的共同体相关、与他人相关，人们只有"在社会生活中才可以找到更高的幸福"。而个体的行为又会对社会甚至人种的发展产生作用。思辨-普遍历史哲学正是从人的去单子化的实践意义上来观察历史的，它

认为,

> 对人类历史的哲学思考会理所当然地发现伟大的基本原则,而幸福的民族在一个美好时代可以依照这些原则获得超越前人的美满富足。(页3)

伊瑟林并不想借助《人类史》一书来记录历史进程,而是期望通过自己的工作为启蒙做一点实事。他希望自己的有限尝试能对哲人有用,并期望"人们能在真实的和智慧的原则指导下实施治国术,通过对未来美好时代的向往激活人类友善的灵魂"(页XXXI)。这句话成为思辨-普遍历史哲学众所周知的动机,实际上它也是这一哲学的教牧动机。

正如我们所看到的那样,伊瑟林对人类历史的梳理不是简单的、了无新意的再现,而是试图透过历史叙事表达自己的观点。这也是古典学派、中世纪学者、人道主义学家在样本历史传记中采用的方法。普鲁塔克(Plutarch)、马基雅维利(Machiavelli)和波林布洛克勋爵(Lord Bolingbroke)就试图通过批评或赞颂伟人的行为,来向统治者表达自己的思想,并期望统治者能最终做出自己的最佳判断。但伊瑟林写作人类历史,目的并不是给巴塞尔统治者照一照道德和罪恶的镜子,或者为了让他们实施符合道德的政治统治。哲学的使命在于给出基本原则,根据这些原则判定短暂生命的幸与不幸。哲学的使命在于给出规则,以使短暂的生命更容易走上真实和伦理的路。伊瑟林在《人类史》第一卷解释了人的个体如何组织起来,但并没有完整阐述哲学的使命。在这里,哲学被扩展为历史哲学,其任务不仅是为个体指出通向尘世幸福的道路,更是为整个社会描绘美好的未来。

当然,伊瑟林并没有将其著作视为解开普遍幸福问题的政治艺术或社会艺术,而是试图沿着启蒙运动的当前路径继续走下去。他想将著作理解为对自己的要求,督促自己从历史中寻找进步的法则,并以不断完善这一法则为己任。另外，按照伊瑟林的启蒙思想，进步并不是现成的、可供人任意挥霍的。所以，伊瑟林向自己的哲学提出任务：必须把理想个体的行为置于较大的意义框架下，以便确证个人的行为会否对整体起作用。理想个体的行为如果在道德意义上是好的，就会被纳入超个人的范畴并获得价值（尽管伊瑟林暗示了"由恶至善图示"，但其理论尚不完善）。这也是样本历史传记常常赋予伟人行为的功能。直至18世纪中叶，宗教修身文学还一直运用这一思想，教育普通男子去认识生命在更大范围内的意义。

启蒙运动晚期产生的历史哲学，所面向的目标人群与传统上偏哲学的样本历史传记学的对象不一样。样本历史传记学的学说尽管也会进入市民圈，但其行为指向和正当性多为统治者所接受和汲取，不会成为一般拉丁语教师的行为规范。至于女性市民、手工业者或者农民，不管他们有多么丰富的历史想象力，普鲁塔克的《希腊罗马名人列传》和马基雅维利的《君主论》也不会在他们那里产生划时代的作用。伊瑟林的历史哲学则相反，他扬弃了样本历史传记式只为精英写作的传统，反而面向一个个"小人物"。伊瑟林因此发现了人类社会的文化史和社会史。这也意味着他蔑视向来流行的国家行为史、战争史和王侯家族史。如果我们将历史理解为整体和所有人的共同产品，那么每一个男人、每一个女人都应该作为广泛意义上的"人类"历史主体的一部分，应对其有要求，使其承担责任。对历史的如此民主化①使每个人都成为作为慰藉的历史哲学所传递

---

① ［原注］"历史"在这里是单数形式，但伊瑟林将其作为集合名词使用，用以统称众多历史。伊瑟林在表示人的形成历史之时，也使用集合单数名词 Geschichte，如他在早期版本中使用了这样的句子：Der grosse Gegenstand der Geschichte ist der Mensch［史学最大的对象是人］（页3）。但是，当谈及历史的事件报道和历史片断时，他多使用复数名词 Geschichten（页45）。有关 Geschichte 一词的单数在19世纪下半叶的广泛使用情况，详见 Reinhart Koselleck。

信息的对象，个人无须在此中做出特别的贡献。个体是启蒙运动的参与者，如果他有限的生命足够长的话，他还是进步的受益者。个体会得到保证，不管他的贡献是大还是小，他在尘世所为都会对人这一种属的发展做出贡献，对偶然性和无意义性的怀疑都会得到豁免，而慰藉就是这一豁免的保证。

在伊瑟林的哲学中，我们很少能找到具体的行动指针，伊瑟林只是告诫个体要把自己视为普遍整体中的一员，要将自己摆进历史进程中，从此中获得慰藉和勇气。伊瑟林在1767年的图书预告中就已写道，"激情促我写作本书"（页XXII），在书中他丝毫没有掩盖自己的愿望，并认为自己关于历史的思想能点燃激情之火。具体来说，他希望自己的思想能激起1763年在瑞士成立的"真善之友社团"（Gesellschaft von Freunden des Wahren und des Guten）成员的响应。面对社团成员，他这样写道："你们应该研究人类的幸福和能使人得到治愈的科学及法律以及风俗。"（页XXI）伊瑟林相信，这本著作可以对这个刚成立的社团产生促进作用（页XXI）。

在发表《人类史》一书之前，伊瑟林曾在1764年发表《致瑞士人类友善社团》一文，文中指出了哲人和立法者各自的任务：

> 伦理学说和立法所针对的对象是人对幸福的获得。哲人关心如何发展人的义务及需求，为完成伟大使命做准备。为此，亟须细致建构灵魂，需要万事俱备，要求每一个人都具有沿着智慧设定的道路稳稳地走下去的能力。而欲使全民族，甚至只是民族的一部分达到这样的幸福状态，需要做得更多。现在所有民族离我们期望看到的那一刻都还遥遥无期。
>
> 弥补这一不足乃立法者的职责所在，立法者必须对放纵自我、不知自身利益的民众束之以绳，以捍卫全民福祉。（页XXIII）

值得注意的是，伊瑟林特别强调伦理学说和立法是获得幸福的保证。然而，他在这里没有对幸福作进一步区分。伦理学说和立法涉及国家事务，这似乎表明，伊瑟林考虑的是短暂的（尘世的）幸福，而根本没有将永恒的、彼在的幸福也考虑在内，因此偏离了自托马修斯（Christian Thomasius）以来形成的固定观念，即幸福分为尘世和出世幸福。由此，伊瑟林似乎含蓄地提出了一个严苛要求，即哲学，或者更确切地说伦理学说，至少应该在理论上既对此世也对彼世的幸福负责。鉴于以上认识，读者最终或许会把伊瑟林做太过康德的解读——但需要提请注意的是，伊瑟林并没有像康德在《纯然理性界限内的宗教》一书中那样，明确将宗教降解为品德教育。

尽管伊瑟林没有进一步解释幸福的意义，我们还是可以读出作为启蒙家的伊瑟林没有说出来的信条，即只有"合乎道德的生活方式和道德沉思"才能让一个人配得上彼在的天堂幸福。在这里，他显然认同当时的一些新概念，即认同斯巴尔丁的《人之使命》（Bestimmung der Menschen）中的观点。伊瑟林从1752年开始，每逢新年都要毫不知倦地重读斯巴尔丁的这本著作。因此，他在相关段落中对人的"伟大使命"的陈述与斯巴尔丁非常相似。所以，也就毫不奇怪，为什么虔诚的拉法特尔（Lavater）要对伊瑟林发出如下疑问："您是以耶路撒冷之名受洗，还是斯巴尔丁为您被钉上十字架？"①。

伊瑟林的历史哲学可以解读为对斯巴尔丁个人伦理完善思想的扩展。伊瑟林在这里发现了一个历史空间，而人在这一空间中实现自我，这却是斯巴尔丁所缺少的。斯巴尔丁的方案不接地气，缺少历史背景。在斯巴尔丁的方案中，人是单一个体，在无历史的空间里实现个人的自我完善。因此，个体要达到伦理状态并不需要他人，

---

① Im Hof, *Isaak Iselin. Sein Leben*, Teil 2, S. 524.

他人不过是个体操练其伦理性的对象罢了。与斯巴尔丁相比，伊瑟林把"超个人-历史性"置于伦理范畴，从而对个体提出了新要求。在伊瑟林著作的导语里，伦理设计不仅是个人的事情，也是哲学品德教师和立法者（他们通常也是法律实施的监督者）的义务。

一方面，伊瑟林似乎想按照沃尔夫的哲学原则追求哲学的普遍性：历史哲学要穷尽一切可能的知识，但同时又要保持哲学反思。伊瑟林加上去的后一句话很容易被沃尔夫主义者视作历史偶然性，从而归入实用知识一类。但无论如何，伊瑟林发明的思辨-普遍历史哲学扩展了哲学的范畴，是沃尔夫哲学概念发展的直接和必然结果。因此，"后沃尔夫通俗哲学"最终使思辨-普遍历史哲学在哲学发展史上有了一席之地。

另一方面，伊瑟林的历史哲学也不会导致出现"遗忘偶然性"的异想天开。伊瑟林从一开始就明确指出，如果不存在适当的条件，幸福和伦理就不可能达到。这一表述完全有别于斯巴尔丁的空想。斯巴尔丁认为存在着这样一种可能性，即个人可以经过勤奋努力把控伦理，即使出现了此世的不可抗力，人依然可以指望去到彼世补偿。

什么时候才是"万事俱备"呢？这要取决于立法者是否愿意跟指明前进方向的哲人站在一起。一般人大多不辨是非，往往在纵欲中寻欢作乐，只有立法者才可以做到对他们的行为严加管束，强制他们为自身的"福祉"努力。

一方面，这里对立法者作用的描写似乎某种程度上以怀疑人类为前提：尽管人经过了哲学的启蒙教育，若不对他采取强制措施，他仍有可能在不和谐的本性中寻找那种幸福。个体很少能主动、不经社会约束、不依靠权威介入就找到预置在他天性中的理性，并通过理性控制其他与生俱来的本能，从而找到他在人格上的和谐。但同时，人也不是因为"恶"才要接受国家监管、接受暴力的约束。

相反，人本身具有较好的学习能力，他们需要的是严格的教育，这项教育任务应由受过品德教师教育的立法者承担。

另一方面，由立法者来承担这一任务意味着立法者应拥有专制统治权。也就是说，立法者的作用绝不仅仅是划定供人自由行为的范围，好让人在这个范围内想干什么就干什么。人若真拥有了这样的自由，一定会自我放纵、胡作非为。所以，立法者的根本任务应该是看护"国民"的"福祉"。国民在启蒙前并不会认识到自己的福祉所在，遑论明白如何去实现它。本质上，伊瑟林对统治的理解是专制主义的。在这一政体下，立法者要对个体的幸福承担义务和责任。幸福不是各种力量任意角逐的游戏，幸福也没有被世外上帝或者超历史命运控制，因此，尽管受数不清的偶然因素影响，幸福还是可以努力实现的。

不过伊瑟林又补充道：

> 如果立法者不具有对人及其复杂关系的正确且详尽的认识，则他将无法承担这个任务。（页 XXIV）

> 除此之外，哲学家和历史撰写人有什么区别？哲学家总是纠缠在繁杂的心理学学说里！历史撰写人总是向观察者展示那些无穷的不同形象！（页 XXIV）

从历史记录上看，关于人的哲学学说很可能是伪造的，因为这些学说并没有能力了解人的关系和人的存在的现实复杂性。按照伊瑟林，若是真诚关心人的幸福，就要认真把人作为社会和历史的本质对待，而不是简单地凭理论和空想去建构自然中的人。伊瑟林的宏图涉及哲学和历史的统一，在这一点上，他与孟德斯鸠及伏尔泰的思想一致。这同时意味着他摒弃了沃尔夫学派的理智建构主义，而向实证主义走出了关键的一步。另外，在激烈的论辩中，伊瑟林的历史哲学也反对卢梭的看法，即在腐朽的人类社会影响之外，也就是历史之外，还存在着一个自然状态。他甚至根本就怀疑是否存在什么自然状态。

综上所述，伊瑟林的历史哲学扩展了沃尔夫之后智识界对哲学的理解，即哲学不仅要认识事物的普遍性，也要研究人的实际生活状况。这也同时意味着，伊瑟林日益怀疑建立在纯正、先验基础上的以及纯理论性的正统沃尔夫样板。在历史哲学的框架下，伊瑟林的哲学要思考偶然性本身，而不像沃尔夫仅仅思考只要是可能的事物。历史哲学的对象是具体的偶然——这一偶然不仅仅因为它是可能的就一直会存在，也因为它是现实的，所以它一直存在。历史哲学要在传统的宗教模式之外提供非常具体的帮助，告诉人如何智识地、符合生活实际地解决具体的偶然。历史哲学的作用在于从一开始看起来似乎没有什么内容的事物表象中挖掘意义，然后结合现实作进一步阐述，以便在立法者的帮助下使历史哲学本身不仅能为个体所用，也能为群体所用。尽管伊瑟林非常谦虚，但他是一个拥有伟大抱负的人这一点不会改变。下面我们进一步探究伊瑟林是否符合这一高要求。

三 人类的进步与幸福

伊瑟林在1774年版的引言中表示，他写作此书的出发点并非在于他执着于教条主义的进步观，他写道：

> 本著作阐述的核心问题是人类进步的奥秘，即人如何从极为粗陋的原始状态发展到更加光明和富足。我是在对人类历史的研究中蓦然悟到了人类的进化观，可谓顺理成章，可谓苦寻后获得丰收果，并非预知，而是经年成长的必然。欲探究本人

所说不虚，烦劳展读拙作。本书未先设定理论，再经由研究予以证明，相反，是我的研究将我引向了理论。（页XXXV）

伊瑟林认为，进化概念并非依照演绎法先确立思想，再依着调子讲述历史，而是在研究历史材料的基础上归纳得来。读伊瑟林，确实让我们一开始就感受到其中呼之欲出的思想，但起始章节并没有显露出伊瑟林要建构普遍历史的征兆，有关进步的思想似乎必然会在分析历史事实中产生。伊瑟林通过这样的写作方式巧妙地回避了世人认为其"思想乃胡思乱想之作"① 的嫌疑。伊瑟林的目的非常明确，就是要区分自己的思想与学院形而上学，要通过对历史的观察，将人所生活其中并为其所困的客观现实提升到精神思考的层面。尽管伊瑟林遵从形而上学的观点认为"人为理智所控"，但他并不认为"人是自我封闭之物"。人可以通过努力摆脱现实的困扰，经由理智的自我组织和社会组织达到本真。如我们所见，伊瑟林撕开了哲学研究的口子，将偶然性渗入并关联到哲学研究之中。诚然，偶然性的如此渗入和关联未经宗教学授命的阶段，而是直接嵌入了较大范围的有序相关性中，但是，这一相关性其实一直都存在于"人类进步"的思想中——人类未来必将日益光明和富足。②

《人类史》首先大致描述了针对灵魂有不同组成部分的讨论，然后阐述"天际与地域对风俗习惯的影响"（《人类史》页41–47）。通过该书41页的脚注可知，伊瑟林在这里参考了柏拉图的《法义》。气候差异就是偶然性要素的典型代表。

---

① ［原注］伊瑟林第一篇文章即有一个浪漫的标题：《一个人类朋友的哲学和爱国梦》(*Filosofische und Patriotische Träume eines Menschenfreundes*, Freiburg/Basel, 1755)。

② ［原注］"富足"的意义在这里是经济上的。见Wernle, *Der schweizerische Protestantismus im XVIII. Jahrhundert*, Bd. 2, S. 14。

> 良好的机体既非仰赖生长的土壤,也非凭天赏赐。自然元素构造着生命,环绕着生命,滋养着生命,并以各种各样的方式促进或者阻止机体的生长。(页41)

伊瑟林并非要创立所谓环境决定论,他在提及斯特拉博(Strabo)、博丹(Bodin)、布封(Buffon)、马尔克利努斯(Ammianus Marcellinus)、马基雅维利时就告诉人们,莫把外界因素视为决定个人秉性的决定性因素:

> 按照那些人的说法,温暖的南方使人慵懒、体弱,因此南方人心胸狭窄,精神倦怠,喜静且好享受,而寒冷的北方更易强健体魄、历练心智,培养人不屈不挠的精神,所以北方人多好动、永不满足。而在一个地域、气候适中的地方,身体和精神则会多样化。人们因此认为,奴隶和繁衍是南部发展的必然,独立和勇敢是北方的特征,而自由和道德则是掷给气候适中地区的幸福骰子。
>
> 历史发展到如今,上述所列举的规律已经不复存在。现实表明,即使同一个国家亦有形形色色的人,他们或粗鲁或温柔,或勇敢或怯懦,或友善或凶残,或愚蠢或聪慧。(页44)

很快,伊瑟林自己就发现,古典时期的思维图示不再符合现实:

> "西洋",包括最偏远的北方,现在均已为哲学、各种文艺、各类科学和温煦风俗所居之处所。而反观"东方",包括曾经耀眼的希腊,已大部横亘着无知、黑暗和野蛮。(页45)

伊瑟林接着指出,人类只有在太初之时才为地理、气候所困,而伴随着人类的文明进步,人类所处的环境也随之改变:

> 不管我们认为天的作用有多大，有一点我们应该看到：光明、勤奋和文艺渐渐为人所接受。人们同时也认识到，无理智和无秩序也会损害上天所给予的好影响。
>
> 只要一个地区的居民无法享受种植的果实，只要他们的土地毫无改善依然停滞在原始状态，那么毫无疑问，上天的影响就会是其风俗的条件基础。
>
> 但一旦通过与文明民族交往并以其为榜样，理智和文艺就开始在原始土地上传播，居民就开始遵守道德和崇尚精神，从而改变面貌。
>
> 我要说，一旦人获得理智，则气候将不复以往。干涸的沼泽、平复的森林和播种的田地将改变那片土地的空气、饮食方式以及所有的一切。这样可喜的变化毫无疑问将会特别影响到当地居民的身体和精神。（页46）

不管怎样探讨外界因素，伊瑟林都不会放弃他的人类学前提，即人是有理性的，至少可以成为有理性的生物。虽然他在提到偶然性的影响时说过，"人格的形成取决于众多巧合，比如环绕他的事物和关系，这些既可以促进也可以羁绊人的灵魂"（页52），但他从不认为人可以不为自己的历史负责，因为历史是人自己的历史。特别引人注意的是，在扼要概述《人类史》时，伊瑟林不像康德那样试图举证诸如上帝的旨意或者"天意"（Naturabsicht）这样的外力，而只是泛泛提到存在一个影响秩序的智慧。在伊瑟林看来，人不需借助超验物的帮助，就可以与所处的环境协调并在其中发展他的能力。这种协调不会导致停滞，反会使人不断发展自身，直至将来达到理想的、完全掌握的理智。

我们可以认为伊瑟林关于人类历史的方案有缺陷，因为它不能系统地指出进步之因。伊瑟林本来可以突出个别进步的步骤和进步路径，从而管中窥豹地阐释人类的整体进步，但他没有这样做。其中的原因似乎与历史哲学理论还处于发展的初始阶段有关，他还没有办法描述该理论的愿景。但伊瑟林始终笃信莱布尼茨（Leibniz）对和谐的想象。他认为，人和环境的相互作用无需外力介入，因为世界自身构成的和谐让任何外来的介入都成为多余。人的能力发展就包含在人性中，人除了需要外在环境的刺激，并不需要上天的帮助。同时，伊瑟林也将偶然性纳入他的历史哲学思想中，因而他的历史哲学具有决定性的经院形而上学和谐模式（schulmetaphysiches Harmoniemodell）的灵活性。

伊瑟林认为，自然赋予万物价值，"每个事物都依据自身本能使高尚且高贵的灵魂力量有针对性地发挥效用"。试想我们现在进入了伊瑟林的历史世界，我们会发现自己处在一个非常稳定的空间之中：世界万物，包括会思想的人，都是大自然按照其本来的面目所造。但是，也并不是每个人都可以成为他应该成为的样子。比如，有些人由于理智不健全，特别容易迷信，但这并非由于他受到了别的什么力量的影响，而是因为他自身的出发点错了。"每个人自始就被公平地赐予秩序、真实、美丽、善良、和谐及对称"（页53）。万物根据其作用及其自身所在，乃是预制的、不会变的本质。伊瑟林灵活的学院形而上学思想并没有让他历史化地处理对普遍现实的认识，他的历史世界始终如一地保持着一致：在固定的框架里演进着进步和发展。

"人周边的一切事物都达不到人对人的影响"（页51）。在追问过一切事物如何影响人之后，伊瑟林断言，"人，才是人的最大的愉悦和幸福源泉"（页52）。伊瑟林的这句"人对人是神"（homo homini deus）也可以改写为：人，才是人的最大的悲伤和苦难源泉。伊瑟林的这句话使《人类史》摆脱了自然决定论的窠臼。按照伊瑟林的看法，人首先是与他人相关联的实在，人的进步源于与他人的交往。伊瑟林特别强调人与人之间相互的正面影响——"愉悦"和"极乐",而刻意省却"悲伤"和"苦难",目的在于与庸俗的霍布斯主义(Hobbesianismus)区别开来,因为后者偏离了霍布斯的初衷,把一切归向"人对人是狼"(homo homini lupus)的偏颇之见。在伊瑟林看来,结社和社会并不是为了保护个人不受他人暴力侵犯而被迫形成的,而是人为了实现幸福所选择的唯一的生活方式。伊瑟林的人类生存思想也隐含着对卢梭主义的自然状态幻想(rousseauistische Naturzustandsphantasien)的批判。伊瑟林反复强调,只有成为社会的,才能成为文明的,才有希望实现极乐。伊瑟林因此更看重人所拥有的"模仿"天性(页53-56),这种天性使人去模仿那些能力上更强的人,并努力做到在各方面与之齐平。新版《人类史》增加了"宗教:人之于上帝的种种关系"章节(页62-64),将对模仿的思考运用到人与上帝的关系上:

> 一旦与善良、智慧和完美结友,人的精神就会关注从那里流淌出来的一切,而善良、智慧和完美又会从人的灵魂不绝的源泉中喷涌而出。人终会发现,万物的创造者、维护者和主宰就是善良、智慧、完美。借由这些得以提升的理智会教人明白,所有存在的东西之所以存在,就是因为其本质上是为了所有人在天堂里幸福和完美而存在的。他,他自己,这个有限的生命,之所以被创造出来,是因为他要成为实现上帝意图的工具。这是他的宿命,他要努力去满足,他必须去实现天堂幸福,并亦步亦趋地模仿伟大的造物主,而要做到真善、真美、真正的圆满,就必须去实现全体人类的完美。(页63)

伊瑟林意义上的、对上帝的模仿只是假托基督之名(imitation Christi),其理性的宗教性阐述根本无涉基督或者基督的教导。上帝在此隐喻完美、善良和智慧,但这并非表示上帝与世界的关系微不足道,不过,开化了的人类理智必须认识到,所有事物本来就是其原本的样子,是依照如何才能到达"极乐的天堂"和"全体的完美"而构造的。在这一架构里,"有限的生命"被赋予实现上帝杰作的义务:人只是"工具",是被利用的,无须事先取得允准。不过,尽管人只是纯粹的工具式存在,他仍要以"创造他的伟大的造物主"为榜样,努力达至善、美和完全。在上帝天衣无缝的计划中,如果人只是工具式的存在,那么人与人之间的合作都显得多余,因为人如果先天被确定为罪犯,他就是罪犯。伊瑟林的理智论一方面看起来判定了人的宿命,另一方面却又容许道德给予人自我决定命运的力量,并允许人自由地选择努力行善,选择至美和完全。

> 这些至高品格予人以应有的尊严,予人以应有的崇高。只有明了造物主与被造物之间的关系,被造物方能认同造物主的至上荣光,倾尽所有报答造物主,并愈加珍惜和崇敬无上的道德和正直。(页64)

伊瑟林关于道德的思考超越了潜存于其思想中的宿命观,他的历史哲学也因此甚少谈及历史的轮回。尽管伊瑟林认为在他所处的时代道德完全没有实现,但他事实上认同历史就是一部道德的进步史。只有在这一进步历程中,上帝才能实现让所造物得到幸福的本来意图。在伊瑟林看来,道德和上帝的旨意本来就是一回事,没有必要纠结于实现人类的幸福是"天意"还是"人性",两者本质上相互促进,人的自由与上帝的尘世计划并行不悖。同样,伊瑟林也不认为上帝会通过不道德的方式实现道德。按照伊瑟林的历史观,有德性之人和施德行之人是上帝管理世界的唯一有尊严的化身,人有多大德、享有多大福,皆取决于人与上帝的关系:

> 人的天性得以升华并由此获得真正的尊严,必是因其与上

帝的关系，只因上帝才能影响人的幸福与整体的完美。(页64)

尽管伊瑟林起初只将幸福描述为一种尘世状态，但他的思想与斯巴尔丁的《人之使命》一样，依然包含先验论。人类只有达到一定程度的文明，才能获得对上帝的足够认识，才能获得幸福。但是，伊瑟林完全隐去了天堂中上帝的太初启示，他的读者看不到那广为流传的、从一神论退化到令人唾弃的多神论的理论。① 作为历史起源的"创世记"，伊瑟林也只是顺便提及。伊瑟林更重视人类的文明发展，这是人与上帝建立关系的基本条件。只有与上帝建立关系，人类才能获得幸福，才能实现上帝的道德计划。因此，伊瑟林的观点是反卢梭的。

> 造物主、造物和人之间的关系规约了人的不同的驱动力、欲望、激情和意志。是这一关系促使人向着目标不止息地追求做事，不止息地追求更高的完美；是这一关系将有限的生命提升到造物主设计的最高等级。(页67)

人之为人，不在他可以享受世界万物，而在他必须"更努力地做事，且永无止境；更努力地实现完美，且永无止境"。人之为人，皆因其行为具有道德意义。即使永远无法达致完美，也依然会为之努力，这成就了历史进程。在此意义上，世界历史进步的思想符合启蒙运动经济理论中的工作概念：人首先是为了自身完美而不断劳作的生物。另外，伊瑟林还强调教育的作用。人要永不止息地追求

---

① 比较 Johann Friedrich Wilhelm Jerusalem, *Betrachtungen über die vornehmsten Wahrheiten der Religion*. Theil 2, Frankfurt und Leipzig 1775, S. 48; Andreas Urs Sommer, *Neologische Geschichtsphilosophie*; Johann Friedrich Wilhelm Jerusalem, "Betrachtungen über die vornehmsten Wahrheiten der Religion," in: *Zeitschrift für neuere Theologiegeschichte*, Bd. 9 (2002).

完美，先得接受教育，教育的目的并不是为了获得经济收益：

> 教育是我们能对他人所行的最伟大的善事。教育的首要目的，同时也是最伟大的目的，就是将人的灵魂所拥有的各种力量引向最完美的和谐，给予人永无止境追求的动力，并使其在做事时更轻松、更有能力、更强大。通过教育，人更有能力帮助他人获得幸福和达到完美。（页69）

教育是上帝规约世界的力量，人借由教育方可使自己免受混乱无序的威胁。秩序不可能事先预置，也不可能理所当然地存在，它既非莱布尼茨永恒和谐意义上的同时性，也非卢梭自然状态下的历时性。教育，即发展，创造了我们在世界上无法找到的秩序。

伊瑟林的新历史哲学虽然承继了古老的形而上学秩序观，但同时也吸收了18世纪下半叶关于生命情感的思想，即秩序在人类世界中并非已经达到，而是要去达到。这一关于如何在未来实现秩序的思想，使关于绝对秩序的思想，也使上帝所赐的观念有据可依，解决了"神义论问题"（Theodizeesproblem）。此处体现了伊瑟林思想的智慧，它可以一直随己意提出有说服力的证据。神的赐予和创造一直到人接近完全的时候才会显出，在这之前的所有无序都只是童年发展的必由阶段，上帝必通过此来教育人们。伊瑟林的著作并没区分由上帝实施的教育和由人实施的孩童教育。与此相比，伊瑟林反倒一再区分个人和集体的发展，他认为从孩童的行为中可以看见野蛮人的世界观。

伊瑟林著作的第一卷以人类学为基础，这一卷引入了"自由"概念，这种自由并非早期人类的那种"无约束，无秩序"（页94）的野性：

> 灵魂发展无阻，方可获宝贵的自由。

> 所有人，无论理智聪慧之人，抑或愚钝莽撞之人，都向往自由。自由与野性似有共同之处，但后者会剥夺灵魂的行动，并最终导致奴役。
>
> 真正的自由源于灵魂的行动，由此而生发能量和完美，并激发弱小人类天性中对美与善的爱，从而摆脱外界的偶然。此爱使人抵达高处、抵达永恒，发出越来越强大、越来越强烈的光和热。（页94、104）

自由不是肆意妄为，而是"智慧、彻悟和德性之结晶，是发展无限价值品质之最有效工具"（页95）。只有智者才能获得自由，只有智慧的思维才能产生自由，而产生自由的政治和社会条件并不为人所知。按照廊下派学说，自由与所有外界偶发事件无关。真正的自由只会产生于人的心灵，与政体无关。我们无从在政治上确定伊瑟林的自由概念，也难以确定他关于自由的语词来自哪里。尽管诸如培尔（Pierre Bayle）这样的思想家"用他们理智的勇敢行为未来打开了真理之门"（页92），但"知识界依然如骑士般拥抱着他们的堂吉诃德（Don Quichotte）。有太多的人除了大战风车或者焚烧村庄外，并不知道应该做什么。只有极少的人会做出逾矩之事，但却为此开辟向好之途"（页93）。

尽管伊瑟林对卢梭和伏尔泰有委婉的批评，但他始终认为，不管是在知识界，还是在政治界，面对面的攻击都不是哲人的首要任务，哲人的自由在精神层面。伊瑟林因此引柏拉图为其精神同道，赞誉其哲学生活为人生最高境界，"达到了人类智慧宽宥之最高级别"（页103）。

人在尘间所得到的"纯粹、无瑕的幸福""皆非人之天命，而全由超于人的完美智慧和无瑕德性所决定"（页108）。

> 幸福和富足还不足以成为吐火女神。稍令我欣慰的是，只

有少数人会令人感到不快，只有少数人恶习难改。

假如恶大于善，并给这些终将死去的不幸之人带来无尽苦难，甚或苦难在人间弥漫，则宗教尚可慰安迷茫的灵魂，或超越瞬间的无序，终至永久的和谐。展望未来，愉悦之泉喷涌不息，点滴苦水何足以道！觑见上帝的完美光芒，必生发万千愉悦，那被迫承受苦难带来的些许痛楚都会烟消云散了吧。（页108）

伊瑟林没有把廊下派作为回应苦难此世的最终答案，而是借助苦难告诫人们不要放弃希望，因为人的际遇终将愈来愈好，随之而来的幸福绵延无绝期。上述引文的注解中特别提到了柏拉图，这表明，人无法通过尘世的道德进步得到终极幸福。倘若衡量每个人对愉悦和不快的感受，以及每个人拥有的德性和罪恶，则好的一面会多于坏的一面，即或不然，人类还可以寄托于宗教。这是一个新的、理智的宗教理论，它将有限的生命和不死的灵魂对立，从而开辟了一条新路，保证个体将来会获得幸福。①

这一保证当然不是历史哲学的，作为真正的现实主义者，伊瑟林不可能承诺个体必将获得幸福。他也没有像此后的哲人那样，表示要以舍弃自己的幸福机会来换得后人的幸福——所谓舍弃实际上是人们遇到现实障碍时的回避，但人们误把这种行为视为自愿放弃，视为德性的表现。伊瑟林更想从古老的宗教中得到智慧的启示：与完美、永恒且无限流淌的愉悦之泉相比，现实的、尘世的那点苦水完全可以忽略。个体在发展过程中出现的不平衡，只是个体在那个时期的生活中的尘世幸福所能达到的可能性，根本不值得考虑。德性和幸福总是相伴相成，生活在现世的人们应该感到欣慰，因为前

---

① 见 Martin Staehelin, Der Basler Schultheiss Emanuel Wolleb und seine satirische Schrift *Die Reise nach dem Concerte*. 177; Neujahrsblatt, hrsg. Von der Gesellschaft für das Gute und Gemeinnützige, Basel 1999, S. 46–50。

人的努力推进了人类的进步，所以现世的人们可以胜过前人实现其德性，并由此实现超越先祖的、更大的幸福。但对于所有人来说，实现完全不受纷扰的、纯粹的幸福只能是在彼岸，所以区分前人后人并无太大的意义。

在开始扼要陈述人类历史前，伊瑟林"依照人的所为和幸福"将人分为三大类。"第一类受到感官控制，他们近似于动物，行动全凭直觉"（页109）。"如果一个民族的大多数人都属于第一阶段，则他们还处在原始状态"（页113）。第二种人"虽然提高了自己的灵魂能力，使自己的想象力能够超越感官，但理智依然比想象力孱弱"（同上）。如果一个民族的大多数人完全被"想象力粗暴控制"，不再"听从理智召唤"，而"尽情享乐和纵欲"，则"该民族处于野蛮状态"（同上）。有些人，"其理智超越了感官和想象力"（页112），他们就构成了第三类人。"一个民族一旦达到了这一高度，则该民族就能不断扩展更高、更强的能力，并且这种聪慧和理智能创造秩序与和谐，而有德性且开明的政府就会充分利用它造福民族，最终这个民族将变得文明、可敬和幸福"（页114）。伊瑟林最后说道：

> 理智与非理智之间，罪恶与德性之间，悲惨与幸福之间，是人永不停歇追求欢愉的精神。对情感的需求是人生活的唯一动力，智慧和德性是人获得幸福的唯一工具，愚蠢和罪恶是人悲惨一生的唯一缘由。（页114）

伊瑟林对感官享乐主义的认识极为奇怪，与形而上学的理性相矛盾。伊瑟林把理性作为划分人的类别的标准，所以他应该是否定人由"情感需求"驱动，并且他应辨析德性与幸福、罪恶与悲惨之间的关系。另外，我们从阅读中也无法确定人怀有哪些情感需求。人对幸福的追求是这样的一种"情感需求"吗？如果伊瑟林所谈到的"情感"确实是对幸福的追求，那么是否意味着，如前文所引证的关于"喷涌不息的愉悦之泉"的表述一样,这个词只是为了迎合当时摒弃沃尔夫主义思想方式的时尚话语?抑或他是在英国和法国寻找他的理论与术语依据?

不管如何,伊瑟林始终保留着形而上学预设,即德性与幸福互为依存,德性与幸福近乎相等。按照伊瑟林的"德性与幸福一致性理论",人若仅仅满足于在自己的感官需求中寻找幸福,就是骑错了马、搞错了方向。按照伊瑟林描绘的人类发展模式,人类并非一开始就被追求纯粹的德性及从中获得幸福所驱动,个体的人和整体的人类长久以来被感官和想象控制。人类的进步源于其永无止境地追求,不管这一追求是否得到启蒙,是否朝向正确的目标。伊瑟林的"人类永不停息地奋斗"的人类学认识,是其"人类历史就是进步史"思想的核心,而识别历史发展进程中幸福和德性的传统目标在伊瑟林思想中并不重要。诚然,这一识别构成了道德尺度,借助它才可以查明历史上是否拥有不具备技术——即文明——的进步。

四 人类的早期历史

自然中的人真如我们所认为的,抑或根本就是另外的存在?如果相信我们的看法,又该如何验证?到北美的森林中找寻真正的人?或者,那个理想人就在我们中间?又或者,那个所谓理想人的幸福根本就只是表象?我们是否该诅咒悲惨死去的人的命运,感叹他们至死都没能摆脱无知和粗鄙,至死都与动物无异?我们是否感叹过悲惨的人在通向幸福之路上走得不够远?完美虽是每个有限生命的终生追求,幸福却只会临幸少数人,那么,其他人为何还要为此奋斗终生?(页117)

书的第二章伊始,伊瑟林便发出一连串哲学之问。可见,伊瑟林始终抱持着哲学的人类史观。在其后的七个部分，伊瑟林逐一阐述这些哲学命题。初读伊瑟林，会觉得哲学中探讨的人与现实中的人无关，继续读下去则会发现，伊瑟林所谓"自然中的人"并非指现实中的人，因为现实中根本就找不到"自然中的人"。那么，所谓进步的、文明化了的人，是不是就是我们心目中理想的人呢？我们是不是可以借助进步和文明而趋近于理想中的人呢？或者，我们反而会更加误入歧途？伊瑟林之问并非为了区别空谈理论与论述事实，而是给出最基本的判言，即人类历史的走向是偏离了达至完美之路，还是正走在正确的路上。

又或者，人是否还需要寻找达至完美之路？在堕落与进步之间做出抉择，显然要比在未知、难以企及的未来向往与现世知足之间做出选择要艰难得多。选择未来，还是满足于现世，两种立场，两种结果：知足者裹足不前，向往者继续登攀。明明看到了人类冥顽不化的劣性，却依然指鹿为马，那么，从人性上说，这个人一定是个悲观主义者，他绝不会认为人类还有进步的可能，他只会把人类看作本来就是有缺陷的存在。可以想见，有这类想法的人会否认进步，他会认为人类不管在什么样的历史条件下都不可能达到完全并获得幸福。门德尔松（Moses Mendelsson）就是这样的人。康德在《论通常的说法：理论上可能正确，但实践上行不通》一文中曾对此人表示不屑，称其为"阿布德拉主义"（Abderitismus）。

但伊瑟林在这里批评的不是"阿布德拉主义"历史哲学，而是卢梭的人类退化论。1751年，也就是卢梭发表《论科学和文艺》一年后，伊瑟林读到此文，并认定自己有义务捍卫文明的伟大成果。1751年12月11日，伊瑟林在给朋友弗雷（Jean‑Rodolphe Frey）的信中提到卢梭这篇应征文：

> 不可否认，作品中精致的笑话和气势磅礴的雄辩极具诱惑，

但我认为，即使在文艺和科学上不选边站，也会认为那个日内瓦人巧用辞藻堆砌的句子是完全错误的……因为，败坏人性的是敛财和贸易活动，它将大量的珍品带进我们国家，而不是科学，它既不能让人变富，也不能让人变坏。①

1752年，伊瑟林在巴黎见到了卢梭，这次碰面似乎多少给他留下了些印象。② 伊瑟林一方面承认现代世界并非完美，另一方面也不认同卢梭关于文明成果（即科学）该对有缺陷的现代世界负责的说法。因此，他认为有必要反驳卢梭。

> 人越自由，就越需要洞察力。君主政制下，王侯、大臣和差人替众人思考，所以只需要他们得到教化。现如今，我们生而为人，有权做自己的王侯、大臣和差人。我们越开化，就越不惧怕自我得利，也越不惧怕他人得利。如果我们像卢梭先生主张的那样，否定科学和学问乃是对国家最大的贡献，那就大错特错了。一个国家最大的忧患恰恰是其国民没有获得良好的知识和智慧，这与人没了生活必需品一样……独裁者，不管他是君主制下的，还是民主制下的，都是智识的天敌。③

伊瑟林极为排斥卢梭的主要作品《新爱洛依丝》《爱弥儿》以及《社会契约论》。他虽欣赏卢梭严苛的道德主义，但又对伯尔尼和苏黎世的朋友们盲目崇拜卢梭不以为然。同时，他也不赞同当时的历史哲学所设定的前提。他的《人类史》是要回答大问题，逐条驳斥卢梭的"堕落诊断"。

---

① Im Hof, *Isaak Iselin. Sein Leben*, Teil 2, S. 332f.
② Iselin 1752: *Pariser Tagebuch*, S 54f.
③ Iselin 1755: *Philosophische und Patriotische Träume eines Menschenfreundes*. Zürich, S. 239f.

> 我们必须借由历史和哲学才能回答这些重要的问题,缺少历史和哲学,就少了智慧,那种回答不仅无用,且害人不浅。(页118)

伊瑟林的话语表明,他要通过历史证据重塑被卢梭所低估的、建立在普遍和现代科学基础上的现代文明,这种重塑之所以完全可行,是因为只有一个人类历史远景是真实的。伊瑟林并没有仅仅满足于反驳卢梭,他在思考历史的进步和退步时有了更宏大的计划,他要紧密地结合学院哲学与历史的现实世界,并赋予历史王国以哲学能力。其时的德意志传统经院哲学仅仅满足于一般关于人的实在和本质的说法,而不认为偶然性领域(即历史)具有哲学能力,因为这里没有严格的规律可循(除非硬要把历史事实植入救赎框架中,在这一点上,沃尔夫主义的哲人们更愿意让神学家们来做这件事)。但伊瑟林发现,人不仅是他自身历史的创造者,也是历史的作品,这才是对人类准确、全面的理解。将历史和哲学合体,则必然重新评估过去德语哲学未曾涉足的对人类过去的研究,哲学也因此更接地气,并产生出新方向。

上面引述了伊瑟林历史哲学阐释的开始段落,他没有直接回答人类是在进步还是退化,但读者应能从中领悟伊瑟林的观点:人类的历史就是一部进步史!思辨-普遍历史哲学之产生,皆因卢梭针对启蒙的激烈言辞和对启蒙自身的挑战。思辨-普遍历史哲学旨在证明,现状(status quo)并不像那位"日内瓦公民"(Citoyen de Genève)所指责的那么不堪。致力于"最美好世界"的启蒙思想不能只满足于批判现世、苛求现世,也要回望与现世之光(虽不完美)相关联的历史。[①] 17世纪的思想家已经认识到启蒙本应致力于进步,

---

[①] Susanne Wipper-Fürth, *Wielands geschichtsphilosophische Refexionen*, Frankfurt am Main/Bern/Berlin 1995, S. 21.

但尚无人指出，人类发展史并不仅仅是科学和技术的进步史，也是人成为道德意义上的人的全面进步史。之前人们满足于这样的说法：启蒙之光已普照众生！恰如古今之争（Querelle des anciens et des modernes）所示，过去的一切不复存在，伏尔泰的进步言说皆属多余。但是，已经有人对启蒙的基本原则提出批判，这已经不再涉及启蒙的力度之争了。同样需要澄清的还有事关自然科学的看法。对沃尔夫主义者来说，自然科学可以为他们提供理想的研究方法；对卢梭来说，自然科学则是败坏人性的温床。启蒙何去何从，历史世界的启蒙意义为何，这些问题出现在启蒙的历史进程中，亟须有人指明方向，而伊瑟林的普世历史哲学当之无愧地担起了这一任务。

正如我们所知，卢梭用人类的自然状态衡量人类的文明。所以，伊瑟林就从这少为人知的人类自然状态开始他的阐述：

> 我们要追溯人类本原，寻找自然状态下的人。我们要追踪他如何从自然状态到生命开化之初始。我们要随其往来阡陌，探知其所达至的、为我们时代所称颂的完美状态。我们想斗胆透过重重黑暗望上一眼，看怎样的迷雾笼罩着我们后来人的命运。（页119）

但事实上，伊瑟林并没有像我们想的那样，说明人的动物状态。他说，"想象人的动物状态只能是随意的……因为对人类状态的想象，哪怕是拿一个最小的民族的状态做想象，都不可能。我们能做的就是感知现世状态"（页120）。所谓现世状态，"就如动物般——'无所作为''无能''活着'"（同上）。

> 如果把人类的第一阶段看得如此低下，则很难想象一个成人会拥有对过往如此超常的记忆，以及对未来如此强烈的期许。换言之，为什么现代的人充满了渴望、奋斗和执着？（同上）

人之所以为人，皆因其生来就有时间意识。伊瑟林认为，人得以活下去，皆因冬天来临之际，人储备有食物，也因没有被野兽吃掉而记住了危险。伊瑟林描述的所谓"无所活动"，意在批驳将人类的自然状态比作动物生活状态的观点。伊瑟林不认为人类早期是凭直觉生存，也否认直觉本身就是"活动"（Tätigkeit）。对外界影响的本能反应不是"活动"，"活动"是有明确目的、有明确时间标志的行为。伊瑟林表述的"活动"相当于现在的"行为"（Handeln）概念。人成为人，因为人从一开始就是历史的本质属性。只要人做的事情与过去和未来相关联，就可以看到"活动"已在人的本性里。人是历史的本质属性，那么哲学和历史理所当然地不可分割地结合一体。如果人不是历史的，那怎能确证人作为历史的本质属性在历史上和精神上循着未来和过去迁动？

伊瑟林关于最初之人的"假想"不仅是推论，也是断言。倘若个体的人以及人的种属只有像动物一样的本能，那么他虽然活着，却不会有过去和未来。除非有外在因素作用，否则他脱离不了动物状态，自身也不会进步。从人的发展来看，并没有外在因素驱使着人，唯有主动趋向未来才是人的本性。伊瑟林对最初之人的探讨，盖因卢梭《论人类不平等的起源和基础》而起。卢梭在这篇征文中虽没有构建出一个没有历史的初人，却构建了一个极易受限、难以继续达到更高完美的人：

> 在这个人身上，几乎见不到微弱的理智之光，连理智、智慧、德行的萌芽都没有。对每个更高一级的启示他都无感。只在受到幽暗的本能，即一时的、不受控制的繁殖交配驱使的时候，他们才会苟合。（页122）

他人于我无益，也于我无害，互不干扰，两不相干。我既不指望他，也不害怕他；我既不爱他，也不恨他，恰如海狸、

蜜蜂,只是成群结队凑在一起。(页123)

通过伊瑟林的阐述,我们可以想象那是一种什么样的人:他们毫无冲突地生活一起,但还不是社会的人,他们之间除了偶尔为争食或满足性欲接触外,并没有真正的接触。"财富、伦理、义务以及与其相关的一切,都是这些初人意识中不存在的概念"(页124)。

> 他们只看得到现在,看不到过去和未来。人类始祖的理智恰如孩童初年。(页125)

伊瑟林将人的普遍发展与稚童的发展相比较,是为了让我们明白,这种原始的人到底具有什么样的能力。伊瑟林当然清楚,其实没有人真的会把人类的发展与孩子的发展相比较,也没有人真的会在两者之间做出选择。但是,大作家卢梭艳羡这种原始状态,称其为人的真实状态,认为其早已天定。① 这种观点给了伊瑟林嘲讽的机会,他借此直捣卢梭理论的核心:

> 按照这一学说,灵魂最大的能力反而造成了人的痛苦,人追求完美只是自然实现其意图时的赠予,自然决定了人是动物,而人却要把他变成天使。(页125)

伊瑟林用"人追求完美的动力"阐释人的自然本能,皆因卢梭曾经说到过"完善化的能力"(perfectibilité),而伊瑟林借用这个词指出了卢梭理论的矛盾。卢梭一面强调自然状况值得欢迎,一面又表示,自然完结了自己的状态,因为自然赋予了人"追求完美"的动力,从而使人又去背离其本性。如此说来,如果自然状态的存在是为了消灭自己,那么自然状态本身就不完美。如果人没有达到完

---

① [原注] 伊瑟林常用讽刺对付与他观点不一致的人。

善的能力或者人的天性中没有追求完美的动力，那就难以解释人如何从原始状态中走出来，除非像宗教学家们说的，存在一个外因，它使人放弃了与自然界共生（众所周知，卢梭也勉为其难地以偶然性掩盖之）。

伊瑟林阐述的"追求完美"来自卢梭的"完善化的能力"，目的在于揭示卢梭理论的悖谬，因为倘若否认自然中存在这一动力，那么就是外在因素导致人得不到幸福。但人很难相信存在这么个外在因素，就像现在的读者听到《创世记》中"蛇"和"树"的故事时会产生疑问：个别事件造成的偶然性如此之大，根本就不足以解释人的堕落。倘若人本身不具有易堕落的因素，即想要脱离自然状态，即人性中本来就具有自我否定倾向，那就很难解释人如何失去他起初的完美。伊瑟林通过"追求完美的动力"指出了这些可能的、而且难以估摸的人的本性。"这一真实的人的初始状态是出自自然之手，它或许是一个状态，一个不再真实的状态，一个永远不会有的状态"（页14）。卢梭自己在很多地方这么说过，他想从根本上否认历史。

伊瑟林直接攻击卢梭臆想的自然状态，因为这一状态的存在缺少历史证据，也因为卢梭并没有阐明这一状态是可想见且概念上没有矛盾的。"在这里，历史没有给予我们足够的启示"（页126）。伊瑟林在其他地方，例如在一开始谈到自然状态问题时，就感觉到了卢梭的矛盾。他先历数了历史和人类学中一些可能和不可能的自然状态选项，然后提出他的批评要点：

> 这些受限的人的例子是很少见的，而且存在很多的疑问。这最多让我们明白动物人是怎样的。但这不能让我们有权利说，自然决定了动物人在这个状态下永恒不变，并把幸福只限定在这个状态里，相反，幸福不是每一个有思想的生命充满了激情

与骚动去追求的吗？（页129）

卢梭描绘的人类曾经的自然状态是否存在，还缺乏充足证据；即便不考虑这一点，人们也无法在卢梭的假说里看到标准。伊瑟林让我们注意到自然主义的缺陷，即从一个（所宣称的）存在（Sein）推导出一个应然（Sollen）：为什么要以预先设定的、来自人类不文明原始状态的事实推导其原始状态的范式？当然，也可以反过来用这一看起来无可辩驳的理由来反驳伊瑟林的进化思想：从这一（也是预先设定的）人类进化潜力的存在中，既不能直接得出人在任何情况下有道义上的需要去实现这一潜力，也不能得出这一进化潜力中隐藏着人的真实本性和先天条件。

为了彻底终止对于人的自然状态的讨论，伊瑟林在指出卢梭自然主义的缺陷后，首次且唯一一次引证了圣经《创世记》中关于人类起源的叙述。他虽以圣经故事为源，却并未承奉上帝之言。于他而言，"圣经故事"等同"正常的哲学观察"（页130），两者间并无高下之分。在页脚处，伊瑟林标注了布封的著作《自然史》（*Histoire naturelle*）。他们俩相识于巴黎，在巴黎逗留期间，伊瑟林便沉浸在布封的著作里。毫无疑问，布封的自然史构成了《人类史》前卷的理论基础。[①] 今天的读者或许无法理解当时的作家为何将古老的圣经智慧与现代的自然智识相提并论，特别是无法理解极少有原教旨主义思想的伊瑟林也会这样做。其实，人们很可能误解了伊瑟林的真实意图，看他又谈圣经的人类起源又说自然史，还以为他要借助现代科学拯救旧约上帝的明示。我们应该看到，伊瑟林只是一次性地、随机地引证了圣经，而且目的主要在于增加证据来源。伊瑟林重新讲述的故事虽然有对圣经故事的映射，但一点也看不出他认同

---

① Im Hof, *Isaak Iselin. Sein Leben*, Teil 1, S. 115.

"原罪"（Skandalon），认同所谓亚当所犯的人类的典型罪恶。同样，他也没有特别强调上帝对原始以色列民族、后来的以色列众支派或者新时代的基督教社会产生的神奇力量。

另外，伊瑟林也不同于伏尔泰，伏尔泰在其《风俗论》中对波舒哀（Jacques-Benigne Bossuet）将世界历史缩微为"以色列—犹太—基督"这一关系史尽情嘲讽。伊瑟林尽管在新词语和心灵上与耶路撒冷（Johann Friedrich Wilhelm Jerusalem）及莱辛契合，但在关于上帝的启示和启蒙方面则与他们保持着距离。在《人类史》一书中，新旧约的圣经故事既非重点，也没有成为史学写作的范式。虽然伊瑟林的历史哲学与同时期耶稣撒冷、莱辛和赫尔德等人创作的富含宗教主题的作品结构相似，但与他们不同的是，伊瑟林根本不关心宗教内容。显然，布封的自然史理论在解读人类起源方面比圣经历史故事对他更有助益。伊瑟林也没有受针对人类起源的哲学讨论影响——康德在其《对人类起源的推测》曾尝试这样做。如我们在这里讨论的伊瑟林的思想，康德也不认为存在一个人类初始"原状"，即卢梭想象的自然状态，但相比康德以某种方式将圣经作为认识人类早期历史的来源，伊瑟林则对圣经着墨不多。

由于针对人类原始状态还缺少直接的历史和实际证据，所以伊瑟林注重研究人的天性反映出的东西，这也成为后来历史哲学理论建构中重要的一环。

> 自然史教导我们，我们所知的一切动物，长大之后都拥有与同类一样的先天能力。这个现象告诉我们，没有哪一只动物生来就比他的同伴更完美。
>
> 人却相反，其灵魂的能力可以使其显著提高，并使其达到较高的精神高度。在所有动物中，蜜蜂和海狸最善工，但所有的蜜蜂和所有的海狸都是一样的。而人却不一样，每个人的作

品皆不同于他人。(页132)

与莱马鲁斯(Hermann Samuel Reimarus)一样,伊瑟林认为,每个动物个体都同等地被其种属的先天条件所限制,动物本性就不包含让个体实现超出种属自然的能力。种属的一切特质都会在动物个体上实现。与之相反,人的个体则绝不可能实现其拥有的一切潜力。不管活多久,他都不可能尽用他的潜能。康德的《关于一种世界公民观点的普遍历史的理念》一文虽没有直接指名道姓,但显然完全依据伊瑟林和弗格森(Adam Ferguson)的说法,① 他指出,人运用理性的能力"存在于种属的潜能中,但在个体上还没有得到完全发展"。② 从上面我们对伊瑟林的引述,还未见其所得出的结论是否来自他对人类历史发展过程的观察,但在之后的段落中我们显然看到了这一点:

> 由此可见,人不可能局促于设计好的框架里,因为这违反了人的自然本性,因为这只是哲人的臆想。人类的灵魂已被伟大的自然造物主播撒了非凡的种子,迟早会生根发芽,释放令人难以想象的能量。
>
> 人一旦突破原始的动物性,就不再有任何东西可以阻止他趋向完美和睥睨万物众生。(页297)

伊瑟林的言辞抹去了个体与种属间的差异,后人对此提出质疑:如何从道德上解释个人愿意为人类做出牺牲呢?伊瑟林在著作中使用德语单数词人(der Mensch),该词既可以作集合名词,也可以作

---

① Weyand, *Kants Geschichtsphilosophie*, S. 64 und S. 67.
② Immanuel Kant, *Idee zu einer allgemeinen Geschichte in weltbürgerlicher Absichte* (1784). In: Kant Werke in zehn Bänden. Hg. Wilhelm Weischedel, Bd. 9, S. 33–50, S. 35.

个体名词，伊瑟林使用它来表示人类，而不是人类的个体。显然，伊瑟林已经默认，个人的此世存在是为了人类，吸引个人此世存在的是死后达到完美的彼世。这里的人指的是已经开化了的成人，因为只有他们才具有这种精神力量（尽管可能并不完美），野人或蛮子的生命中没有这种力量。不过伊瑟林在谈到人时并未说明人类和个人如何进步，有人因此指责历史哲学为了人类的福祉而将个人毫不留情地献祭。但事实上，伊瑟林的哲学接续了斯伯尔丁的传统，它予个人以慰藉，即人将在彼世得以完美。

如果认同人的个体与动物个体之间的区别在于人还未穷尽他的一切，那实际上就是反对人类男女的发展会导致个人耗尽他的所有能力的理论。按照该理论，人从自然状态到文明状态的发展过程中将发挥他的某种潜能，那种能使他成为更好的、智慧的或者幸福的生命的能力。在这一点上，讨论重新回到卢梭与伊瑟林不同但也最基本的信仰选择。这里，伊瑟林不仅指出差异，也指出卢梭的谬误：

> 我们除了能设想每一个人都拥有追求完满的内驱力之外，别无他法。这样的内驱力——它是对于对象的真实的或为人感知的状况改善——在本质上总是同样的自然感知。

> 卢梭先生自己就表示，该能力是人天性中的区别性特征，不过对卢梭来说，人的这一能力是让其更易受诱惑以及让其陷入不幸的工具。（页134）

一切都取决于人们如何阐释人类历史的客观进程。伊瑟林会用作品最后四分之三的篇幅详细描述，尽管人还时时会走入歧路，尽管最终的实现还在遥远的未来，但从整体上看，"趋向完美的驱动力"正以坚定的步伐逐渐接近实现。从定义上，人就是一个变化的实在，即"没有被先天定为不可改变"，"大自然注入那样的驱动力并非摆设，而是让它成为实现变化的不可战胜的力量"（页135）。

要是真有按卢梭标准存在的那个自然中的人，那他一定只会紧盯当下：

> 他的感知力绝不可能超越情感范围，也不可能容纳两件事物。他唯一能感受到的就是自己的许多幸福，多得让人嫉妒。这样的感知与动物依赖外界因素产生的欢愉又有何异。（页135）

这种完全依靠外界产生的所谓幸福，并不是真实的、真正的人的幸福（伊瑟林在这一点上与柏拉图、廊下派以及托马修斯和沃尔夫主义者的看法一致）。伊瑟林将真实的幸福对应于被其嘲讽为"令人嫉妒"的原始人的幸福，但他没有定义这种尘世间真正的幸福。尽管如此，我们依然可以毫不怀疑地认定，真实的幸福就是内在的、不受（或不完全受）偶然即外在因素所影响的状况。伊瑟林认为，幸福与德性具有紧密的交互及相互依赖关系。而卢梭的初人恰恰不具有这种德性：

> 即使卢梭的人是个真实存在的东西，他拥有幸福也只是一种愿望。这样的所谓幸福配不上幸福之名。真正的幸福必得是德性和智慧的珍贵结晶。（页137）

伊瑟林同样建议，我们要原谅先祖留下这么一个让我们骚动、高贵而愚钝的秉性。我们不应怪罪先祖，因为那是不可改变的大自然法则，大自然让人能自我进步。伊瑟林的"哲学火炬"正在于揭示人类的这种进步能力。伊瑟林认为人在自然时期的状态要比我们所想象的高级一些，"我们更愿意相信，原始人的精神与现今两三岁的孩童相当，已经开始发展他的能力了"（页139）。人在这一阶段发明了他剩余的语言，锻炼了他的记忆，并借助记忆学会了相互比较。"在这样的精神活动中,人产生了对未来无限美好的向往",只是他创造出来的那些概念还是混乱的,还有待"健康理智"的形成,因此,他暂时也还只是"感官的奴隶","这种状态下的人主要听从自己的感官召唤"(142–146)。

这个社会虽然还没有产生制度化的私有物,但已经有了"模糊的反对不公正的意识",这是"正义感的萌芽"(页147):一个人总是觊觎他人,但当他自己的东西被他人夺走时,他就会觉得自己受到了不公正的对待。"即使一个已经启智了的人,在能够认识自己之前,也总是首先认为他人一无是处"(页147)。伊瑟林努力通过权威的人类学、历史学和自然历史的文献证明,现实中经常会有这样的状况,"不仅在尚未开化的民族中存在,而且在已经开化了的民族的最底层中也存在。恰恰这些让我们看到了人类的伟大进步"(页150)。试想一下,即使当前人类已经取得了巨大进步,一个没有得到较好教育的孩子,最终不是也只能达到一种感官享受状态吗?

> 假若只管孩子吃喝拉撒,不教育他们,到了七八岁,放逐他们于荒岛,他们就是这样的状态吧。(页150)

用现在的时髦话来说,人类男女的进化不是遗传,而是教育。伊瑟林反对前拉马克主义关于人的特征可以遗传的观点,他认为,人类个体只有通过教育才可能拥有人的种属特征。当然,在人类进化的进程中,个体的进步并非一帆风顺,因为个人的进步并非与生俱来,而是需要技艺的精雕细琢。

> 一个人,须历经孩童之年方可获更高等级的理智。一个民族,必先逾越孩提时代,方能继续为完美奋斗。(页155)

伊瑟林仔细评估了人在感官状态下可能获得的幸福。他认为,相比"卢梭的纯动物状态"而言（页166），人既从很多方面感受到欢愉，也从很多方面感受到痛苦，有情感的人或许会记住过去以及今后的不幸，但我们宁愿相信，这一阶段的人在生命中的欢愉远胜生活中的痛苦。

> 良心的谴责和对失去之物的追悔或会让更好的人丧失生活乐趣，但对于生命受限的易死之人来说，还不会折磨他们至寝食难安。（页156）

伊瑟林反对卢梭把自然中的人的等级定得太高。他认为，动物的人或仅具感官的人根本没有能力理解并遵从"尽可能在不损害他人的情况下获得你的幸福"这样的金科玉律，因为那种状态下的人理智和思维如此低下，"根本就无法理解互为因果的复杂事物"（页160）：

> 人所拥有的，不是这些规则，而是可贵的情感：别人高兴，他也高兴，是谓同乐心；别人伤怀，他也黯然，是谓同情心。能够同乐同悲是人灵魂中基本的能力，是灵魂感知力的源泉，是文明情感的萌芽，是人性的第一枝花苞。（页161）

伊瑟林严肃地指出，人在初始状态时具有与生俱来的感觉器官，但硬要把理智和文明的概念加在自然人身上是错误的。他认为，道德最初的源头是人在自然状态下的共同生活，是人对外界的感受：一个有"同乐心"和"同情心"的人必得先有判断能力、感同身受的能力，不管从哪方面看，这些能力都会使人产生情绪，建立社会联系和感知文明。伊瑟林提出的文明产生的条件，与之后康德主义的文明起源思想也不同。按照康德，文明建构在德性之上，而德性不以个人利益为转移。

伊瑟林并不否认，在较高的人类发展等级上，文明或许会偶尔自主完善，但文明起源的始点必与人与生俱来的感知相关。最低水平的文明最初必定是情感的涌现，是纯粹的情感。伊瑟林的思想中，社会和文明的密切相关性非常重要。他认为，处在动物状态下的人会为了满足性欲而与异性缠绵，这是人类情感的最初发端，并因此而建立了人与人之间联系的纽带（或许不只人如此，所有的生物亦如此）。按照伊瑟林的分析，同情心和同乐心是人非常原始的情感，"但经验告诉我们，即使这样的人类情感也很容易逝去或者被人滥用"（页162）。无论如何，人是幸运的，与他人交往的情感需求才使人不断进步：

> 正是这种"乐人所乐"的情感将人与人相连，而不是其他的纽带，不是其他的需求。假如他们之间无话可说，假如他们之间没有相互期待，那么他们也会找到相处的其他甜蜜。尽管他们在一起还有很多的不尽如人意，但这种交往扩大了他们的思想、观察和期待。灵魂能发展出多种多样的情感。灵魂的主动性运作会增强、拓展和加快。（页163）

人在社会化过程中也会日益提高他的幻想力，这一点可见于那些引人入胜的神话故事和历史故事。

> 尽管幻想力会搞乱人的思想，但它却是人类拥有的最有效的工具。只有拥有它，人才会发展他喜怒哀乐的能力，人才会具有坚韧不拔的精神，人才会拥有更加丰富的想象，人才会感染他人。（页175）

伊瑟林认为，"提高感官能力"会逐渐导致"较高灵魂力的进化"，就如同养牛会带来收益，并因此产生私有财产和公平正义的观念一样（页176）。当然，与此同时也会产生妒忌、憎恨和不满，"同样的沃土不仅孕育了正义，也导致了非正义的产生"（页178）。这些话告诉我们，人类感官能力通过幻想能力得到提高，并不意味着人类文明状态的产生，而是意味着那些在初始阶段还不那么明显的人类不良旨趣会愈加凸显。但不可否认，一旦人有了幻想力，"过去"就成了他背后的一扇门，"未来"就在他的面前打开了一扇窗，他走向理智的步伐将无人可以阻挡，"一旦开始发展他的交往能力时，人就不断提高他的感官能力，从而形成推动人类前进的巨大驱动力"（页180）。

五　人类的野性状态

伊瑟林试图复原人类的早期历史，但他仅把这一尝试看作"哲学假说，而非历史事实"（页185）。它更不是可用于解释未来人类发展的历史机械主义。论及历史，伊瑟林是理智的现实主义者，他不认为人类历史发展进程由唯一的原则推动，"驱动历史之轮"的作用更不宜夸大。他也不认同形而上学的极端观点，因为形而上学对历史的复杂性视而不见，而且把社会或者经济关系看作持久和唯一的历史驱动力。

野蛮时代是人类进化的第二个阶段，但同时也是最令人憎恶的一段人类史：

> 人越是无知，越是不去思考、不去观察，就越残暴、越不公正。顽童的表现即是明证。顽童们通常都有一项嗜好，落到他们手里的动物，都难逃一劫。（页190）

感官状态下产生的幻想力只会导致人类荒淫放荡，人与人不知相处，无知得难以想象。同时，人也如在感官阶段一样，沉溺并受困于生物本能。

> 当人将这一嗜好发展成狩猎行为，就会变得更加凶残，成了有完全行为能力的野蛮人（Barbar）。至此，他的感知，他的能力，都似为残暴而生。（页120）

野蛮人凶残，是暴君，"他奴役的第一个人就是他的女人"。他还杀子杀父，意气用事，心智未开，精神贫乏。中世纪的欧洲就是这样一幅图景，"苦难的激情阻塞了人的灵魂，情绪控制了人的行为。人，再也不见真实；精神，再也无法把握丰富多样且变化着的世界"（页226）。如果硬要在野蛮人身上找出什么优点，找出他们身上的典型特征，那或许就是他们在战争中无比勇敢，不惧死亡。伊瑟林举出很多例子来佐证他对野蛮人或者野性时期的研究。

伊瑟林特别指出，人类的进步并不会深入人的骨髓。即使在文明化和理智进化相对高度发展的时代，人类文明也有可能倒退到野蛮时期，中世纪就是最好的例子，"那个时期人的野蛮胜过世界历史上的任何时代"（页234）。《人类史》一书因此没有按照年代讲述人类进化的故事。

尽管要求进步是人的本性，独为人所有，但这绝不意味着人就不会变得野蛮。在人类走向进化的过程中，野蛮是必然的阶段。伊瑟林认为，从早期纯洁的感官时代到由理智决定的此世存在之间，并无捷径可言。尽管人类文明的观察家们希望野蛮永远不要出现，但这个不受控制的时代迟早会到来。在伊瑟林看来，不经历各种各样的丑恶，人类男女就不会进步，经历野蛮时代是人类最终接受理智控制的前提。所以，不管那些卫道士多么强烈地谴责野蛮人的行为，他们都否认不了这是人类进化的必经阶段。

伊瑟林的三级模式是辩证的：人必须经过欲壑难填的时代才能最终达至全面满足的终点，尽管这一历史过程看起来像是人类在退化，但从单纯的实在到野蛮是人类进化的必经之路。伊瑟林并没有明确地指出这一模式，没有把它作为人类进化的图示或者解释人类历史进程的钥匙，但他的历史哲学通过阐述人类发展的感官、幻想和理智三阶段，构建了人类进化理论的解释模式。不仅个人发展，整个人类进化也都必须经历这三个阶段。通过对人的个案分析，伊瑟林发现了人这一生物种属本性中的特别基因，并进一步解释了人类的进化逻辑。他的这一创新思想摆脱了学院形而上学的桎梏，从而可以游刃有余地阐释人的历史是一部不断进化的历史。由此我们也可以肯定，《人类史》关于人类进化的思想产生自对历史资料的研究。

尽管野蛮人没有利用好发展机会，但他的幻想能力还是使他取得了一定的文化成就，"诗便是他唯一的艺术，是他唯一完美的巅峰之作"（页257）。伊瑟林在脚注中写道："赫西俄德和荷马，他们的诗为世人传颂，让多少诗人膜拜在他们脚下。"黑格尔也曾提及这种关于古希腊史诗艺术的观点，不过伊瑟林做了更加深入的思考。他认为，野蛮人缺乏感知能力，"不愿意花费精力思考"：

> 野蛮人不愿意思考，所以没有能力去发掘世界的无限美好。他们没有磨练所有的感知能力，他们没有磨练理性能力，因此，他们发现不了万物和谐运动中迸发出的完美。（页263）

他们沉迷于神话，"浅薄的魔幻和神话居然成为他们历史中最为珍贵的部分"（页263）。伊瑟林在这里指的是"与中世纪历史不协调的、幼稚的神话"（页264），对于圣经中的神话故事他则讳莫如深，似在把解读权留给读者自己。

比以上细节更重要的是，伊瑟林在描写野蛮时代时观察到，野蛮人的身上已经没了纯朴，"他们不仅自己没有获得幸福的能力，更可悲的是，他们把自己的满足建立在他人的不幸之中"（页268），这是所有野蛮人共同的特征。人类早期依靠感官生存，纯朴无邪，人与人互不影响，而在野蛮时代，野蛮人的幻想力迸发出超乎想象的激情，致使其内心失去平衡，进而破坏了由单一个体构成的社会秩序。无序导致不幸，不幸导致邪恶，邪恶导致他人的不幸。但他的历史哲学也同时认为，人类历史是辩证的发展史，无序终将变为有序，理智终将附着人身，这是历史发展使然。纵观人类历史，理智最终战胜了无节制的欲望，那种由幻想造成的混乱只是让理智来得更快一点。

当然，这条理智之路上荆棘遍布，人不仅要不断摆脱教士们的训导，还要抵御内心难以抑制的对无限自由的向往（页286－289）。真正的自由只能来自深刻认识人的天性以及公民法的基本原则，只有这样的认识才能结出成熟的果实。而由教士们教化而成的所谓自由之人，最终不过是一头"吐火女妖"（Chimäre）罢了（页292）。"压迫人并被人压迫才是人类野蛮时期的全部历史"，伊瑟林又道，"那个被人称颂的温雅风俗的年代产生的悲惨并不会少一些"（页296）。在这里，伊瑟林回答了卢梭的批评，同时并没有在预设进步的前提上误入圈套，因为即使卢梭之流也不希望看到这样一个介于感官时代与理智时代之间的中间时代。伊瑟林形成了自己的逻辑：如果人类发展倒退，一定会退回到野蛮时代，而非感官时代，因为人类的野蛮不可能一劳永逸地铲除。

> 我们望向人类男女天真的童稚时代，心中却了无一丝甜蜜。看着可爱的春天一去不返，我们痛且无奈。看啊，烈焰般的青春风暴席卷而来了，恶行遮蔽世界，兽性肆虐，人性难觅。不看也罢，让我们把目光移向远方，总有慰藉让我们心绪安宁：且看，风暴渐息，曙光乍现，阴霾驱散，朗朗天空正笑着向我们祝福。（页302）

伊瑟林最喜欢使用"令人憎恶"一词描写野蛮时代,而在书写进步历史时,他则偏爱"令人舒适""予人慰藉"这样的词语。人类进化史因此也同时是人类的启蒙史。一方面,人类要在历史发展的现实进程中克服"令人憎恶"的状况。另一方面,在叙述历史的时候,也要对令人憎恶的、风俗败坏的过去保持批评态度,但同时也不能回避和全盘否定过去。叙述要予人以慰藉,这是历史哲学的叙事道德,也是幸福的源泉,它会让所有令人厌恶的过往变得容易为人接受,或者至少可以为人忍受。

六 人类的"开化状态"

《人类史》第四卷详细阐述了何谓人类的"文明状态"。人类在经历不同的阶段后到达现代,进入"开化了"的状态,并且还要在未来达至完美。

> 多么伟大,多么美,这场文明和光明的较量!这场文明与野蛮、黑暗决斗的世纪之战!但且将这一幕幕绚丽多彩、激动人心的故事搁置一旁,拉开审视世界的距离,用哲学的冷峻逡巡,人类如何从单纯、野蛮升华到文明,如何建立起法律秩序,展开文艺创造和科学研究。(页308)

这是从过去到现在没有停止过的漫长战斗。而我们有幸透过哲人伊瑟林的观察,看到了这一幕"丰富与单一""文明与野蛮""秩序与无序"之争的千年史诗。它不仅丰富多彩,还同时告诉人们要为正确的事业奋斗。欣赏完这幕历史剧,人们自然会得出结论:没有什么比袖手旁观更错误!

> 天然生长的果树,只能结出又涩又小的果子,经过园丁嫁

接的枝条才能结出甘美的硕果。由此引申开来，人在本质上或多或少也是一株未经修剪的植物，他也需要"移植""嫁接""修枝"，只有这样才能结出"好吃的果实"。（页310）

因此，人要成为文明的实在就必须被栽培，只有打破人的原始状态，人的自我教育才会走上正途。在这里，伊瑟林并没有明说的"损益图示"起到了作用，"无序带来的好处要多过坏处，它使人更容易认识到进行更大、更完美的联合的必要性"（页333）。此时，人的理智虽然才萌芽，但已经为思想奠定了基础，随着人越来越变成一个社会的实在，他更加需要同类，以实现自己的幸福，因为"人绝少，甚至绝无可能在独处中获得幸福、得到启迪"（页336）。

> 这样，公共的精神领袖开始以身作则，展示为人类谋取共同福祉的愿望。他向众人播散幸福的泉水，让每个人都获得较高的价值。（页338）

伊瑟林在这里没有明确说人类最初是不是像休谟（David Hume）所说的多神论者（休谟在反对原罪说时提出这一观点，吓坏了宗教学者们），他只是认同人类理智发展早期有多神崇拜的偏好：

> 因为每个人都可以把他想要的弄成神，所以每个人就都按照自己的喜好私下据有自己的神。他独自占有神，并在生活中为神安一个位置。严格地说，这是一个家神、一个男人或者女人的神、某个人的神。这样的神只存在于他所待着的位置，他的影响也仅限于此。（页343）

伊瑟林并不在意与"上帝启示之言"发生冲突，他按照历史事实，从人类学的素材中为人类宗教发展史找寻证据。伊瑟林尽力在基督教义的框架下写作宗教发展史。按照基督教，上帝亲自宣告原始一神论是有罪的。当然,伊瑟林不是从堕落理论的视角看待多神信仰,而是将其视为人类理智最初的、弱小的萌芽。由此我们可以看出,伊瑟林内心还是倾向于休谟。

令人奇怪的是,伊瑟林把多神信仰看作个体的取向。对伊瑟林来说,宗教不是集体的创造,而是个体出于自我需要的构想。伊瑟林在阐述人类原始感官状态时曾设想,人类最初是自闭的实在,只在需要交媾时才和同类发生联系。伊瑟林如此描述个人最初始的自闭状态,显然在尝试勾画一个先验图像。但与我们今天的普遍认识(或者偏见)不同,伊瑟林认为,人类自我启蒙的过程不是个性化的发展过程,而是人类持续社会化的发展过程。个人能力的发展使人成为社会的和集体的实在。

野蛮时期,社会化的必然结果是各式各样的压迫和奴役。只有当人类的理智得到充分发展,人类的共同生活方才具备了形态,个人自由才不会成为少数独裁者的自由,而是个人在整体利益下的自由。人类启蒙进程最终不是走向个人的洁身自好,而是走向真正的、所有人参与的人类共同生活。这其实是伊瑟林对启蒙运动的期许,但自伊瑟林那个时代以来,人类社会从来就没有做到这一点。这一期许构成伊瑟林启蒙思想的规范性概念,它得自伊瑟林对历史的观察。

"如果人不想陷入不幸,理智就须发挥影响"(《人类史》第二部,页7)。在理智逐渐发展的情况下,人类对美好事物的意识得到发展,并获得向智慧的大自然学习的能力,同时还会产生释放新的社会联结力量的需求:

> 虽然人不断增长的创造能力使得其能生产出越来越多的剩余物,但与此同时,人的欲望也永远不会得到满足。人的需求如此丰富多样,没有哪一个家庭能做到自给自足,这一家需要

那一家的帮助，那一家又需要别人家的帮助。所以，一家生产出来的剩余物就是别人家的短缺物。（页8）

需求中产生了向前推进的能动性，它不依赖于人的控制，"每一次朝向完美的前行都会达到新的高度，而每一次进步也都会得到报偿，人从中获得了更大的前行动力"（页8）。私有和定居现象伴随着这一进步运动出现，"人开始将田地据为己有，奠定富裕生活的基础"（页17）。在这里，伊瑟林是反卢梭的，"人难以满足的需求被许多风俗教师视为罪恶的源泉，其实恰恰是人类日益增长的需求渐渐消磨掉了人的原始野性，丰富了人的灵魂活动"（页18）。问题的实质并不是人类日益增长的需求，而是"推动新生社会的道德驱动之翼的缺席，道德、良善与幸福和谐的缺席"（页27）。只有当人类建立起了理智，这一切才可以得到保证。

社会越个性化，短暂的生命越接近完美，他也就越要学会感知不正当的欲望造成的恶果，并因此迫切需要制定法律并管理社会（页29）。但在社会发展尚不完善的阶段，秩序与和谐不仅不受欢迎，也根本不可能实现。在这样的时代，稳定的秩序是以牺牲公正和自由的独裁换来的，也正是由于这个缘故，"所有法律中封建法最野蛮"（页33）。

按照学院形而上学，人要真正做到自我内心谐和并与他人和谐相处，必须先拥有完全的理智。尽管人在幻想力阶段野性十足，但内心的不平衡和自制力的缺乏只会让人在满足其日益增多的需求方面成为软弱的实在。我们在《人类史》第一卷中看到，这种软弱在人类原始的、半动物的、近乎自闭的状态下并不存在。

> 在风调雨顺的国家，人的感知程度较高、较敏感，容易较快地结起幸福的丝带，并将人联结在一起。那里的人较早地产生更多的需求，也因此较早地表现出软弱，他因此需要和他人

接近，而由此带来的好处更加快并扩大了人与人之间的交往。那里的幸福精神的优秀灵活性更早地显现出来，德性也更快地达到一个较高的完美度。（页36）

由此可见，"社交动力"并非与生俱来，而是伴随着人类满足自身多种需求的过程由后天产生。正如我们所见，作为启蒙的人类历史就是一部将每个人联结起来的历史。人类最初是孤立的动物人，生来就龟缩在自己的巢穴里，随着发展，他们相互依赖，最终进入了"公民生活状态"。尽管如此，在伊瑟林的思想中，充分发达的公民性并不是一个完成了的社会的愿景，人们生活在一起，很大程度上只是保障了真实的、理智的自由，其意义在于行正确之事，即行德性之事。毫无疑问，这种共同生活终止了个人在纯感官时期和野蛮时期的肆意妄为。

伊瑟林思想已经超越了对"社会性与理智"、社会性与公民自由"之间不可分割的因果关系的讨论，他的目的在于给他的读者以慰藉。他向读者承诺，无论人的理智如何发展，人都不会成为脱离同类的、过度的天才，也不会被强迫社会化，遭受封建时期那样的压迫。

人类的进步离不开文艺和科学，甚至，"如果没有文艺，人就永远处于完全的孩童状态"（页39）。人类创造的精神财富包括发明文字，它对人类发展史起到了显著的推动作用。更为重要的是宗教，它是将人与人联结起来的最有力的工具。起初，宗教只是某种个人的幻想，仅限于在家庭成员中传播。而后来，宗教发展成为社会的黏合剂，宗教使人们相信"他们是同属于一个国家的人民"。当然，最初的宗教附着了太多的仪式感，因为当人们还没有能力理解真实的上帝的时候，那些错误的、仅满足感官的图像就取代了真实：

之前，每一家都有每一家的神灵，直到有一天，也许是偶然所思，也许是受到了上帝的启示，也许是从其他较早得到上帝眷顾的人民那里得到了启发，人民中的聪明人思忖，为何不可以让这些男女拥有一个共同的神，让他将人民凝聚一起。于是，聪明人带领人民举行共同的仪式，修建庙宇，供起圣物，人民的意识和想象通过这些联系在了一起。而共同的节日又让人民都有了一样的幸福感，共同的习俗又使他们有别于其他的人民。随着这一切的发展，他们越来越跟其他社会的人民不一样，这促使他们更加坚持自己的法律并维护本社会人民的一致性。（页44–49）

从上文来看，伊瑟林在提到其他来源时，至少在形式上把上帝的启示也列入其中，排在了第二位。存在着一种可能性，即民间建立宗教的努力来自神授。但这一断言是否具有"现实性"或者"可能性"，伊瑟林不置可否。伊瑟林的冷静描述强调了宗教意识对联结社会的作用，同时又没有绝对否定神授。另外，伊瑟林也没有探讨脱离了社会的宗教的作用问题，并把应该构建一个什么样的宗教交由人们自己去想象。此处，伊瑟林用较长的篇幅作注，详述"异教"的宗教历史。一方面更加突出"民间宗教"的视角，另一方面又阐述了古典时期与理智有松散联系的多样化的宗教创新。

根据伊瑟林的说法，宗教的起源显然非常简单：

> 一个人如果长期都没有能力理解道德良善或者行为败坏，他一定会在上帝的命令和禁令中寻找依据。（页52）

伊瑟林认为，在理智发展早期，宗教的制度化和目的化具有功能性质。这与英国自然神论者和法国哲人的认识相同。他没有试图对比多神论与犹太–基督教上帝启示的真实性，但可以肯定，他认可宗教在人类社会化和道德化上的价值。由于宗教有这样的作用，所以即使一个不完善的、与启蒙不和谐的宗教也可能符合上帝的意志,并将这种意志作为最后的历史转折力量。不过,必须说明的是,伊瑟林不会对此妄加猜测,他更关注宗教的实质效果。如果撇开宗教关于事实的断言,那么宗教总的来说有正面的意义:"神父的欺骗"对人类的发展起到了好的影响。

与肯定宗教联结社会的积极作用不同,伊瑟林强烈批评由宗教触发的民族主义和天下统一观。爱国主义在世界历史上并不像宗教一样具有道德提升和产生博爱的作用,"那些灵魂不健全的人,越是强烈地爱人民、爱祖国,则博爱就越难在他们的心中扩散"(页60)。一国人民一旦产生自信,就会蔑视外人:"异族是民族神的敌人,不受神的庇佑,是野蛮人,只有共敬一神的人才有人权。"(页60)

在这一"野蛮和国民社会的中间状态",虽然永不满足的愿望和贪婪被唤起,

> 但大自然在这片被祝福的土地上还是太弱小,难以满足人们的要求,就如同理智在已经充分启蒙的时期一样,大多数人的理智依然不健全、依然很孱弱,以至于无法控制和规范自己。(页63)

因此人们当然会质疑,这一阶段的人是否比野人时期的人更不幸。如果是这样,那么他们的不幸或许就是为了下一代人的幸福。

七 东方专制政体、古希腊和古罗马

"人类史"最后三卷聚焦于世界几个不同地区的文明进程。第六卷主要描述东方的文明发展状况,最后两卷分别描述理智在古希腊和古罗马以及在新欧洲的发展情况。与黑格尔一样,伊瑟林认为,

精神的发展方向是从东方走向西方，但东方最后陷入了停滞的专制主义。伊瑟林把伊斯兰在波斯的分支也视为神权的教士统治，它阻止了理智的继续发展，"在这种思想下不会有保护人权的法律，也不会在一定范围内维护神圣的自由。一切都是任意的，一切都没有章法"（页72）。

> 伟大的思想在灵魂中得到发展之前，独裁者就已经在地球这块最美的土地上占有了权利，或者我应该说，占有了滥权的权利。国家的权利因此萎缩，王侯和教士拥有一切，人民毫无发言权。（页73）

波斯地区土地肥沃，气候宜人，所以最先产生专制政体。外界条件让丰富的文艺创作之花盛开，但并不意味着那里同时会产生追求自由的强烈驱动力。在伊瑟林的思想中，"进步"这个字眼专门用于能保障公民和个人自由的社会。专制依靠一言堂的方式在形式上将社会联结一起，虽然比单子的个体生活要先进，但这种进步在专制体制中只走了一半就停下来，只达到了社会的统一，而并没有让个人得到自由。如果专制统治者具有为臣民谋福祉的父权意识，那么存在的困难就不会影响体制和关于它的一切。"忠诚和顺从上司"是"国民最优秀的品性"。

> 只要统治者如慈父般治理这个国家，国民就在随遇而安中幸福且知足。通过感官享乐得到的自恋，不仅是将这个大帝国的臣民维持在体制中的方法，也是运用单一治国术驾驭庞大帝国机器的驱动之翼。
>
> 单一性是帝国最典型的特征，它使国民幸福又听话。（页82）

这种情况下产生了一种特别的传统，即古时候遗留下来的规训神圣不可侵犯："从祖宗那里传下最神圣的法律，它取代了理智和智慧。"（页 92）腐败很快就侵入了这个专制政体，因为不可能指望统治者长时期只怀有单纯的"慈父心"。专制显露出黑暗的一面，最终让"地球这块最美的土地上人口灭绝、无法无天，全亚洲在奴役中呻吟"（页 102）。

中国是亚洲各国中唯一的例外。伊瑟林在这里显然受到了沃尔夫和伏尔泰的影响，对中国怀有深深的感情。早在 1721 年，沃尔夫就在其名著《关于中国人的实践哲学的演讲》（*Oratio de sinarum philosophia practica*）中极力推崇中国，而伏尔泰的《风俗论》更开创了中国时尚（China - Mode）。他们认为，在中国，专制主义在理智的法庭面前不能持久，"王侯有朝一日不得不放弃政府，或者像他的继承人和下属一样，变得人性和公正"（页 104）。

欧洲则不像东方那样幸运，有优良的外界条件，但是，欧洲有些人民也努力创造出了较高的条件。"伟大的精神"，"这些特别的天意的宠儿"，在荒野中出场，让他的人民懂得了"法律、智慧和德行"（页 109）。同时，在持续、快捷的发展前面也有无数的艰难险阻，"持续的争斗蹂躏着这片土地，阻止了人性、德行、文艺和勤奋的扩散"。"阿尔卑斯山这一边的整个欧洲表面上看似已经开始文明化，实际上却堕入了暗无天日的近乎野蛮的状态"（页 113 - 115）。

基督教本来可以给有些幸运的聪明人以机会逃离野蛮，而任人民继续懵懂野蛮，但进步和启蒙不只是为了给精英们带来好处，只有当广泛的人民也接受了进步和启蒙，进步和启蒙才能成功。

伊瑟林把经过启蒙了的父权制王朝看作最好的政制，因为该政制发展得最完善，可能也确实因为他受够了那个狂热的共和派在巴塞尔晃来晃去。但伊瑟林的这一偏好并没有使他改变所有状态最终都要达到启蒙的想法。启蒙本应该更多地导向个人自由和德性的发展能力，而较少地导致个人的直接政治影响。政治只是达到目的的途径。伊瑟林将经过启蒙了的王朝视为达到目的的最好方式。一旦君主有自私的想法，他的统治就会受到道德的质疑，除非他的自私心在最低的发展等级被诠释为进步的驱动力。以上所讨论的历史的民主化——也许还有德性——并不会直接导致产生政治民主化的愿望。

伊瑟林一方面认为，古代日耳曼人和欧洲中世纪一直持续着原始的野蛮状态（不仅关于日耳曼人有自由的编造是神话，赫尔德在反对伊瑟林时提出的中世纪和各个民族存在历史的两面的说辞也是神话）。另一方面，他发现在南部欧洲，在古希腊人身上，很早就有了巨大的文明感召。诗艺对此产生过一定的影响，它触碰了长期形成的自然的思维惰性。尽管存在这些理想的条件，但伊瑟林从来没有忽视现实："无可争议的是，这里需要达到一定程度的富裕，甚至需要财富，才能使一个国家的德性产生有效作用。"（页142脚注）起决定性作用的是政治制度，所以，军事化的斯巴达从来就没有达到较高的发展程度，斯巴达体系只有在霍布斯主义的条件下才有意义：

> 如果人本质上是野生动物，那么我们是不是就应该授予斯巴达政制的缔造者以荣誉？因为是他将制法带到了至高的峰巅。但事实上是，人不该被束缚，而要被改善；人不该由外部强制变好，而要通过内在的心灵软化变好。（页150）

在这段隐含着与霍布斯的论辩的段落里，还体现了最根本的人类学假说，正是通过这一假说，我们才能理解伊瑟林的普遍进步思想。霍布斯把基督教中人的"原罪"思想搬进了现世，伊瑟林则认为这是一种机械式的观点。伊瑟林改良的进步思想来自人类生活的证明。他指出，现在和过去的事例可以证明，人并非一个通过道德行为或者意识而突显出来的好的实在。人类的转变不是耶稣式的一次性的解脱行为，而是一个逐渐变好、逐渐道德完美的过程。那些留传下来的救赎故事，如约阿希姆（Joachim von Fiore）的救赎故事，讲述的就是人的这种转变。

对人类学来说，特别重要的是，人具有持续的转变能力（向此或向彼），这被称为人类学的流动性，它是基于对人的基本人性的肯定：人不因犯了某罪，就堕落至累犯。传统的宗教人类学实际上也以人的本性为出发点，只是该理论最后把上帝的介入看作人变好的唯一可能。极端霍布斯主义虽然否定了基督教的解脱论，但又把如何驯服"兽人"作为政治学说。

伊瑟林的启蒙教育论肯定了个人对自由的塑造，与霍布斯主义不同的是，他对启蒙始终持乐观态度，认为人原则上可改善、可教育。在教育方式上，他更看重贸易、文学和科学，这类活动虽非刻意为文明改良而为，却是进步的驱动之翼（页157），"古人的戏剧舞台是他们展示城邦民德性的至高无上的学校"（页159）。对于希腊前苏格拉底的物理学和形而上学，伊瑟林则毫不留情地予以批评：

> 没有什么比错误的偏见更让我们易受控制，我们将到最后都只是天真的孩童，甚或无知的人。孩童与无知的人在回答"这是什么"的问题时，只会用些空洞的话，除了说出他们早先被灌输的，再也说不出更多。（页164）

伊瑟林发现"历史神话之外还存在一个哲学神话"，这类神话"对城邦民发展幸福感影响不大"。如果没有正确的哲学指引，即使对进步有促进作用的贸易也会暴露出阴暗的一面，希腊的历史进程便证明了这一点。在古希腊，对财富的贪欲最后成为侵害真实德性的负担。苏格拉底最终打破了这一堕落宿命，因此，伊瑟林在《人类史》中对苏格拉底大书特书，也是该书中唯一一个用一整章书写的历史人物。

> 在这个黑暗的,或者更恰当地说,在这个错误之光照耀的时代,出现了古希腊最有德性、最智慧的人——真实哲学的永恒之父。他几乎不需要其他帮助,仅凭自己充满光明的精神就揭示了智慧的崇高秘密。他凭一己之力与那个时代还残留着的野蛮作斗争。他全身心投入战斗,撕下智术师们的真实面目,将思想引入智慧和真理的神殿。(页173)

伊瑟林对苏格拉底的认识部分来自色诺芬的忠实记录,部分来自柏拉图中晚期对话。伊瑟林把苏格拉底看作地道的反讽者,一个让他的论辩对手措手不及的人。作为柏拉图的忠实读者,伊瑟林也将柏拉图主义植入对苏格拉底的阅读中。对伊瑟林来说,柏拉图主义是全面的"秩序和完美的愿景",或许只有沃尔夫主义的形而上学才可与之相提并论。

> 苏格拉底从神那里获得了最纯粹的和最正确的概念。这些概念无须经由特别的上帝启示,仅通过人的智慧便可以得到。他发现了一个神、一个创始者、一个所有存在之父、一个第一存在。这个存在目空一切,这个存在不仅在特别意义上,也在普遍意义上,将一切按照最伟大的和最深远的意图进行安排:幸福的情感归属于思维世界,完美归属于身体世界。永远的和不变的正义与好的行为一起就产生好的结果,暂时的和易变的非正义与坏的行为一起就产生坏的结果。从这些伟大的、充满启示的概念中,从最高存在的无限完美中,从美丽、良善、秩序的永恒法律中,从人类自然天性与崇高而伟大的基本原则的幸福一致中,他创造了崇高而单纯的伦理学说,创造了人对上帝所要求的义务的完全的信仰。(页174)

伊瑟林按照自然神学扼要概述了苏格拉底的学说,直接从中推导出伦理。至于柏拉图所指出的苏格拉底的特殊性、苏格拉底的思想学说,他只是在注解里有所提及:

> 他教导人们要经常思考高贵,不要在短暂的、一时的物欲中寻找幸福,而要在强大健康的灵魂中求得幸福,要在智慧和德性中求得幸福。识别和拥抱善、真、美和完全,这才是人之所以为人的真实认识。(页175)

可惜的是,希腊人并没有对这些学说完全入心。所以,他们很快就又回到旧时的恶习中,让哲学的一切努力白费。亚历山大死后,古希腊也跟着灭亡,而罗马的兴起填补了留下的空白。在罗马的一次次"革命"中,"令人厌恶的贫困"与"对自由的热爱"各占一半的分量。因此,对伊瑟林来说,社会因素与罗马征服共和政体在构建政治体制方面起到了同等重要的作用。"让人费解的是,罗马并没有早若干个世纪成为共和国,她的政府形式与她的大小实在不相匹配"(页195)。伊瑟林不知疲倦地提醒人们,道德不会随着扩张和权力而增长,要区别"内修和外治"以及"伦理的深入程度":

> 外治赋予社会外在的组织形态,成立由国王、法官、当权者组成的政体,乃中等智慧与强权之产物,虽可以强迫人遵守秩序,却无法让人爱她、尊重她。
> 内修致力于改善精神和情感,乃崇高理智之产物。它需要投入大量时间与精力。(页205)

内修无须依赖外治,外治则最终会被内修消融。内在野性常常因为外治被强化,甚至"固化为法律、习俗和臆想中的民族特权"(页207)。在我们生活的年代,披着伦理的外衣重新堕落回野蛮状态并非少见。伊瑟林在这里中断了按照历史时间顺序进行叙述的写作方式，运用普遍观察分析，严厉地批评殖民主义：

> 西班牙人贪得无厌，在无辜的美洲人身上犯下丑恶暴行，其残暴远胜任何时期的野蛮人。（页211）

八　基督教和中世纪

伊瑟林重新回到真正的历史叙述，已是罗马帝国晚期，即君士坦丁大帝统治时期。君士坦丁大帝蹂躏了西方，"通过迁都，他毁掉了罗马最优雅、最灿烂的文化，扼杀了科学之光"（页216），他洗劫了欧洲。

伊瑟林在这里又插入一章讲述基督教，以便阐述基督新教的基本原则："上帝的学说在最开始的时候是通过其崇高的单一性和最纯洁的纯粹性区别于其他所有宗教的"（页217）。这一看法与前面针对君士坦丁时期的言语形成强烈的反差。"正教徒和异教徒在基督教兴盛时期带着怒火相互迫害，怒火是所有邪恶产生的源泉，窒息了帝国西部尚残存的、弱小的智识萌芽"（页216）。

虽然在形式上，伊瑟林同新教一样保留了"上帝启示"这一概念，但他仅在两个方面使用这一概念。一是伦理中显现的原初上帝自我昭示；二是与之相关联的不可见的教会（unsichtbare Kirche）。他建议人们从两个方面观察基督宗教：

> 真实的、内在的基督信仰是上帝的直接作用。没有哪个人、哪个哲学、哪个理智可以带来真实的信仰和真实的尊崇。真实的信仰和真实的尊崇乃神迹所赐，只有蒙拣选的教会才配拥有，她也由此成为真实的教会，并分散在所有圣洁的社区中。她不

会成为人类研究的对象,她不会受到人类法律的约束,她之上没有教皇、国王、王侯,她甚至没有形状,没有外表。

相反,外在的基督信仰并非来自上帝的直接作用。它存在于打着基督教名义的风俗、庆典、仪式中。这些繁文缛节从第一世纪到现在就强加给了各民族,它们大同小异,只是在形式上有所区别。它是外表,它是让人看起来好像很崇高的学说的外衣。它是教皇的、路德的、茨温利(Zwingli)的以及其他某某人的私见。早在罗马皇帝统治时期,伪基督教就败坏了胃口,窒息了科学之光,利用了非科学和愚昧对人精神奴役,这一切对帝国的损害远大于野蛮人入侵。(页220)

最晚从奥古斯丁的《上帝之城》起,就有了关于真实教会与形式教会之别的激烈争辩。人们一方面要与感觉到"人性的,太人性的"基督教的制度化保持距离,另一方面又不至于放弃基督教信仰。要与形式上的教会划清界限,同时又占理,就必须依据真实的、神圣的教会。而那些僵化和过度虔诚的人则特别偏爱对神圣教会提起上诉,因为形式化的教会向他们灌输了一系列关于世界的假象。同样,某些宗教改革论辩也采取这样的方式,而如阿诺德(Gottfried Arnold)那样的极端虔信的教会史写作也属于这一类型。伊瑟林为了实现自己的目的铺开了一张很大的网,它最大的好处在于,是否信仰真实的、神圣的教会无需证明,因为它无法被证明——信仰没有外在标记和显性特征。

侃侃而谈间,伊瑟林似乎把自己完全限制在了论辩设定的框架里,而忘记了他自设的新教前提。那些"上帝直接影响""神迹所赐""蒙拣选的"等字眼,让人更多联想起拉法特尔躁动的宗教狂热,而非斯伯尔丁或者耶路撒冷的理性宗教学说。可如果细细品读,我们就会发现,所谓虔信的虔诚经伊瑟林之手后完全化为乌有。之所以造成理解困惑，皆由于这里没有在内容上进行限定，即没有明确回答何谓"上帝的启示"。伊瑟林通过"神圣的教会不会成为人类研究的对象"这句话，成功地回避了阐述该问题。

由于在宏大信仰修辞的背后却不见实际的内容，任何形式的正教和异教信仰就都可以占据空出的位置。一般传统的基督教读者都会为那些虔诚的语句迷惑，不会追问内容。伊瑟林没有提示如何回答"什么是基督教"，而是强调"最崇高的单一性"和"最纯洁的纯粹性"。尽管我们知道他把真实的基督教视为伦理学说，把真实的基督教视为指导人民获得真实幸福情感和人性的最可靠指南，但他模糊了理智认识和上帝启示之间的差异，而这恰恰是他明确提到"上帝的直接作用"时所采用的依据。他未透一字来说明这一"上帝的直接作用"到底是怎样的，从谁身上可以看到这一"直接作用"，以及可以在谁那里了解这个有别于苏格拉底的观点。

与上一章相比，伊瑟林用了整整一章阐述苏格拉底，论证苏格拉底的宗教理智主义，而在接下来的关于基督教的章节中除了提到一个12岁的少年和圣徒保罗外，对耶稣的名字只字未提。

以形式化的教会来确定什么是真实的基督教，似乎帮助也不大，我们依然可以在"真实的基督教"概念里随意填充内容。尽管被宗教改革分子和虔信派的诽谤所包围，伊瑟林在描写所谓现实存在的基督教的历史时，仍然说它偏离了原初的纯洁性，他还认为古典时期和中世纪时期现实教会的历史不过是背叛和衰败，除了某些将人成功驯化的事例外，造成的是大量损失。可以肯定，这在反天主教和反宗教理论的论战中是个惯常使用的花招。在那两个时期，"衰败"在大规模的进步历史框架下很醒目地凸现出来。伊瑟林使用最黑最重的颜色描画中世纪，因此在重构这段时期的历史时，他否定了人类进步直线发展的观点。历史更多是辩证地向前发展，进步之光终将普照全人类。毫无疑问，伊瑟林真切地将纯道德的基督教视为开展启蒙事业的好方法。这样的基督教不属于哪个具体的教会，诸如教皇、路德、茨温利等某个人的说辞都不能替代基督教。这样的基督教才是伊瑟林意义上的真实的基督教，如果要给它取个名字，那就是"博爱"。

在关于基督教的这一章节的最后，伊瑟林又扼要介绍了古代的历史，从而引出本书的第八和第九卷。他向我们展示了昏暗的光下才刚刚过去不久的历史：欧洲人民在不到三百年前还生活于野蛮状态，这种野蛮超过了我们在历史和在游记中之所见。

伊瑟林描述了英伦三岛的状况，他的依据来自"一位伟大的历史作者，一位排在历史作家首位的人"（页228），他作为哲人不被巴塞尔正教圈接受。这说的就是休谟和他的伟大著作《英国史》。休谟笔下阴暗的中世纪符合伊瑟林的启蒙思想，所以伊瑟林容忍了这位苏格兰人的哲学说教。在所有因素中，封建制度是造成欧洲长期处于野蛮状态的主要因素。鉴于这种情形，伊瑟林只能将基督教认定为重要的工具，唯有通过它才能"软化人们的野性情感"，并将人们带至"较高的完美"（同上）。

人们或许认为，把基督教作为"工具"的言论是背叛，因为这个言论显然把宗教理解为纯功能性的。由于伊瑟林的阐述中缺少关于真实的基督教的内容，所以人们更容易产生一个想法，即认为伊瑟林把基督教看作普遍的、适合所有人的道德学说。如此，情感软化或许确实就是它最重要的任务。伊瑟林同时也没有掩饰，基督教还是最有力的工具，"通过它全欧洲都处于普遍的奴役下"（同上）。这是伏尔泰式的论断，但它很快又被"损益图示"替代：

> 也许它实际上只不过是一个重要的乐施行为。在那些黑暗

的日子里，原住民生活在这片世界上。看来他们早已被最严酷的奴隶统治驯服，早已习惯屈从法律。天主教僧侣等级制度正是利用了这个优势，在各民族中大规模地、全面地施行等级统治。（同上）

通过斯巴达的例子，伊瑟林反驳了霍布斯只有"缚人之术才让人改善"的思想，并认为，应摒弃缚人之术，因为它只会导致无限的野蛮。为此，他冲破了人们对反宗教理论的刻板印象，让人们认真审视他为什么蔑视中世纪基督教。当然，伊瑟林同时也间接批评了新教魔鬼化前宗教改革时期的宗教的这一倾向，他认为，要在具体的时代语境下来看为什么基督教偏离了初心。

伊瑟林辩证地看待事物的发展。"坏的"会变成好的，反之亦然。论及中世纪的基督教，伊瑟林以启蒙的成功和人类的改善证明了这一事物发展规律。当然，人类的改善与中世纪基督教作为约束野蛮的工具是否有因果关系尚待证明。由于在伊瑟林的进步历史中不容许有空白的页面和完全无用的东西出现，所以他必须在每一个时期都嗅出隐秘的进化"主谋"，而他们或许自己都没有觉察到自己的行为起到了推动人类进步的作用。

对这位缜密的市民历史哲人来说，要找出这个人类进步的"推手"并非难事。在书中，他将中世纪晚期形成的城市市民阶层作为推动进步的力量："没有城市，没有被称作市民的阶层的存在，我们全都还是野蛮人。"（页272）多亏了他们，先进的自由，即不同于野蛮人那种肆意妄为的自由的自由，做好事和恰如其分之事的自由，才能够牢牢地扎下根来。

> 自由绝非天赐，两位杰出的男人（卢梭和孟德斯鸠）这样说。我认为，我们可以有充足的权利说：自由不是什么时候都可以得到的结果，不是每一个民族都能够获得它。法律并不足

以保障自由。阶层和市民虽然对于完善宪法很重要，但哪里缺少了智慧、德性和伦理，哪里就不可能有真实的自由。这是追求幸福的规律所致，是人的本能所驱动。没有伟大的精神照耀，没有特别的心灵沁润，这一切都不会存在。没有这些伟大的和少见的先决条件，就只会产生错误的、骗人的自由。一个招来横祸的状况跟无限的奴役一样糟糕。（页280）

自由作为"法律的统治"指的当然不是任一法律的统治，而是那些与理智相一致的法律的统治。与理智相一致的还有"普遍福利"，这是人最基本的需求，而且也应该是人的"基本本能"。尽管伊瑟林在《人类史》第一卷理论部分对"基本本能"没有详解，更没有设法证明它，但我们从全书的脉络中可以推知，感官状态下的单子人有这种"基本本能"，携带着自私的战斗基因的野蛮人也有这种"基本本能"。换句话说，人的"基本本能"包含追求"普遍福利"，它不是自然所赐，而是人的原始天性使然。它是社会的产物，只在特别有利的条件下才会发声，才会付诸行动。只有当它存在的时候，自由才能扎根，因此，它才是真实自由的体现。

伊瑟林的自由思想因此强调的不是个人无限制的自我发展的可能性，而是全体人民的普遍需求。不是为了个人的无限制发展而创造社会必要条件，而是借助立法者的权力将所有人教育成有德性的人：

> 洋溢着幸福的国家应该是，人人都被高度启智。统治者能够理解，国民的福祉与国家的幸福紧密相连，统治者的幸福也与国家的幸福相互依存。（页281）

但是，伊瑟林再次把幸福概念留白，相关内容期待读者来填充。

九 新时代

回溯了基本原则之后,伊瑟林的历史叙述逐渐接近现代时期。首先,他回忆了印刷术的发明,回忆了君士坦丁堡1453年陷落后流亡到西方的拜占庭学者(页283-285)。接着,他展示了意大利文艺复兴方方面面的进步,同时也不忘指出其败坏的一面(页286-291)。他指出,宗教改革点燃了"科学之光",宗教改革已经成为可持续的"教会改良"(页292)。

自本章,伊瑟林开始分国家进行叙述,贸易繁荣、海外发现,"这些幸运的变化就是驱动之轮,推动各地的人们不断追求自由"(页298),尼德兰、英伦三岛就是典范。但伊瑟林的叙述也让人看到他对启蒙运动的担忧:"在英国,是狂热的信仰驱动着自由追求。"(页307)这样的情况下,"理智与非理智、智慧与疯狂促进着这一伟大事业"(页308)。显然,伊瑟林急于遏制英国表现出的那种极端民主趋势:

> 我们能够揣测吗?无知的民族因懒于思考而天真地造就了专制政体;高度的想象和激情激发了已经启蒙的勇敢的人们实现共和宪政;完全成熟的、受控制的理智保障了君主政体下平和顺从的国民真实和不受干扰的幸福。(页315)

上述"揣测"显示出作者对于经过启蒙的弗里德里希二世的专制统治那毫不掩饰的偏爱。① "国家要为人民谋幸福",这样的家长制思想伊瑟林显然没有在共和政体中找到,因为他自己就身处共和

---

① 这种偏爱也体现在伊瑟林的瑞士同仁身上,参 Oliver Eisenmann, *Friedrich der Grosse im Urteil seiner schweizerischen Mitwelt*, Zürich, 1971.

政体,所见都是个人利益冲突的官场现象。假如王侯不以统治者倨傲,而以第一公仆之责效力国家,则该政体更能保障普遍的福利。

> 它就是一个反命题或者就是一个真理——当人们说,最好的君主制是最接近共和国的政体,最好的共和国是最接近君主制的政体。(页316)

这句话难免引起巴塞尔市民的担忧,因此,伊瑟林接着又道:

> 如果智慧和良善尽在人心,则又何必非要讲究形式。如果共和派不是总是享受自由带来的一切好处的话,那么他就没有必要妒忌王侯的臣民。(页317)

借助这番套话伊瑟林回避了问题,即,如果投身进步和启蒙事业,政治上该如何具体作为。

17世纪时,哲学蓬勃兴起,其发展方向已经背离过时的亚里士多德主义。培根作为第一个伟大的现代思想家,在伊瑟林的著作中独占整章篇幅,获得同等荣耀的还有笛卡尔。在17世纪的文学中,伊瑟林也发现了渐渐扩散的亮光,"意大利产生了塔索,英国有莎士比亚和弥尔顿,德国出了个欧皮茨,法国则产生了科内雷斯"(页323)。自然科学领域,特别是实验物理和数学领域,伊瑟林称道"开普勒、波义耳、伯努利,当然还有牛顿"(页325)。在伊瑟林看来,基督教异端学说同之前的清教徒狂热一样,会产生意想不到的积极效果。例如,废止南特法令促进了知识和经济资源在全欧的流动和扩散。启蒙也因此来到了德国,莱布尼茨和沃尔夫当推为首要的代表人物。他对莱布尼茨着墨不多,泛泛而谈,缺乏哲学深度,他评价莱布尼茨为"值得钦佩的人,掌握了几乎包罗万象的知识,对各个领域都有所贡献"(页329)。而对沃尔夫,他则直言不讳:

> 凭着极为走运的成绩，沃尔夫踏上了莱布尼茨高不可攀的轨道。假如他能正确运用从前辈那里获得的深邃思想，假如他学会洛克的谦逊，假如他能明白他也会犯错，他或许会成为世界知识界最伟大的那个人。然而，他只相信一条求真之途，那就是数学家们至今使用的方法，他坚持这是唯一最科学的、最直观的方法。他把例子导入规则，将规则运用引入世界智慧，引入所有学科。他自说自话地表示，他确信他的每一个看法都被赋予了本质意义。（页330）

然而，历史规律不容违反，所以沃尔夫没能成为最伟大的哲人。原因正在于，他不容许怀疑自己的认识能力和自己的认识。上节所引也透露出伊瑟林对哲学上使用数学方法的看法。

> 被无数人所倾倒，自然也会被很多人唾弃。沃尔夫为知识传授套上枷锁，剥夺了学识的优雅和力量。他通过强制性的机制束缚学生和模仿者的思维，使他们不能自由翱翔；他通过夸张的体制思维把他们变得自大而令人难以忍受。（页330）

这一针对沃尔夫的同时代人的大段批评，与介绍沃尔夫成就的简短篇幅形成强烈的比例对照。篇幅的不对称，反映了伊瑟林对沃尔夫批评的认可。显然，这里涉及的不仅仅是风格和个人偏好问题：伊瑟林代表的是德语通俗哲学自1775年后背离数学-自然科学方法理想的决定性转向。从沃尔夫主义转换到"通俗哲学"，伊瑟林并没有简单贬低沃尔夫和他的继承人在高水平理论上针对哲学对象的论述，而是提醒人们重视对沃尔夫主义强制方法的根本怀疑，以及对沃尔夫主义所讨论主题的怀疑。伊瑟林就沃尔夫主义的哲学主题与生活世界之间的关联性问题提出质疑，并因此将名声不好的德语

"通俗哲学"释解为存在哲学。①

摈弃沃尔夫主义规定的严格方法和研究对象，不仅开创了真正的哲学文学化写作（散文成了哲学传播的主要文体），也拓展了哲学的研究范围，那些过去被沃尔夫斥责为无科学性、无哲学价值的事物成为新的研究对象。如果沃尔夫把可能的，只要是可能的，定义为哲学的客观范畴，那么在沃尔夫的实践中，这种客观范畴就不会导致对偶然性的偶然产生兴趣，而是更可能导致查证规律性。规律性在不必要性的意义上因为生物性而控制了偶然，但这并不利于对历史的哲学观察，因为在历史中并没有严格的规律性需要被识别。

以伊瑟林为代表的"通俗哲学"，将历史哲学提升到了科学研究的层次，这种历史哲学不再要求去求证历史中严格的规律性，而是试图确证历史的普遍趋势，它们都可以归入"进步"名下。在法国和英国哲学的影响下，历史哲学对世界的研究是实证的，而非理性的；方法是归纳式的，而非演绎式的；表现的方式是文学的，而非数学的。但是，伊瑟林在沃尔夫章节中没有对此做全面阐述。

> 真是难以描述，就好像在妩媚的幻想火花和活泼的玩笑火花中闪露出的精神；就像一个精神，从来不会为了优雅而牺牲，从来不会为了缪斯而奉献。就像一个精神，它看起来只是纯粹的理性。这位纯粹的、认真的天才获得了广泛的欢迎，并拥有对所有精神的超级控制力：战胜了迷信、妒忌和无知的无力抵抗，在德国及北欧，他长期牢牢地控制着各种大大小小的学派。（页331）

尽管伊瑟林从各个方面认可沃尔夫为独一无二的"天才"，但他也认定沃尔夫对"教派"的控制有问题，是"专制主义"。伊瑟林

---

① Panajotis Kondylis, *Die Aufklärung im Rahmen des neuzeitlichen Rationalismus*, München 1986, S. 563.

本人肯定不是狂热的沃尔夫分子,他无非在表达自己的辩证观:

> 感谢沃尔夫学派,他们的存在让我们懂得哲学自由的珍贵,让我们这代人和后辈有了分辨真理的能力。(页332脚注)

努力寻找"真理和基本原则"是哲学的前提,也是摧毁沃尔夫及其追随者的"错误",打碎其教派枷锁的武器。

> 从今往后,再也没有哪个哲学教派会在欧洲变得特别强大,因为有太多的光发散到欧洲各个角落,再不会有人有能力建立自己的教派。(页333)

伊瑟林此处捍卫自黑格尔以来被轻视的"通俗哲学",他倡导哲学多元化,反对什连特主义的正教。哲学多元化,哲学文学化,以及与数学-自然科学范式脱钩,促进了哲学的开放,扩大了哲学的研究领域,迎来了哲学方法的百花齐放,它们是德国哲学"后沃尔夫—前康德时期"的重要特征。

虽然这种哲学具有强烈的个性化和去学术化的特征,但是它并没有因此而背离学院形而上学的主要内容。人们还是在理所当然地谈论上帝和幸福,如同谈论已经存在着的和非常确定的事物一样。只是到了康德,哲学才与学院形而上学的内容切割,学院形而上学的研究方法也因此被扬弃。不可否认的是,启蒙"通俗哲学"是德国第一个哲学运动,逾越了学术圈,对广大群众产生过深远影响,但哲学史对它着墨不多。其中主要的原因是,"通俗哲学"在内容上始终没有摆脱学院形而上学。因此,自康德以后,它就被看作太过陈旧。只有伊瑟林在谈到自己和他的后沃尔夫同好时,才相信光明尽在己侧:

> 这些勇敢的、值得尊敬的世界智识者进一步扩大了他们伟

大前辈在科学帝国中取得的战果。他们重新把对美好事物的追求与对真理的爱结合一起，刷新了哲学令人畏惧的形象，把哲学从铁血权杖的僵硬训导中解放了出来。（页333）

"通俗哲学"的存在主义就是人道主义，"人道主义－文学性"挑战了"自然科学－学术性"的哲学模式。

伊瑟林的哲学地平线也延伸到同时代的外国哲学。与莱布尼茨和沃尔夫一样，洛克以及其他的英法思想家也在求索真理上做出了贡献。不过，伊瑟林也不忘提醒读者谨防教唆："那些名气很大的男人把自己和无数人推进了巨大的错误和粗俗的放荡中。"（页335）对那些"令人敬畏的百科全书"，读者也要分清哲人个人的偏好，辨析真善美，提防他们否定伦理原则和上帝。总之，只有投入大量时间，才能从真实的哲学中获益，才能明智。此外，还有其他早已为人所知的途径也利于人的进步：

> 欲望和财富促进了所有艺术和所有科学的大幅增长。正如愚蠢和无知会使野蛮人懒惰，勤奋和开蒙也会在开化的民族身上结出缪斯之果，它日渐提高社会交往和家庭生活的质量。（页342）

除了艺术和自然科学，"农垦和经济学"也在欧洲蓬勃发展。伊瑟林一贯认为，社会的全面发展促进了历史进步：进步既不是一个上层建筑上的智识启蒙事件，也不是一个经济和政治造成的事件。多种因素一起发挥作用，互为条件、互为因果。但伊瑟林并没有告诉读者，是什么力量将这些不同且常常相互矛盾的力量集结起来，引导它们同时朝向达成历史目标这个唯一方向。鉴于伊瑟林拒绝采用"说明性的教学方式"，他未能提供所有历史必定遵循的"铁律"，即没有提供"所有物体都要服从重力"那样的法则。另外，天意也没有对伊瑟林特别青睐，为他作出特别安排。为什么相互矛盾的人，其行为最后能够达成一致性，对此伊瑟林除了在前言中提出应从历史材料中直接求证之外，没有做更多的解释。

伊瑟林认为，历史观察定会让人们相信，人类的历史一直在向好的方向发展。但这种认识并没有提供全面解释人类历史发展的图示，而只是指出了各种有益于进步的人类行为。因此，若有谁抱着对哲学解释能力的期待（沃尔夫学派要求哲学必须具有解释一切的能力），那他会对伊瑟林的历史哲学失望。伊瑟林的历史哲学代表着一种新的、后沃尔夫主义的谦逊风格，即认识到人的认知能力有限。与此同时，伊瑟林自己并没有完全放弃解释，但这个解释是在人类学的框架下进行的：人生来就为完成圆满而存在，人之秉性借由个体和群体在历史进程中延伸，并表现出差异。人的进步乃天性使然，人的任一行为，无论有意或无意，均致力于人类的进步。

十 "人类未来可期否"

结尾时，伊瑟林一会儿陶醉于启蒙，一会儿又怀疑启蒙。他在作品中不仅仅纪念那位同时代的伟人［译按：孟德斯鸠］：

> 我们会是多么的不知感谢啊，如果我们闭眼不见为我们带来光明的伟人！能有今天这样一个绚丽多彩的时代，我们要感谢伟大的、令人尊敬的孟德斯鸠，还要感谢其后的休谟、米拉博、卢梭、布朗斯、冯·罗恩、马布利、马尔蒙特尔斯、贝卡利亚等值得尊敬的人。尊敬的阿伯特，永垂之少年，若非不幸英年早逝，你将会摘取荣耀土地上怎样的月桂啊！你，高尚的魁奈，还有你的那些令人尊敬的朋友和学生，当人们感受到了你们真切的爱以后，终将会对你们做出公正的评价。（页357）

"即使这个时代最坏的事情"也会予"我们可期之未来"(页357)。而古代智者或会感叹"新的治国术忽视伦理,反将人民的幸福和福祉完全建立在财富和贸易之上"(页357)。虽然"立法和执政的首要问题"是"尽可能地把国民变得更好、更文明和明事理",但实际上难以避免"大多数灵魂为欲望和情欲所控":

> 只有很少市民能够拥有真实的伦理,大众终难担此崇高使命,因此,通过与他们能力相配的情感和工作教化他们,分散他们,远胜于任由他们被野性和野蛮损毁和败坏。这些大多数也因此不再抗拒惠及社会的公益目标,满足于充当更高伦理的工具。虽少了崇高目标,但他们获得了宁静、安宁和优雅。(页358)

"绝大部分的国民都属于吃饱喝足的状态,不知道更高利益之所在",这是典型的柏拉图社会分层模式,伊瑟林引用这个模式在于制造出一种印象:"我们"正处在"吞噬了大东方帝国的自负的希腊和骄傲的罗马帝国的深渊边"(页359)。

> 我们时代的风尚,截然不同于有荣誉感、有礼节的骑士时代,又退回到了野性状态。我们必须去森林里寻找其源头,正如那些聪明大脑所说,伦理、秩序和婚姻之爱皆发于兹。(页354)

伊瑟林另附录一章谈论"学者中的野蛮残余",并特别指出"怀疑精神、自由思考"的必要性,两者"如同一国发生的暴乱,目的都是为了构建公民自由"(页361-364)。伊瑟林并不害怕说出"大多数的政府和市政厅,一般都住着些野蛮人"(页365),因为野蛮人才会发动战争,"野蛮人才只受野性的驱使"。正因此,实现天下皆兄弟的启蒙目标才尤为重要（页371）。

作品行将接近尾声，但伊瑟林还徘徊在欣喜和疑虑间。一方面，他是理智神学的：

> 智慧的造物主似已为人类男女设定了路：人人都要从孩子样的单一开始，所有人都是一个样子。后来，人经过了无数变化、迷惘和无序，各自分离，变得千姿百态。但这一切都是为了获得崇高的单一性和伦理，唯如此方可创造持续幸福，并最终又使所有人成为大自然塑造的相同的样子。（页375）

另一方面，上述关于上帝造物计划的假设，并不意味着作为完成人类使命理想条件的"崇高伦理"已近达成（页376）。"现今欧洲乃青春韶华，岁月才吐露芳华"（页380）。几年来撼动了政治世界的动荡正体现了青春期的骚动，它也似乎让阴谋论得到证实，即"欧洲正处于有史以来最大的危机中，远远超过自欧洲开埠以来所见之危机，远远超过我们带着恐惧所观察到的危险"，"但这恰恰给我们以慰藉，并让我们憧憬充满希望的未来"（页380）。

新版中增加的这一段反映出作者异乎寻常的敏锐意识——在法国大革命爆发前几年就已经白纸黑字地预告了这场革命。我们今天再设法还原1789年前的情形，或许会觉察到"事情在酝酿"，但不会认定它是一场从未经历过的"危机"。然而，伊瑟林的不同就在于，他作为启蒙家乃是为这个大时代而生，他的历史哲学为危机世纪（轴心时代）而作，他的大时代意识穿透了所有错综复杂的关系，揭示了变换和更新中所蕴含的本质意义。伊瑟林坚信造物主的计划和历史的必然，并从中找到信心和意志，这使他可以按照启蒙意义、按照普遍教育的意义，扭转"危机"为最好的"机会"。当然，他非常清楚自己传递的乐观消息必将引发争论。

> 或许这是一个讨人欢喜的梦，然而它如此令人慰藉，以至于我难以与它离舍。我赞同，善的结果因其自身而永恒。恶，我相信不会长久，因为它只存在于现实和秩序的缺陷中，所以会自然消亡。（页381）

伊瑟林的历史哲学基础是古典形而上学法则，即，"恶"的存在乃因"善"的缺位，所以"恶"并非独立存在物。只有"善"才独立存在，所以最终只有"善"在历史中起作用。如果没有这个并非完美的本体论条件，人类历史的每一项观察都会陷入摩尼教的二元论，将善与恶的对立看作导致战争的两种不可调和的力量。在伊瑟林看来，如果不采用这一强有力的形而上学推测，就无法回答历史如何进步，至少无法通过实证予以检验。如果缺了"讨人欢喜的梦"，实证就无法放在灯下，并得到伊瑟林想要的样子。读到这一段的读者肯定无法摆脱一个印象，即这里大张旗鼓讲述的更是一种希望获得事实的愿望。显然，后沃尔夫主义的早期进步历史改良主义，必须以形而上学理论作坚实的基础，同时将选择权留给读者，任其决定是否接受这一理论角度。所以，这是一个单纯的信仰问题，而与历史证据或者试验证据无关。也因此，伊瑟林毫不掩饰慰藉话语的灵感实际上取自自然宗教。启蒙贯穿着一种虔诚意识——历史哲学是救赎学说。

尽管伊瑟林相信辩证规律（根据历史和经验，道德世界中的激情、无序、滥用恰如物质世界中的风暴，经常有利于实现很多好意图），但他并未忘记伦理的极大好处，并在全书结尾呼吁道："国王！王侯！国家的领袖！人民已经把自己托付给了你们，去率领他们获得真正的幸福吧！"（页383）

> 如此，所有错误治国术的丑陋秘密将如太阳下的蜡一般熔化。如此，世界将只有普遍的基本原则以及伟大和永恒的人性。人人渴望为善，人人渴望成为有用之人。渴望获得真实完美的

> 高尚行为，将会使有限的生命尽力参透万能造物主的意图。为兄弟施善，将会是人的一种幸福，它胜过生命中所有可遇的其他好处和愉悦。（页385）

著作发表之前，哲人伊瑟林寄出了《致人类友好社会》一文，并同时催生了一个完全依照该思维模式打造的兄弟——世界居民——理性社团：

> 你们，谦逊、坚毅而又崇高的人，追求真理的人，你们接受了上天的遴选，肩负起革命重任。你们的使命该多么伟大、多么高贵啊！总有一天，那些不相信你们能力的人会害怕；总有一天，那些大人物、那些部长、那些煽动者会看见自己令人憎恶的统治术真相，他们会害怕自己的面貌，会因自己而战栗不已，会因自己而蒙羞。而你们在那一刻将确信自己获得了最完美的胜利。（页387）

伊瑟林以这段话结束了作品最后一章，① 似在宣告：智慧和权力的联盟将战胜愚蠢和堕落；智慧与权力结盟，启蒙才能成功。历史哲学之所以予人慰藉，是因为所说的那一天必将到来。伊瑟林的这一虔诚信仰是修正的德意志启蒙思想，是德意志启蒙中的教牧动机，它在神的视角逐渐从哲学中褪去前一直引领着19世纪的历史哲学。② 它是对世界历史进步发展的信仰，是切断和铲除可恶的（超强大的）过去的理想方式，而历史哲学进步思想的系统性意义，似乎就在于这一关于思想解放的承诺。

---

① ［原注］之前版本的最后一句话："那么你们的胜利离他的圆满已不再遥远。"

② ［原注］尼采收藏有伊瑟林的这部著作。

参考书目

伊瑟林著作

- The Papers of Benjamin FRANKLIN, vol. 27, edited by Claude A. Lopez, New Haven 1988, S. 168/169 [Brief Iselins an Franklin vom 28. Juli 1778].
- Isaak ISELINS Pädagogische Schriften nebst seinem pädagogischen Briefwechsel mit Joh. Casp. Lavater und J. G. Schlosser, hrsg. von Hugo Göring. Mit einer Einleitung von Edmund Meyer. Zum Todessaecularisate Iselins, den 15. Juli 1882, Langensalza 1882 (= H. Beyers Bibliothek pädagogischer Klassiker. Eine Sammlung der bedeutendsten pädagogischen Schriften älterer und neuerer Zeit, hrsg. von Friedrich Mann).
- Isaak ISELIN, Pariser Tagebuch 1752, hrsg. von der Historischen und Antiquarischen Gesellschaft zu Basel mit Unterstützung der Familie Iselin, bearbeitet durch Ferdinand Schwarz, Basel 1919.
- [Isaak ISELIN], Philosophische und Patriotische Träume eines Menschenfreundes. Dritte und vermehrte Auflage, Zürich (Orell, Gessner und Compagnie) 1762.
- Isaak ISELIN, Über die Geschichte der Menschheit [1764]. Neue und verbesserte Auflage, 2 Bde., Zürich (Orell, Gessner und Comp.) 1768 = GM 1768 1/2.
- Isaak ISELIN, Über die Geschichte der Menschheit [1764]. Neue verbesserte Auflage, 2 Bde., Zürich (Orell, Gessner, Füesslin und Comp.) 1770 = GM 1770 1/2.
- Isaak ISELIN, Über die Geschichte der Menschheit [1764]. Neue mit dem Leben des Verfassers vermehrte Auflage, 2 Bde., Carlsruhe (Christian Gottlieb Schmieder) 1791 (= Sammlung der besten deutschen prosaischen Schriftsteller und Dichter, Theile 138 und 139) = GM 1791 1/2.
- Isaac ISELINS Vermischte Schriften, 2 Bde., Zürich (Orell, Gessner, Füessli und Comp.) 1770.
- [Isaak ISELIN], Versuch über die gesellige Ordnung, Basel (Johann Schweighauser) 1772.
- Ein Stück LAVATER. Aus seinen Briefen an Isaak ISELIN, während der Jahre 1768 und 1769, hrsg. von J. Keller, in: Kirchenblatt für die reformierte Schweiz, Jg. 7 (1892), S. 147ff.
- Friedrich NICOLAI – Isaak ISELIN, Briefwechsel (1767–1782). Edition, Analyse, Kommentar = Holger JACOB-FRIESEN (Hrsg.), Profile der Aufklärung, Bern/Stuttgart/Wien 1997 (= Schweizer Texte, NF Bd. 10).

— Ferdinand SCHWARZ (Hrsg.), Briefwechsel des Basler Ratsschreibers Isaak Iselin mit dem Luzerner Ratsherrn Felix Balthasar, in: Basler Zeitschrift für Geschichte und Altertumskunde, Bd. 24 (1925), S. 1–311.

研究文献

— Hans ADLER, Die Prägnanz des Dunkeln. Gnoseologie, Ästhetik, Geschichtsphilosophie bei Johann Gottfried Herder, Hamburg 1990, S. 151–157.
— Bertrand BINOCHE, Les trois sources des philosophies de l'histoire (1764–1798), Paris 1994, S. 166–184 und passim.
— Daniel BRÜHLMEIER, Isaak Iselin and the Call for Civic Virtue, a Model of Swiss Republicanism, in: Timothy O'HAGAN (Ed.), Revolution and Enlightenment in Europe, Aberdeen 1991, S. 69–79.
— Fritz ERNST, Franz Joseph Leonti Meyer von Schauensee und Isaak Iselin. Barock oder aufgeklärt?, in: Basler Zeitschrift für Geschichte und Altertumskunde, Bd. 90 (1990), S. 119–154.
— Hans Rudolf GUGGISBERG / Christian WINDLER, Contactos agronómicos entre Suiza y España en la época de la Ilustración. Campomanes, las Sociedades Económicas y las «Efemérides de la Humanidad» de Isaak Iselin», in: Cuadernos de Investigación Histórica 14 (1991), S. 217–230.
— Hans HUBSCHMID, Gott, Mensch und Welt in der schweizerischen Aufklärung. Eine Untersuchung über Optimismus und Fortschrittsgedanken bei Johann Jakob Scheuchzer, Johann Heinrich Tschudi, Johann Jakob Bodmer und Isaak Iselin, Affoltern am Albis 1950, S. 222–244.
— Ulrich IM HOF, Basel in Iselins «Ephemeriden», in: Basler Zeitschrift für Geschichte und Altertumskunde, Bd. 91 (1991), S. 147–158.
— Ulrich IM HOF, Isaak Iselin 1728–1782 = 138. Neujahrsblatt, hrsg. von der Gesellschaft zur Beförderung des Guten und Gemeinnützigen, Basel 1960.
— Ulrich IM HOF, Isaak Iselin. Sein Leben und die Entwicklung seines Denkens bis zur Abfassung der «Geschichte der Menschheit» von 1764. Erster Teil: Isaak Iselins Leben und Bildungsgang bis 1764. Zweiter Teil: Iselins Stellung in der Geistesgeschichte des XVIII. Jahrhunderts, Basel 1947 (Diss. phil. Basel 1944).
— Ulrich IM HOF, Isaak Iselin und die Spätaufklärung, Bern/München 1967.
— Ulrich IM HOF, Isaak Iselin: Kritische Beschreibung der Schweiz (1780), in: Basler Zeitschrift für Geschichte und Altertumskunde, Bd. 71 (1971), S. 121–144.

- Ulrich IM HOF, Mendelssohn und Iselin, in: Michael ALBRECHT (Hrsg.), Moses Mendelssohn und die Kreise seiner Wirksamkeit, Tübingen 1994, S. 61–92.
- Holger JACOB-FRIESEN, Isaak Iselin als politischer Denker, in: Basler Zeitschrift für Geschichte und Altertumskunde, Bd. 100 (2000), S. 41–51.
- Annemarie LEUPOLD, Isaac Iselin und die physiokratische Lehre. Eine Studie zur Physiokratie in Basel, Basel 1943 (Diss. phil. ibd.).
- Edmund MEYER, Isaac Iselin, in: Jahresbericht über die Königliche Realschule, Vorschule und Elisabethschule zu Berlin, Berlin 1873, S. 3–35.
- Fania OZ-SALZBERGER, Translating the Enlightenment. Scottish Civic Discourse in Eighteenth-Century Germany, Oxford 1995, S. 169–189.
- P. Meinrad Alois REGLI, Isaak Iselins «Geschichte der Menschheit», eine Vorarbeit zu Herders «Ideen zur Philosophie der Geschichte der Menschheit»? Diss. phil. München 1920.
- Peter Hanns REILL, The German Enlightenment and the Rise of Historicism, Berkeley/Los Angeles/London 1975, S. 65–69.
- Johann Georg SCHLOSSER, Rede auf Isaak Iselin, gehalten am 4ten Juni 1783 in der Helvetischen Gesellschaft zu Olten, in: Deutsches Museum, Bd. 2 (1783), S. 417–449.
- Yoshinori SHICHIJI, Herder und Iselin, in: Herder-Studien der Herder-Gesellschaft Japan, Bd. 5 (1999), S. 19–38.
- Christian SIMON, Toleranz in der schweizerischen Spätaufklärung. Von Isaak Iselin zu Peter Ochs und zum helvetischen Staat. In: Michael ERBE u.a. (Hrsg.), Querdenken. Dissens und Toleranz im Wandel der Geschichte. Festschrift zum 65. Geburtstag von Hans R. Guggisberg, Mannheim 1996, S. 511–525.
- Felix SPEISER, Isaak Iselin über die Geschichte der Menschheit, in: Festschrift für Paul Speiser von seinen Kindern, Basel 1926, S. 15–53.
- Alfred STERN, Über Isaak Iselins Geschichte der Menschheit, in: Zeitschrift für schweizerische Geschichte, Bd. 10 (1930), S. 205–253.
- Paul WERNLE, Der schweizerische Protestantismus im XVIII. Jahrhundert, 3 Bde., Tübingen 1923, 1924 und 1925.
- [Carl WIELAND], Dem Andenken Isaac Iselins zur Feier der Enthüllung seines Denkmals am 18. September 1891, hrsg. von der Gesellschaft zur Beförderung des Guten und Gemeinnützigen in Basel [Basel 1891].

译者单位：广东外语外贸大学，教授，博士生导师

＊本文系"广东外语外贸大学阐释学研究院 2019 年度创新研究项目"。项目名称：阐释 19 世纪末 20 世纪初德国殖民话语政治。项目号：CSY－2019－A－05

旧文新刊

《漢書·藝文志》札記兩則

[整理者按]治學莫大乎門徑，入道莫重於次第。古人治學自有門徑，源於道體的大小、本末，大體不得而長於一域，往往以小僭大。章學誠言："校讎之義，將以辨章學術，考鏡源流，非深明於道術精微、群言得失之故者，不得與此。""小學"這一概念，不是我們現代學科所認爲的那樣只有技術屬性。《漢書·藝文志》爲何將《爾雅》與《孝經》歸爲一類，如何理解這一問題實際上顯示出我們學問品質的古今差別。曹元弼曾就《爾雅》説："訓詁者，經藝之本，王政之始，未有語言文字支離乖晦，而道術不滅裂、心術不邪辟、治術不悖亂者。"在他看來，《爾雅》不僅僅是學問的根基，也是政道的基礎。

此次整理的兩篇札記，就是近代學者唐文治（號蔚芝）、徐行針對《漢志》將《爾雅》與《孝經》歸爲一類而作的探討。其中，唐文發表在陳柱（字柱尊）主編的《中國學術討論集》第一集（上海群衆圖書公司1927年版）上。在隨後的第二集

（上海群衆圖書公司1928年版）上，又有徐行對唐文的回應，並附徐氏用以參考的王棻（字子莊，清浙江黃巖人）論說。通過這樣的往復討論，也許可以發現被我們的現代學科建制所蒙蔽的重要問題，畢竟在技術的名義下，被"中立化"的問題實際上逃脫不了被取消的命運。

李爲學

《漢書·藝文志》"《爾雅》屬《孝經》類"說

唐文治 撰

班書《藝文志》以《爾雅》屬《孝經》類，其立意甚精。案鄭君《六藝論》云，"孔子以六藝題目不同，指意殊別，恐道離散，後世莫知根源，故作《孝經》以總會之。"據此，知《孝經》者乃總會六藝之書，而《爾雅》者亦六藝所總會也。《大戴禮記·小辨篇》載孔子曰："《爾雅》以觀於古，足以辨言矣。"辨言者，辨古經之言，即《詩》《書》《易》《禮》之雅言也。王充《論衡·是應篇》云"《爾雅》之書，五經之訓故"，而《爾雅序》亦云"誠九流之津涉，六藝之鈐鍵"。然則班氏之意，正以《孝經》爲總會六藝之書，而《爾雅》乃六藝之鈐鍵，故以之列於一類也。

且《孝經》類中又列《五經雜議》十八篇，《五經雜議》者，乃石渠所論五經同異。今其書雖已佚，然既以《雜議》名篇，則以意度之，大抵亦總會六藝之奧旨。班氏以此書與《爾雅》及《小爾雅》俱囊括經訓，網羅異義，於六藝無可專屬，是故以之俱附於《孝經》也。

或者乃謂《漢志》有小學家，實通經之祖，則《爾雅》當爲之首。是又不然。班氏作《志》之時，叔重未出，所謂小學家並非訓釋經典，不過以之諷書審①體，專爲識字而已。而《爾雅》者則六經之故訓存焉，然則《爾雅》固可以該小學，而論其本旨，則是經學之權輿，而非小學所可該。是故《漢志》以之列於《孝經》，而不列於小學，斯乃班氏之有識也。漢文帝時，《爾雅》與《孝經》俱置博士，是《爾雅》在漢時甚尊。降及後世，儒者茫昧乎經訓，乃專以《爾雅》爲草木蟲魚之書矣。

《南史·陸澄傳·與王儉書》云：

> 世有一《孝經》，題爲鄭玄注。案玄自序所注衆書無《孝經》，且爲小學之類，不宜列在帝典。儉答曰："疑《孝經》非鄭所注，僕以此書明百行之首，實人倫所先，《七略》《藝文》並陳之六藝，不與《蒼頡》《凡將》之流也。"

是古人亦有疑《孝經》爲小學類矣。文治嘗反覆思之，而又得一義焉：竊謂班氏以《孝經》《爾雅》爲一類者，實古經師之教法本然也。蓋《爾雅》者，辨釋經訓之書，《孝經》者，敷陳經義之書，其義例雖若不同，而其指歸則一。故古塾師教人必以此二書爲先，所以見經訓與經義之不可離而爲二。班氏傳習其法，故以之列於一類也。

漢儒釋經之書，或稱故訓，或稱傳。《毛詩》合而爲一，則曰故訓傳。若《三家詩》，則於故訓之外，皆別有傳。《爾雅》之書，訓故之體也，而《孝經》陳示要道，於章末每繫以《詩》語，此傳體也。以後人注書之體言之，若朱子注《論語·巧章》云"巧，好；令，善也"，此故訓也；又曰"好其言，善其色"云云，此傳體也。自後世恂愁之儒，或崇尚空譚，於是敷演傳義，而罔

---

① "審"，《中國學術討論集》第一集誤作"案"，據唐文治《茹經堂文集》二編卷二改。

知故訓；或馳騁穿鑿，於是乎曲傳故訓，而違失傳義。二者皆悖乎古經師之教法者也。吾是以申明《班志》之義，以告當世之教學者。

與陳柱尊論《漢志》"《爾雅》屬《孝經》類"書

徐行 撰

柱尊先生有道："時異世變，故老凋零，中國學術將日衰替，有志之士，曷勝惶懼。"先生等乃於衆棄若浼之日，組織中國學術討論社，編輯叢書，發行季刊，思有以振起之，豈非中國學術之巨幸哉？頃見《討論》一集，業已出版，獲讀名論，不勝欣慰。而尊師唐蔚芝先生作《漢書藝文志爾雅屬孝經類說》，尤爲歷來目錄學上待解決之問題。顧謂班氏之意，以《孝經》爲總會六藝之書，而《爾雅》乃六藝之鈐鍵，故以之列於一類。《五經雜議》大抵亦總會六藝之奧旨，於六藝無可專屬，是故以之俱附於《孝經》。

僕案：漢志《孝經》類，《爾雅》《五經雜議》而外，猶有《古今字》一篇，《弟子職》一篇，《説》三篇。如唐先生云云，則何以解於此乎？唐先生又謂"班氏以《孝經》《爾雅》爲一類者，實古經師之教法本然也"，"古塾師教人必以此二書爲先，所以見經訓與經義之不可離而爲二。班氏習其法，故以之列於一類"。僕案：以《爾雅》入《孝經》類，爲漢人教學之法者，柔橋王氏蓋嘗説之，顧其言與唐先生亦有以異，曰："童子識字之後，《孝經》師以課《孝經》及《弟子職》，所以端其行；兼課《爾雅》《五經雜議》及《古今字》，所以通其文。"於《孝經》一類，兼賅無遺，殆較唐先生説爲圓滿矣。鄙意以爲學術公器也，而貴社固取討論之態度，則何妨以王氏之説附載第二集，以與國人再商榷乎？不揣冒昧，特錄附上，不識先生覽之以爲何如也。

僕於《班志》，多所闕疑，爲其殘缺，不可盡通耳。實齋尊崇，不遺餘力，其所發明，未免自相剌謬，有不可通處。爲《讀〈漢書·藝文志〉與〈校讎通議〉》一篇，條陳若干事，以正其誤。惜未隨行筐，不克即此奉教，嚮往之餘，恨何如也。

耑此，即頌撰安，徐行頓首。

附《漢志》"《爾雅》入《孝經》家"說

王棻 撰

《漢書·藝文志·孝經》家有《五經雜議》十八篇，《爾雅》三卷二十篇，《小爾雅》一篇，《古今字》一卷，《弟子職》一篇，《說》三篇。論者以《爾雅》訓詁之書，當入小學，不當入《孝經》，不知《孝經》亦小學也。

考《平帝紀》，元始三年，立學官，"郡國曰學，縣、道、邑、侯國曰校，校、學置經師一人；鄉曰庠，聚曰序，序、庠置《孝經》師一人"。蓋經師者，五經博士之類，乃大學也。《孝經》師者以《孝經》兼《弟子職》《爾雅》《古今字》之屬，皆小學也。其專以字書爲小學者，字書爲六藝之一，乃小學之一種，發之者則閭里書師，即今家塾是也。凡童子讀書，必先識字，故專以字書爲小學，識字之後，先課《孝經》及《弟子職》，所以端其行，兼課《爾雅》《五經雜議》及《古今字》，所以通其文。

《論語》"子以四教：文、行、忠、信"，先文而後行，此大學之教，必先格物、致知而後誠意、正心也；"弟子入孝出悌，謹信泛愛親仁，行有餘力則以學文"，先行而後文，此小學之教，先通《孝經》而後《爾雅》《古今字》也。蓋小學之教，原分二類，序庠師教《孝經》以行爲重，閭里師教六書以文爲先。欲讀書必先識字，此不易之理也；先躬行而後學文，此聖人之教也。是乃

《漢志》所以次小學於《孝經》之後，而以《爾雅》入《孝經》家之意也歟？至《舊唐書·經籍志》，又分訓詁、小學爲二門，則歧《爾雅》與六書而二之。雖本《漢志》分門之意，實失漢人教學之法矣。

《史記·老子列傳》辨證[*]

徐震 撰
潘林 校注

緒 言

老子之事迹,《太史公書》述之弗詳。又采疑似之説,以老萊子、太史儋與老聃相混淆,故讀者轉滋眩惑。自漢以降,稱述老子者,往往以神仙之説附會,無稽之譚,固不足論矣。今作《〈史記·老子列傳〉辨證》,首篇《駁汪中〈老子考異〉》,次篇爲《老子事迹考》,又次爲《孔子見老子考》,以此三篇,交互求之,即《太史公書》中,混淆不明者,不難豁然也。

---

[*] 證,原作"論",據正文及期刊目録改。按,正文圓括號中的内容爲作者自注,脚注則爲校注者所加。

駁汪中《老子考異》

汪氏云,孔子問禮之老子,爲周室守藏史,稱隱君子者爲老子萊子①,著《道德》五千言者爲太史儋,三人不相蒙。其於舊説,疑者有三。一、《曾子問》所記老子言行,與五千言不相應。二、"列國之産,惟晉悼嘗仕於周,其他固無聞。楚之於周,聲教中沮,又非魯、鄭之比;且古之典籍舊聞,惟在瞽史,其人並世官宿業,羈旅無所置其身。"三、"本傳云:'老子,隱君子也。'身爲王官,不可謂隱。"②

今按王應麟《〈漢書·藝文志〉考證》"老子"下,引吕東萊云:"今載於《曾子問》者,與五千言殊不類,蓋告孔子者其所職,著於書者,自其所見也。"此論甚確。夫言固非一端,況老子之行,本尚和光同塵者乎。此足以釋汪氏疑者一。

老子與老萊子,時人或因名字相近而混,老萊子楚人,老子非楚人也。太史公以爲楚人者,殆亦涉老萊子而誤。姚鼐云:

> 老子所生,太史公曰楚苦縣,或曰陳國相人,《莊子》載孔子、陽子居皆南之沛見老子。夫宋國有老氏,而沛者宋地,言老子所生者三説異,而莊子尤古,宜得其真。然則老子,其宋人子姓耶,子之爲李,語轉而然,猶妠③或爲弋也。彭城近沛,意耼嘗居之,故曰老彭,猶展禽柳下惠也,皆時人尊有道而氏之。晉穆帝名耼,

---

① 老萊子,原作"老子萊子",據汪中《述學補遺·老子考異》删前一"子"字。
② 見汪中《述學補遺·老子考異》。
③ 妠,原作"似",據姚鼐《老子章義序》改。

字彭子，漢晉舊儒，必有知老彭爲聃之氏之説者。①

姚氏所考，明確可據，則老子以宋人而仕於周也。宋先代之國，周因於殷禮，故猶有宋人在周，典掌瞽史之職。此足以釋汪氏疑者二。

老子後嘗退隱，本傳稱爲"隱君子"，據其後歸隱而言，理亦可通，不必隱君子之稱專屬老萊子。此足釋汪氏疑者三。

汪氏又列四證，以明著五千言者，爲太史儋。以予考之，俱不確鑿，辨之如下。

其一云，《列子》書載列子與關尹答問之語，而列子與鄭子陽同時，《六國年表》"鄭殺其相駟子陽"，上距孔子之没八十二年，以此證著《道德經》之老子，在孔子之後。按年壽有修短，相見有遲早，鄭子陽雖與列子同時，夫安知非列子已老，而子陽猶壯乎。又安知列子非以年少之時，見既老之關尹乎。昔魯穆公之立，去孔子之没，亦已七十年，而孔子之孫子思猶在，子思固及見孔子者。以此例之，豈得以列子與鄧子陽同時，遂謂爲關尹著書之老子，必後於孔子耶？則汪氏此説非確證矣。

其二云，《文子·精誠》篇引老子曰："秦楚燕魏之歌，異傳而皆樂。"燕終春秋之世，不通盟會，魏之建國，上距孔子之没七十五年，以此證著《道德經》之老子，在孔子之後。按《文子》所引老、孔之言，可信與否，尚屬難定。（柳子厚《辨文子》謂好事者聚斂以成之，則其所引亦難信也。）就令可信，舉其意而易其詞，亦諸子所常有。《説苑·至公》篇云："秦晉交敵，秦使人謂晉將軍曰：'二軍之士皆未息，明日請復戰。'"春秋時寧有將軍之名乎？《莊子·天道》篇，孔子曰"中心物愷，② 兼愛無私"，謂之仁，亦

---

① 見姚鼐《老子章義序》。
② 物愷，"言其物常懷愷惻"（鍾泰説），或謂"與物同樂"（宣穎説）。

不得據此謂兼愛之名，已起孔子之時也。則汪氏此說，又非確證矣。

其三云，《列子·楊朱》篇謂"朱爲老子弟子，而及見子貢之孫之死，則朱所師之老子，不得與孔子同時"。按《列子》，晉人所僞作，其事亦未可信，上文引列子與關尹答問語，《莊子》《呂覽》並有其文，與此全屬僞作者有別。籍令有所本，諸子書所紀年世，多不可信者，此篇所載有晏平仲問養生於管夷吾，復可據爲事實耶？則汪氏此說，又非確證矣。

其四云，《說苑·政理》篇有"楊朱見梁王"，梁之稱王，自惠王始，上距孔子之没百十八年，則朱所師事之老子，其年世可知。按：楊朱所見之梁君，或因後世稱王，致名號謡亂，未可執此斷爲惠王以後之君。《莊子·齊物論》："麗之姬，艾封人之子也。晉國之始得之也，涕泣沾襟；及其至於王所，與王同筐牀①。"崔譔云："六國時諸侯僭稱王，因此謂獻公爲王也。"② 可見稱王與否，不足爲據。則汪氏此說，又非確證矣。

老子事迹考

予觀《老子》書，其文簡質短促，察其辭氣，較《論語》彌益近古。且《莊子》所載老子告孔子之言，其恉多與《道德》五千言合。假令五千言出於僞，莊子無容不知，何至以此與孔子問禮者，誤合爲一人。

且《漢書·藝文志》有劉向《說老③子》四篇，則劉向於老氏之學，亦專門名家。今按《說苑·敬④慎》篇：

---

① 筐牀，方正而安適的牀。
② 語見陸德明《經典釋文·莊子音義》引崔氏說。
③ 老，原作"孔"，據《漢書》改。
④ 敬，原作"謹"，據《說苑》改。

> 韓平子問於叔向曰:"剛與柔孰堅?"對曰:"臣年八十矣,齒再墮而舌尚存。老聃曰:'天下之至柔,馳騁乎天下之至堅。'又曰:'人之生也柔弱,其死也剛強。……'"平子曰:"善哉!然則夫子行何從?"叔向曰:"臣亦柔耳,何以剛爲?"

夫叔向已得稱述老氏之言。其所稱述者,即今《道德》上下篇中語,則著《道德經》之老子,即周守藏史無疑。老子去周,蓋嘗居於沛,姚鼐所考者是矣(姚説已見上)。

《論語》載:"大師摯適齊,亞飯干適楚,三飯繚適蔡,四飯缺適秦,① 鼓方叔入於河,播鼗②武入於漢,少陽師、擊磬襄入於海。"蓋其時諸侯之臣,猶多見世之將亂,隱居以求其志者,老子去周,亦與之同。故關尹謂之曰:"子將隱矣,强爲我著書。"③ 此隱君子之名所由來也。

據《莊子》,則老子去周之後,先居於沛,復自沛適秦。故《寓言》篇云:"陽子居南之沛,老聃西游秦,邀於郊,至於梁(此亦據後世之名而用之,非老子時已有梁之稱也)而遇老子。"是陽子居之沛,老子已西行,乃追要諸梁,事甚明白。本傳曰:"居周久之,見周之衰,乃遂去,至關。"以爲老子去周即適秦者,是史遷之疏也。

孔子見老子考

《史記·孔子世家》自"孔子年十七"至"孔子自周反於魯,

---

① 亞飯、三飯、四飯,皆爲古時君王進食時奏樂的樂官。據班固《白虎通·禮樂》,王者平旦食,晝食,脯食,暮食,凡四飯,明有四方之物,食四時之功。
② 鼗(táo),一種小鼓,猶今之撥浪鼓。
③ 語見《史記·老子列傳》。

弟子稍益進焉"，叙述至爲雜亂無次，必有錯誤之處。《索隱》不知中有誤文，以爲南宮敬叔"請與孔子適周"，即承上文"孔子年十七"而言，於文氣殊未顧及。太史公於老子之事，本不深悉，不知老聃去周，嘗居於沛；故既以聃爲逕由周適秦，又以孔子爲往周見聃，二事皆誤也。謂聃自周適秦，既於《老子事迹考》中正之兹，兹請更考孔子見老子事。

按：《莊子》書雖多寓言，然亦非盡屬無稽。如言孔子圍於匡，伐樹於宋，削迹於衛，窮於商周，圍於陳、蔡，並非子虚烏有。以此推之，載言不必皆眞，記事要不盡誣。書中言老子居沛凡兩見，其事當亦可信。《天道》篇云："孔子西藏書於周室。子路謀曰：'由聞周之徵藏史有老聃者，免而歸居，夫子欲藏書，則試往因焉。'孔子曰：'善。'往見老聃，而老聃不許。"所謂"免而歸居"者，蓋即謂其去周而歸居於宋。後人不達，以爲免官而仍居於周，太史公等殆亦由是而誤。

據《世家》，"孔子去曹適宋"，在魯定公卒之歲，時孔子年五十七，則與《莊子·天運》篇所稱"孔子行年五十有一，南之沛見聃"，亦不甚遠。古人所紀，每憑傳説，數傳之後，容有小歧；故不能密合，相差五六年，不足爲異。孔子見老子於沛，而《史記》僅言孔子適宋者，沛爲宋地，故略之矣。

考之《春秋》，定公卒之歲八月庚辰①朔日食，則與《曾子問》所記"從老聃助葬於巷黨"，遭日食之變，又亦相符。彌可信孔子見老聃，在宋而不在周矣。

（載《國立中央大學半月刊》第一卷第十六期，1930年6月出版）

---

① 辰，原作"尾"，據《春秋左傳正義》改。

评 论

评《卢梭论教育、自由和判断力》

尼德曼（Jason Neidleman） 著

陈子博 译　黄江 校

谢弗（Denise Schaeffer），《卢梭论教育、自由和判断力》(*Rousseau on Education, Freedom, and Judgment*)，University Park：Pennsylvania State University Press，2014。

谢弗（Denise Schaeffer）的《卢梭论教育、自由和判断力》是一次对居间状态（in-between）的探索。因为在谢弗看来，卢梭自身便是一个居间状态的理论家。谢弗抵制将卢梭与极端个人主义或极端集体主义联系起来的路数，用她的话来说，这种做法是"诱人的魔法"和"冷眼旁观"。她反其道而行，将卢梭描述为处于"诸种中间状态的理论家"（页192）。谢弗关注的主要对象是判断力，判断力这部分内容最能够抓住卢梭居间状态的气质，因为判断力位于感知与理性之间，谢弗强调说，在自诩为智者的人物的引导和监督下，判断力总是在理性和感性间摇摆。在此意义上，谢弗认为，判断力尽管不是卢梭哲学体系中的核心概念，但比起其他概念（诸如想象力、推理和感知），却能更好地抓住卢梭认识论和道德心理学的精髓。

谢弗将自己的进路与克拉迪斯（Mark Cladis）、马克斯（Jonathan Marks）①联系起来，他们也同样强调居间状态，但我认为，或许也可以把谢弗的著作归为卢梭研究的另一种有益取向。在隐士与公民、感知与推理、个体主义与集体主义等等方面，其他研究的整体图景看起来总是相互对立、分门别户，而谢弗的这一类研究取向强调共通性和连续性。我认为这种取向最开始与库珀（Laurence Cooper）、凯利（Christopher Kelly）有关，他们的主张是，卢梭那些迥然相异的文本内含一种特殊的关于存在或存在之延续的观念，而且如此解读行之有效。②在库珀和凯利看来，提供了统一或一致动力的正是存在或存在之延续，但在谢弗看来，这种动力由判断力提供。她认为判断力不仅在爱弥儿的道德教育中起作用，也在公民的政治教育中起作用，甚至在孤独的遐思中起作用。

谢弗这部著作的主体就是在细致入微地解读《爱弥儿》中的判断力，即爱弥儿得以发展出一种反思能力来支配自己的过程。谢弗此书专门解读《爱弥儿》，对于任何想要理解卢梭最艰涩的文本的人

---

① Mark Cladis, *Public Vision, Private Lives: Rousseau, Religion, and Twenty-First-Century Democracy*, Oxford: Oxford University Press, 2003; Jonathan Marks, *Perfection and Disharmony in the Thoughtof Jean-Jacques Rousseau*, Cambridge: Cambridge University Press, 2005.

② Laurence D. Cooper, "Between Eros and Will to Power: Rousseau and the Desire to Extend Our Being," *American Political Science Review* 98, no. 1, 2004: 105-119; Christopher Kelly, *Rousseau as Author: Consecrating One's Life to the Truth*, Chicago: University of Chicago Press, 2003。通过强调卢梭关于真理的伦理学中趋向团契的冲动，我也曾试图推进这条解释路线（Jason Neidleman, *Rousseau's Ethics of Truth: A Sublime Science of Simple Souls*, New York: Routledge, 2017），章2。

来说，这部著作都不可或缺。谢弗的写作清晰而博识，她的分析依循卢梭的论证而推进，她反复推敲文本中所有的关键点，会让读者感到自己选择了一位指点迷津的可靠向导。

但是，与其说谢弗意图为《爱弥儿》提供一种阐释，不如说她更想用《爱弥儿》来勾勒出一种有关判断力的理论，这种理论贯穿于卢梭的整个哲学体系。① 尽管卢梭有关主权和自治的进路依赖于拥有反思性判断力的公民，但谢弗认为，卢梭并没有在其显白的政治书写中给出关于判断力的完整描述。因此，我们必须求助于《爱弥儿》，对于卢梭笔下共和国中的自由、平等的公民所需的判断力，《爱弥儿》的确提供了一种指引。因此，通过解读《爱弥儿》，谢弗提炼出一种进路，用以理解基本的认识论、道德、政治等诸多问题，这种进路可以超出特定文本，更广泛地运用于卢梭的所有作品中，甚至用于民主社会之中。②

具有卢梭典型特征的基本政治问题是——"寻找一种联结的形式，借此将每个人与所有人联结，但每个人仍只遵从自己，并且保持着像联结之前一样的自由"，解读者们将这个问题视为立法程序上的问题。卢梭借此描述了一系列制度化的实践，以保证公民在社会中——已经同意了该社会随之而来的一切限制——保有如同"自然状态"下的自由。相较而言，在谢弗的描述下，这一基本的政治问

---

① 在这方面，这部著作对于我们理解启蒙运动的认识论做出了重大的贡献；例如，对于弗雷泽（Michael Frazer）探究启蒙运动中的理性与情感间的关系（*The Enlightenment of Sympathy*, Oxford: Oxford University Press, 2010），这部著作能够起到有益的补充作用。

② 在此谢弗对于论及文学在政治学中所扮演的情感角色做出了重大的贡献，我将她与下列学者及作品联系起来，比如 George Marcus, *The Sentimental Citizen*, University Park: Pennsylvania State University Press, 2002; Cheryl Hall, *The Trouble with Passion*, New York: Routledge, 2005; Martha Nussbaum, *Political Emotions*, Cambridge, MA: Harvard University Press, 2015。

题具有生长性。假如公民将要为自己立法（在卢梭看来，这是关于正义的一个基本要求），假如权力和自由将要协调起来（卢梭要求如此），那么，原因只会是公民们已经发展出善用自由的能力。谢弗由此把握到了卢梭政治方案的要点，即在一些理论化了的条件之下，人民主权将会以服务于公共利益的方式运行。

如果这么说还不明显，那是因为这部著作一直萦绕着柏拉图的阴影。在阅读谢弗这部著作的时候，读者会觉得自己被引向《王制》，特别是苏格拉底运用意象（imagery）劝导公民向往美德的内容。如同柏拉图笔下的真实意见，反思性的判断力既不是纯粹的推理，也不是纯粹的感知，而是两者的混合。这是一种居间状态，适合于"如其所是"的人。这种居间状态虽然高于偏见，但又远不及哲学，它由影子和倒影（shadows and reflections）构成——谢弗更倾向使用术语"嵌合体"（chimeras）——它同时也由智者（导师、立法者）谋划妥当，旨在从主体中引出良好的判断力。谢弗认为，我们无法摒弃错误观念，只要我们开始认识到，无论在本能上（通过错误观念唤起感知或情感）还是在理性上（通过理解错误观念所展示的功能），我们都可能会被错误观念感动，尽管此时也许可以用某些客观的标准解释这些错误观念——有的错误观念不外乎是偏见，有的则可以成为批判性反思的对象，同时又蕴含着一些"与真理的本质关联"。嵌合体诉诸感知或情感，由此开始，它也许会使人"欢欣鼓舞"，但也会最终激发出"批判性的反思和判断力"（页5）。

《爱弥儿》的伟大之处在于，它让作为读者的我们既见证了对学生的反思性判断力教育，又借助一种类似的方式达成了自我教育。谢弗向读者展示出，爱弥儿这个人物如何作为一个嵌合体，既传递了卢梭的教育理论，同时又是考虑到读者的"旁观者身份"所作的例证（页9）。随着爱弥儿的判断力不断发展，读者的判断力也同样在发展。谢弗在她的书中施行了一种齐头并进的策略，即以描述一个直接的政治问题开始，然后推进到对人类心理学的讨论——谢弗解释了人类需要什么才能锻炼出好的判断力，以及为什么判断力要通过间接教育才能最有效地发展和改善。由此，谢弗就可以移花接木，即通过阐释《爱弥儿》中的判断力来培养读者的良好判断力。

虽然间接教育不是总成问题，但嵌合体的使用仍然引出了一些棘手的问题，这涉及学生和公民的自由。谢弗没有忽略这些问题，事实上，对于培养公民反思性判断力完全必要的技巧所用的方式，她是非常敏感的，如她所言，"这些方式可能会牺牲掉真正的自治"（页5）。虽然这部著作更多是一种阐释而非批判性分析，但是谢弗也承认，让自由依赖教育得当的判断力这一做法存在风险。爱弥儿的教育依赖导师的高压手段，这种情况大概不能仅仅当作现代公民身份的一种模式。谢弗认为，挑战在于要为反思性的公民身份发展出一种民主的能力，这并不需要通过卢梭所描述的那种威权主义来培育人，而是需要每个公民独立地与真正的自治保持一致。不仅嵌合体及其影响必须以某种方式劝导公民，公民也要批判性地意识到嵌合体。谢弗承认，这对于她解读卢梭，以及对于卢梭自身而言都是个问题（页14－15）。

这部著作中最富争议的部分，无疑是作者仍旧需要极力为之辩护的主张：索菲亚的判断力不仅随着爱弥儿判断力的发展而发展，甚至还有可能发展到更高的水平（页136）。虽然卢梭的确没有"剥夺女性作为道德主体的判断和推理能力"（页138），但大多数卢梭阐释者都将索菲亚的教育放置在一个家长制的框架中来理解：男性是公民，女性则主内，服务于男性公民的生产活动。的确，索菲亚发展出了羽翼丰满的人格品质，其中包括判断力，但她所做的一切都是为了更好地取悦爱弥儿，不仅为了更多地满足他的性欲，同时也为了能满足他的爱欲。

最后，我注意到谢弗有关判断力的解读有一种苦行色彩，有时让人感到更接近古希腊道德观而非卢梭。在强调居间状态的时候，就没什么必要强调卢梭未经反思的狂乱时刻，诸如共和国公民、孤独沉思和宗教团契。对卢梭而言，有些存在之延续的方式很崇高，不知持守着居间状态的谢弗是否充分传递了出这些路径。谢弗承认，在卢梭的文本里她很少强调中间状态，在《爱弥儿》中"只是蜻蜓点水"（页192），在卢梭其他文本中也只是偶尔提及（页193-194）。我认为情况可能是因为，在现代异化的语境下，判断力对卢梭来说是复兴古代和谐的一个条件，并不是其目的本身。在不完美的环境下，判断力是我们最大的赌注，但卢梭真正的救赎性时刻——泛舟在比尔湖上，安静地与克拉朗（Clarens）或者基督徒兄弟们共享团契，在《致阿朗贝尔》（*Letter to d'Alembert*）中为公共节日集资——这并不是属于居间状态的时刻。谢弗将这些景象描绘成嵌合体，旨在利用我们的想象力来培养判断力。我认为反之亦然——卢梭对反思性判断力的教育是其更远大志向的一部分，这一志向旨在身处建构现代社会的碎片和中介间，重新夺回自然状态中的整全与和谐。

评《权力和人的天性：政治和公民教育专题研究》

沃格林（Eric Voegelin） 著

叶友珍 译

Hellmuth Plessner, *Macht und menschliche Natur*: *Fachschriften zur Politik und staatsbürgerlichen Erziehung.* Berlin: Junker und Dünnhaupt, 1931; 原文发表于 *Kölner Vierteljahrshefte für Soziologie* 19（1931）: 255 – 257。

自1918年政府形式转变以来，德国出现了一种文学形式，意图尽可能紧密地把理论的，特别是哲学的思想与政治现实相联系。普莱斯纳（Plessner）和那些作者尤其是施米特（Carl Schmitt）一样，试图展示哲学与政治的相互渗透，以此弥补政治与精神疏离这一令人遗憾的状态。只有在引导立法及司法观念的辩论时，政治才指向了纯粹的哲学概念，这时，政治才有可能被精神化。要做到这一点，哲学就必须放弃目前与政治疏离的态度，从哲学思考的最基本层面，即概念和制度的组织入手，来考虑政治现实。为了更好地理解和评价普莱斯纳的著作，必须回答两个问题：（1）普莱斯纳以什么"政治现实"作为其哲学思考的出发点？（2）当他从这个起点出发时，他用什么哲学方法来解释他的概念？

关于第一个问题，普莱斯纳并没有明确提出或全面阐述"政治现实"的概念。相反，他似乎认为其内容对每个人来说都不言自明，他仅限于澄清几个要点，同时仅在偶尔的评论中详细说明自己所涉及领域的独到见解。在他看来，一种反自由主义（anti-liberal）的转向对于评估当代政治哲学来说完全必要。正如当今很多人所认为的那样，他认为自由主义应该为无条件、无价值的科学观念负责，从而也应该为由此产生的政治去精神化（despiritualization）现象负责。此外，他似乎还基于自己的概念认为，德国的情况是欧洲局势的一个代表，尽管他的假设并没有得到明确说明。另外，基督教关于上帝面前人人平等的观念，在他那里被视为一种起作用的政治现实。有人认为我们这个时代具有政治意义的发现是：

> 相对于非基督教（non-Christian）和前基督教（pre-Christian）的民族，我们已经发展出"人性"（humanity）的概念，以及一种对宗教和种族区别漠不关心的现实观。

我们的宗教情感使我们相信，"所有拥有人类面孔的人在上帝面前平等"。从这个角度来看，人类、文化、国家、宗教和艺术都是相对概念，我们发现人类是"令一种文化产生的'生产性'中介（agency）"。人类对他们生活其中的世界负责。在他们的历史视野中，他们应该被视为文化的创造者。成为一个人就意味着要意识到并接受自己的命运。

对于普莱斯纳来说，这就是政治现实的内容，其结果是，人们必须尊重其他一切生存（existence）形式，视其为上帝面前的平等者。但是，人们不应该被这种相对主义引导，以贬低自己的可能性和自己的命运，并让其偏离轨道（derail）。

要批判这种政治观点非常困难，因为普莱斯纳并不能证明他对相关要素的奇怪选择是合理的。如果他的尝试旨在对德国公民进行政治教育，那么，他没有为自己的选择辩护就是一个严重的遗漏，因为相关标准必须包括在政治哲学的基本原则之中。最重要的是，他必须持有这样一种见解，即政治与哲学的关系对于西方民族国家（nation‑state）而言与德国截然不同。鉴于自由政治和自由哲学在西欧、在美国都是相互渗透的，人们当然必须重新考虑这种尝试，就像过去几年的流行趋势那样，参照自由主义来解释为什么德国没有这种相互渗透的现象。原因也许涉及一些直接深植于德国政治思想之中的情况，而要想成为教育德国公民的一种有用手段，就必须意识到这些情况。

此外，在我们看来，平等理念的视野似乎有些狭隘——还是说，普莱斯纳想要完全否定种族、元首（Führer）和独裁思想在政治上的相关性？当人类即将分化为乌合之众和精英时，我们真的可以把基督教的平等思想称为塑造当今世界的一种力量吗？因此，这里迫切需要更精确的论证，需要以一种哲学的方法来应对政治现实。

至于第二个问题，普莱斯纳的政治观很可能完全取决于他基本的哲学态度。这本书提出了他在其早期作品中阐述的思想，并对狄尔泰（Dilthey）和米施（Misch）意义上的生命哲学（Lebensphilosophie）问题做出了重要的新贡献。书中还广泛探讨了人类学的系统基础及其与哲学关系的不确定性；深入探讨了历史相对主义的问题，并通过生命哲学的自我相对化（self‑relativization）来论证这一问题的解决。普莱斯纳明确反对马克思和恩格斯，可能还不那么明显地反对曼海姆的"存在共同体论"（Seinsverbundenheit）和相关学说。在某种意义上，人的本质表现为力量和无力、责任与自然的"联系"（Underbindung）。人的本质，一个人的真实自我，是力量，是创造世界的能力，但"出生、继承和死亡都有控制自身的力量，并以同样的本质性和普遍性要求来反对自我的力量,就像表达自己的生命领域是人类固有的,并使人类得到提升"。在这种"联系"中,物和力形成了"复合人"(the composite human)。

由于评论文体的局限,我无法充分评价这一精彩且精炼的陈述。我只想提请大家注意一点:在普莱斯纳的书中,"生命"的概念被不加限制地应用于所有类型的存在,个人和个体的存在以及集体的存在。我认为在如此广泛的意义上使用"生命"的概念并不恰当,因为没有考虑到关于超个人的、社会存在的人类间结构(interhuman constitution)的一系列问题。例如,统治权问题并不像普莱斯纳所以为的那样,是可以忽略的问题,并非因为这个问题不适合他的研究,而是因为人根本不可能根据一己之生命概念将这个问题涵括其中。同样,从根本上说,对敌友问题的重要分析也不算成功。从个人生存中亲密程度和敌对程度的增强,跳跃到人际间的(interpersonal)友谊和敌意,他仅用一句话就概括了。

关于普莱斯纳陈述的观点,还有另一个结论性的保留意见。该书内容特别丰富,并以巨大的知识能量写成,它在最少的篇幅里提供了对大量问题敏锐而精辟的分析。哲学和政治科学(Staatswissenschaft)专家会由衷地欣赏此书,但由于这本书过于娴熟的技术语言,某些地方甚至采用了海德格尔的惯用语,所以,可能很少有德国公民(尽管这本书是为了教育他们)能够通读他的语言来理解其中含义。

图书在版编目（CIP）数据

拉采尔的政治地理学／娄林主编． —— 北京：华夏出版社有限公司，2021.10
（经典与解释）

ISBN 978-7-5222-0162-7

Ⅰ.①拉… Ⅱ.①娄… Ⅲ.①政治地理学 Ⅳ.①K901.4

中国版本图书馆 CIP 数据核字（2021）第 166371 号

拉采尔的政治地理学

编　　者	娄　林
责任编辑	李安琴
特邀编辑	朱绿和
责任印制	刘　洋
出版发行	华夏出版社有限公司
经　　销	新华书店
印　　装	三河市少明印务有限公司
版　　次	2021 年 10 月北京第 1 版 2021 年 10 月北京第 1 次印刷
开　　本	880×1230　1/32
印　　张	10.125
字　　数	248 千字
定　　价	59.00 元

华夏出版社有限公司　地址：北京市东直门外香河园北里 4 号　邮编：100028
　　　　　　　　　　网址：www.hxph.com.cn　电话：(010) 64663331（转）
若发现本版图书有印装质量问题，请与我社营销中心联系调换。

西方传统：经典与解释
Classici et Commentarii
HERMES
刘小枫◎主编

古今丛编

欧洲中世纪诗学选译　宋旭红 编译
克尔凯郭尔　[美]江思图 著
货币哲学　[德]西美尔 著
孟德斯鸠的自由主义哲学　[美]潘戈 著
莫尔及其乌托邦　[德]考茨基 著
试论古今革命　[法]夏多布里昂 著
但丁：皈依的诗学　[美]弗里切罗 著
在西方的目光下　[英]康拉德 著
大学与博雅教育　董成龙 编
探究哲学与信仰　[美]郝岚 著
民主的本性　[法]马南 著
梅尔维尔的政治哲学　李小均 编/译
席勒美学的哲学背景　[美]维塞尔 著
果戈里与鬼　[俄]梅列日科夫斯基 著
自传性反思　[美]沃格林 著
黑格尔与普世秩序　[美]希克斯 等著
新的方式与制度　[美]曼斯菲尔德 著
科耶夫的新拉丁帝国　[法]科耶夫 等著
《利维坦》附录　[英]霍布斯 著
或此或彼（上、下）　[丹麦]基尔克果 著
海德格尔式的现代神学　刘小枫 选编
双重束缚　[法]基拉尔 著
古今之争中的核心问题　[德]迈尔 著
论永恒的智慧　[德]苏索 著
宗教经验种种　[美]詹姆斯 著
尼采反卢梭　[美]凯尔·安塞尔-皮尔逊 著
舍勒思想评述　[美]弗林斯 著
诗与哲学之争　[美]罗森 著
神圣与世俗　[罗]伊利亚德 著
但丁的圣约书　[美]霍金斯 著

古典学丛编

赫西俄德的宇宙　[美]珍妮·施特劳斯·克莱 著
论王政　[古罗马]金嘴狄翁 著
论希罗多德　[古罗马]卢里叶 著
探究希腊人的灵魂　[美]戴维斯 著
尤利安文选　马勇 编/译
论月面　[古罗马]普鲁塔克 著
雅典谐剧与逻各斯　[美]奥里根 著
菜园哲人伊壁鸠鲁　罗晓颖 选编
《劳作与时日》笺释　吴雅凌 撰
希腊古风时期的真理大师　[法]德蒂安 著
古罗马的教育　[英]葛怀恩 著
古典学与现代性　刘小枫 编
表演文化与雅典民主政制
[英]戈尔德希尔、奥斯本 编
西方古典文献学发凡　刘小枫 编
古典语文学常谈　[德]克拉夫特 著
古希腊文学常谈　[英]多佛 等著
撒路斯特与政治史学　刘小枫 编
希罗多德的王霸之辨　吴小锋 编/译
第二代智术师　[英]安德森 著
英雄诗系笺释　[古希腊]荷马 著
统治的热望　[美]福特 著
论埃及神学与哲学　[古希腊]普鲁塔克 著
凯撒的剑与笔　李世祥 编/译
伊壁鸠鲁主义的政治哲学
[意]詹姆斯·尼古拉斯 著
修昔底德笔下的人性　[美]欧文 著
修昔底德笔下的演说　[美]斯塔特 著
古希腊政治理论　[美]格雷纳 著
神谱笺释　吴雅凌 撰
赫西俄德：神话之艺
[法]居代·德拉孔波 编
赫拉克勒斯之盾笺释　罗逍然 译笺
《埃涅阿斯纪》章义　王承教 选编
维吉尔的帝国　[美]阿德勒 著
塔西佗的政治史学　曾维术 编

古希腊诗歌丛编
古希腊早期诉歌诗人 [英]鲍勒 著
诗歌与城邦 [美]费拉格、纳吉 主编
阿尔戈英雄纪（上、下）
[古希腊]阿波罗尼俄斯 著
俄耳甫斯教祷歌 吴雅凌 编译
俄耳甫斯教辑语 吴雅凌 编译

古希腊肃剧注疏集
希腊肃剧与政治哲学 [美]阿伦斯多夫 著

古希腊礼法研究
宙斯的正义 [英]劳埃德-琼斯 著
希腊人的正义观 [英]哈夫洛克 著

廊下派集
剑桥廊下派指南 [加]英伍德 编
廊下派的苏格拉底 程志敏 徐健 选编
廊下派的神和宇宙 [墨]里卡多·萨勒斯 编
廊下派的城邦观 [英]斯科菲尔德 著

希伯莱圣经历代注疏
希腊化世界中的犹太人 [英]威廉逊 著
第一亚当和第二亚当 [德]朋霍费尔 著

新约历代经解
属灵的寓意 [古罗马]俄里根 著

基督教与古典传统
保罗与马克安 [德]文森 著
加尔文与现代政治的基础 [美]汉考克 著
无执之道 [德]文森 著
恐惧与战栗 [丹麦]基尔克果 著
托尔斯泰与陀思妥耶夫斯基
[俄]梅列日科夫斯基 著
论宗教大法官的传说 [俄]罗赞诺夫 著
海德格尔与有限性思想（重订版）
刘小枫 选编
上帝国的信息 [德]拉加茨 著
基督教理论与现代 [德]特洛尔奇 著
亚历山大的克雷芒 [意]塞尔瓦托·利拉 著
中世纪的心灵之旅 [意]圣·波纳文图拉 著

德意志古典传统丛编
《浮士德》发微 谷裕 选编
尼伯龙人 [德]黑贝尔 著
论荷尔德林 [德]沃尔夫冈·宾德尔 著
彭忒西勒亚 [德]克莱斯特 著
穆佐书简 [奥]里尔克 著
纪念苏格拉底——哈曼文选 刘新利 选编
夜颂中的革命和宗教 [德]诺瓦利斯 著
大革命与诗化小说 [德]诺瓦利斯 著
黑格尔的观念论 [美]皮平 著
浪漫派风格——施勒格尔批评文集 [德]施勒格尔 著

美国宪政与古典传统
美国1787年宪法讲疏 [美]阿纳斯塔普罗 著

启蒙研究丛编
论古今学问 [英]坦普尔 著
历史主义与民族精神 冯庆 编
浪漫的律令 [美]拜泽尔 著
现实与理性 [法]科维纲 著
论古人的智慧 [英]培根 著
托兰德与激进启蒙 刘小枫 编
图书馆里的古今之战 [英]斯威夫特 著

政治史学丛编
克服历史主义 [德]特洛尔奇 等著
胡克与英国保守主义 姚啸宇 编
古希腊传记的嬗变 [意]莫米利亚诺 著
伊丽莎白时代的世界图景 [英]蒂利亚德 著
西方古代的天下观 刘小枫 编
从普遍历史到历史主义 刘小枫 编
自然科学史与玫瑰 [法]雷比瑟 著

地缘政治学丛编
施米特的国际政治思想 [英]欧迪瑟乌斯/佩蒂托 编
克劳塞维茨之谜 [英]赫伯格-罗特 著
太平洋地缘政治学 [德]卡尔·豪斯霍弗 著

荷马注疏集
不为人知的奥德修斯 [美]诺特维克 著
模仿荷马 [美]丹尼斯·麦克唐纳 著

品达注疏集
　　幽暗的诱惑　[美]汉密尔顿 著

欧里庇得斯集
　　自由与僭越　罗峰 编译

阿里斯托芬集
　　《阿卡奈人》笺释　[古希腊]阿里斯托芬 著

色诺芬注疏集
　　居鲁士的教育　[古希腊]色诺芬 著
　　色诺芬的《会饮》　[古希腊]色诺芬 著

柏拉图注疏集
　　挑战戈尔戈　李致远 选编
　　论柏拉图《高尔吉亚》的统一性　[美]斯托弗 著
　　立法与德性——柏拉图《法义》发微　林志猛 编
　　柏拉图的灵魂学　[加]罗宾逊 著
　　柏拉图书简　彭磊 译注
　　克力同章句　程志敏 郑兴凤 撰
　　哲学的奥德赛——《王制》引论　[美]郝兰 著
　　爱欲与启蒙的迷醉　[美]贝尔格 著
　　为哲学的写作技艺一辩　[美]伯格 著
　　柏拉图式的迷宫——《斐多》义疏　[美]伯格 著
　　苏格拉底与希琵阿斯　王江涛 编译
　　理想国　[古希腊]柏拉图 著
　　谁来教育老师　刘小枫 编
　　立法者的神学　林志猛 编
　　柏拉图对话中的神　[法]薇依 著
　　厄庇诺米斯　[古希腊]柏拉图 著
　　智慧与幸福　程志敏 选编
　　论柏拉图对话　[德]施莱尔马赫 著
　　柏拉图《美诺》疏证　[美]克莱因 著
　　政治哲学的悖论　[美]郝岚 著
　　神话诗人柏拉图　张文涛 选编
　　阿尔喀比亚德　[古希腊]柏拉图 著
　　叙拉古的雅典异乡人　彭磊 选编
　　阿威罗伊论《王制》　[阿拉伯]阿威罗伊 著
　　《王制》要义　刘小枫 选编
　　柏拉图的《会饮》　[古希腊]柏拉图 等著
　　苏格拉底的申辩（修订版）　[古希腊]柏拉图 著
　　苏格拉底与政治共同体　[美]尼柯尔斯 著
　　政制与美德——柏拉图《法义》疏解　[美]潘戈 著
　　《法义》导读　[法]卡斯代尔·布舒奇 著
　　论真理的本质　[德]海德格尔 著
　　哲人的无知　[德]费勒 著
　　米诺斯　[古希腊]柏拉图 著
　　情敌　[古希腊]柏拉图 著

亚里士多德注疏集
　　《诗术》译笺与通绎　陈明珠 撰
　　亚里士多德《政治学》中的教诲　[美]潘戈 著
　　品格的技艺　[美]加佛 著
　　亚里士多德哲学的基本概念　[德]海德格尔 著
　　《政治学》疏证　[意]托马斯·阿奎那 著
　　尼各马可伦理学义疏　[美]伯格 著
　　哲学之诗　[美]戴维斯 著
　　对亚里士多德的现象学解释　[德]海德格尔 著
　　城邦与自然——亚里士多德与现代性　刘小枫 编
　　论诗术中篇义疏　[阿拉伯]阿威罗伊 著
　　哲学的政治　[美]戴维斯 著

普鲁塔克集
　　普鲁塔克的《对比列传》　[英]达夫 著
　　普鲁塔克的实践伦理学　[比利时]胡芙 著

阿尔法拉比集
　　政治制度与政治箴言　阿尔法拉比 著

马基雅维利集
　　君主及其战争技艺　娄林 选编

莎士比亚绎读
　　莎士比亚的政治智慧　[美]伯恩斯 著
　　脱节的时代　[匈]阿格尼斯·赫勒 著
　　莎士比亚的历史剧　[英]蒂利亚德 著
　　莎士比亚戏剧与政治哲学　彭磊 选编
　　莎士比亚的政治盛典　[美]阿鲁里斯/苏利文 编
　　丹麦王子与马基雅维利　罗峰 选编

洛克集
上帝、洛克与平等 [美]沃尔德伦 著

卢梭集
论哲学生活的幸福 [德]迈尔 著
致博蒙书 [法]卢梭 著
政治制度论 [法]卢梭 著
哲学的自传 [美]戴维斯 著
文学与道德杂篇 [法]卢梭 著
设计论证 [美]吉尔丁 著
卢梭的自然状态 [美]普拉特纳 等著
卢梭的榜样人生 [美]凯利 著

莱辛注疏集
汉堡剧评 [德]莱辛 著
关于悲剧的通信 [德]莱辛 著
《智者纳坦》（研究版） [德]莱辛 等著
启蒙运动的内在问题 [美]维塞尔 著
莱辛剧作七种 [德]莱辛 著
历史与启示——莱辛神学文选 [德]莱辛 著
论人类的教育 [德]莱辛 著

尼采注疏集
何为尼采的扎拉图斯特拉 [德]迈尔 著
尼采引论 [德]施特格迈尔 著
尼采与基督教 刘小枫 编
尼采眼中的苏格拉底 [美]丹豪瑟 著
动物与超人之间的绳索 [德]A.彼珀 著

施特劳斯集
苏格拉底与阿里斯托芬
论僭政（重订本） [美]施特劳斯 [法]科耶夫 著
苏格拉底问题与现代性（增订本）
犹太哲人与启蒙（增订本）
霍布斯的宗教批判
斯宾诺莎的宗教批判
门德尔松与莱辛
哲学与律法——论迈蒙尼德及其先驱
迫害与写作艺术

柏拉图式政治哲学研究
论柏拉图的《会饮》
柏拉图《法义》的论辩与情节
什么是政治哲学
古典政治理性主义的重生（重订本）
回归古典政治哲学——施特劳斯通信集
***
论源初遗忘 [美]维克利 著
政治哲学与启示宗教的挑战 [德]迈尔 著
阅读施特劳斯 [美]斯密什 著
施特劳斯与流亡政治学 [美]谢帕德 著
隐匿的对话 [德]迈尔 著
驯服欲望 [法]科耶夫 等著

施米特集
宪法专政 [美]罗斯托 著
施米特对自由主义的批判 [美]约翰·麦考米克 著

伯纳德特集
古典诗学之路（第二版） [美]伯格 编
弓与琴（重订本） [美]伯纳德特 著
神圣的罪业 [美]伯纳德特 著

布鲁姆集
巨人与侏儒（1960-1990）
人应该如何生活——柏拉图《王制》释义
爱的设计——卢梭与浪漫派
爱的戏剧——莎士比亚与自然
爱的阶梯——柏拉图的《会饮》
伊索克拉底的政治哲学

沃格林集
自传体反思录 [美]沃格林 著

朗佩特集
哲学与哲学之诗
尼采与现时代
尼采的使命
哲学如何成为苏格拉底式的
施特劳斯的持久重要性

大学素质教育读本
古典诗文绎读 西学卷·古代编（上、下）
古典诗文绎读 西学卷·现代编（上、下）

柏拉图读本（刘小枫 主编）
吕西斯 贺方婴 译
苏格拉底的申辩 程志敏 译
普罗塔戈拉 刘小枫 译

阿里斯托芬全集
财神 黄薇薇 译

中国传统：经典与解释
Classici et Commentarii
经典与解释
刘小枫 陈少明◎主编

知圣篇 / 廖平 著
《孔丛子》训读及研究 / 雷欣翰 撰
论语说义 / [清]宋翔凤 撰
周易古经注解考辨 / 李炳海 著
图象几表 / [明]方以智 编
浮山文集 / [明]方以智 著
药地炮庄 / [明]方以智 著
药地炮庄笺释·总论篇 / [明]方以智 著
青原志略 / [明]方以智 编
冬灰录 / [明]方以智 著
冬炼三时传旧火 / 邢益海 编
《毛诗》郑王比义发微 / 史应勇 著
宋人经筵诗讲义四种 / [宋]张纲 等撰
道德真经取善集 / [金]李霖 编撰
道德真经藏室纂微篇 / [宋]陈景元 撰
道德真经四子古道集解 / [金]寇才质 撰
皇清经解提要 / [清]沈豫 撰
经学通论 / [清]皮锡瑞 著
松阳讲义 / [清]陆陇其 著
起凤书院答问 / [清]姚永朴 撰

周礼疑义辨证 / 陈衍 撰
《铎书》校注 / 孙尚扬 肖清和 等校注
韩愈志 / 钱基博 著
论语辑释 / 陈大齐 著
《庄子·天下篇》注疏四种 / 张丰乾 编
荀子的辩说 / 陈文洁 著
古学经子 / 王锦民 著
经学以自治 / 刘少虎 著
从公羊学论《春秋》的性质 / 阮芝生 撰

刘小枫集
共和与经纶 [增订本]
城邦人的自由向往
民主与政治德性
昭告幽微
以美为鉴
古典学与古今之争 [增订本]
这一代人的怕和爱 [第三版]
沉重的肉身 [珍藏版]
圣灵降临的叙事 [增订本]
罪与欠
儒教与民族国家
拣尽寒枝
施特劳斯的路标
重启古典诗学
设计共和
现代人及其敌人
海德格尔与中国
现代性与现代中国
现代性社会理论绪论
诗化哲学 [重订本]
拯救与逍遥 [修订本]
走向十字架上的真
西学断章

编修 [博雅读本]
凯若斯：古希腊语文读本 [全二册]

古希腊语文学述要
雅努斯：古典拉丁语文读本
古典拉丁语文学述要
危微精一：政治法学原理九讲
琴瑟友之：钢琴与古典乐色十讲

译著
柏拉图四书

经典与解释辑刊

1. 柏拉图的哲学戏剧
2. 经典与解释的张力
3. 康德与启蒙
4. 荷尔德林的新神话
5. 古典传统与自由教育
6. 卢梭的苏格拉底主义
7. 赫尔墨斯的计谋
8. 苏格拉底问题
9. 美德可教吗
10. 马基雅维利的喜剧
11. 回想托克维尔
12. 阅读的德性
13. 色诺芬的品味
14. 政治哲学中的摩西
15. 诗学解诂
16. 柏拉图的真伪
17. 修昔底德的春秋笔法
18. 血气与政治
19. 索福克勒斯与雅典启蒙
20. 犹太教中的柏拉图门徒
21. 莎士比亚笔下的王者
22. 政治哲学中的莎士比亚
23. 政治生活的限度与满足
24. 雅典民主的谐剧
25. 维柯与古今之争
26. 霍布斯的修辞
27. 埃斯库罗斯的神义论
28. 施莱尔马赫的柏拉图
29. 奥林匹亚的荣耀
30. 笛卡尔的精灵
31. 柏拉图与天人政治
32. 海德格尔的政治时刻
33. 荷马笔下的伦理
34. 格劳秀斯与国际正义
35. 西塞罗的苏格拉底
36. 基尔克果的苏格拉底
37. 《理想国》的内与外
38. 诗艺与政治
39. 律法与政治哲学
40. 古今之间的但丁
41. 拉伯雷与赫尔墨斯秘学
42. 柏拉图与古典乐教
43. 孟德斯鸠论政制衰败
44. 博丹论主权
45. 道伯与比较古典学
46. 伊索寓言中的伦理
47. 斯威夫特与启蒙
48. 赫西俄德的世界
49. 洛克的自然法辩难
50. 斯宾格勒与西方的没落
51. 地缘政治学的历史片段
52. 施米特论战争与政治
53. 普鲁塔克与罗马政治
54. 罗马的建国叙述
55. 亚历山大与西方的大一统
56. 马西利乌斯的帝国
57. 全球化在东亚的开端
58. 弥尔顿与现代政治
59. 拉采尔与政治地理学